权威·前沿·原创

皮书系列为
"十二五""十三五"国家重点图书出版规划项目

BLUE BOOK

智库成果出版与传播平台

GROUP

中国建投研究丛书·报告系列

投资蓝皮书
BLUE BOOK OF INVESTMENT

中国投资发展报告（2021）

ANNUAL REPORT ON THE DEVELOPMENT OF CHINA'S INVESTMENT (2021)

主　编 / 中国建银投资有限责任公司投资研究院

社会科学文献出版社
SOCIAL SCIENCES ACADEMIC PRESS (CHINA)

图书在版编目(CIP)数据

中国投资发展报告.2021/中国建银投资有限责任公司投资研究院主编.--北京:社会科学文献出版社,2021.3
(投资蓝皮书)
ISBN 978-7-5201-8106-8

Ⅰ.①中… Ⅱ.①中… Ⅲ.①投资-研究报告-中国-2021 Ⅳ.①F832.48

中国版本图书馆 CIP 数据核字(2021)第 046416 号

投资蓝皮书
中国投资发展报告(2021)

主　　编 / 中国建银投资有限责任公司投资研究院

出 版 人 / 王利民
责任编辑 / 恽　薇　孔庆梅
文稿编辑 / 陈　荣

出　　版 / 社会科学文献出版社·经济与管理分社 (010)59367226
　　　　　　地址:北京市北三环中路甲29号院华龙大厦　邮编:100029
　　　　　　网址:www.ssap.com.cn

发　　行 / 市场营销中心 (010)59367081　59367083
印　　装 / 天津千鹤文化传播有限公司

规　　格 / 开　本:787mm×1092mm　1/16
　　　　　　印　张:15.75　字　数:236千字

版　　次 / 2021年3月第1版　2021年3月第1次印刷

书　　号 / ISBN 978-7-5201-8106-8
定　　价 / 128.00元

本书如有印装质量问题,请与读者服务中心 (010-59367028) 联系

▲ 版权所有 翻印必究

投资蓝皮书编委会

学术顾问 （按姓氏笔画排序）

王一鸣　王晓涛　冯　飞　刘树成　罗云毅
顾建国　高西庆　曹凤岐　董　轼　谢　平
穆　红

撰稿人 （按文序排列）

张志前　邹继征　王　申　李　浩　高彦如
赵红英　乔　林　张英广　石宝华　龚先念
袁　路　陆筱薇　朱　培　黄　岳　吴　赟

中国建投投资研究院简介

中国建银投资有限责任公司（简称"中国建投"）是一家以金融为主、涵盖投资与产业经营的国有综合性控股集团，集团内设投资研究院。作为一家企业智库，中国建投投资研究院立足企业，面向社会，重点围绕宏观经济、金融、投资等领域的热点问题，组织集团内部和社会研究力量开展研究。在为集团发展提供研究支持的同时，也不断向社会推出优秀研究成果。

从 2012 年首部《中国投资发展报告》发布以来，中国建投已经公开出版了 50 多部图书，形成了包括报告系列、专著系列、论文系列和案例系列等四大系列在内的"中国建投研究丛书"，其中，《中国投资发展报告》已经连续出版 10 年，受到了业界广泛好评和财经媒体的重点关注，产生了较大的社会影响力。中国建投投资研究院始终秉承客观、严谨、科学的态度，深入分析中国经济、金融和投资领域的热点和难点问题，力求为投资界和相关人士提供有价值的参考。

中国建投投资研究院还承担了中国建银投资有限责任公司博士后科研工作站的日常管理工作，在为企业和社会发现与培养高层次人才方面发挥了积极作用。我们希望加强与业界的交流合作，为共同推进中国经济的高质量发展尽绵薄之力。

摘　要[*]

《中国投资发展报告（2021）》是"投资蓝皮书"系列年度报告之一，也是中国建投向社会推出的"中国建投研究丛书·报告系列"年度研究成果。报告旨在对上年度中国投资行业和市场进行盘点与回顾，对本年度中国投资发展进行预测和展望。

2020年，新冠肺炎疫情使全球经济遭受历史性重创，全球绝大多数国家经济负增长。在一系列精准有效政策的支持下，中国成为全球唯一实现经济正增长的主要经济体，而投资在稳增长中发挥了重要作用。2020年全球金融市场表现起伏跌宕，在各国央行大放水的背景下，多数国家的金融市场总体都表现不错，一些国家的股市还创出了历史新高，A股市场也总体呈现上涨态势。

展望2021年，随着疫苗的推广接种，全球经济将逐步恢复。在"十四五"规划的开局之年，中国将加快构建双循环新发展格局，经济结构将面临深度调整，金融体系面临重构，区域结构继续优化，预计全年经济运行将呈现"前高后低"趋势。投资方面，全面推行注册制、建立常态化退市机制等资本市场改革有望取得新突破，A股有望迎来一段较长时间的慢牛行情，自主创新、消费升级等相关行业表现值得期待。

关键词： 宏观经济　金融　投资　资产配置　资本市场

---

[*] 需要说明的是，本书仅代表作者本人或研究团队的独立观点，不代表中国建投的商业立场。文中不妥及错漏之处，欢迎广大读者批评指正。

总　序

一千多年前，维京海盗抢掠的足迹遍及整个欧洲。南临红海，西到北美，东至巴格达，所到之处无不让人闻风丧胆，所经之地无不血流成河。这个在欧洲大陆肆虐整整三个世纪的悍匪民族却在公元1100年偃旗息鼓，过起了恬然安定的和平生活。个中缘由一直在为后人猜测、追寻，对历史的敬畏与求索从未间歇。2007年，在北约克郡哈罗盖特（当年属维京人居住领域）的山谷中出土了大量来自欧洲各国的货币，各种货币发行时间相差半年，"维京之谜"似因这考古圈的重大发现而略窥一斑——他们的财富经营方式改变了，由掠夺走向交换；他们懂得了市场，学会了贸易，学会了资金的融通与衍生——而资金的融通与衍生改变了一个民族的文明。

投资，并非现代社会的产物；借贷早在公元前1200年—公元前500年的古代奴隶社会帝国的建立时期便已出现。从十字军东征到维京海盗从良，从宋代的交子到犹太人的高利贷，从郁金香泡沫带给荷兰的痛殇到南海泡沫树立英国政府的诚信丰碑，历史撰写着金融发展的巨篇。随着现代科学的进步，资金的融通与衍生逐渐成为一国发展乃至世界发展的重要线索。这些事件背后的规律与启示、经验与教训值得孜孜探究与不辍研习，为个人、企业乃至国家的发展提供历久弥新的助力。

所幸更有一批乐于思考、心怀热忱的求知之士勤力于经济、金融、投资、管理等领域的研究。于经典理论，心怀敬畏，不惧求索；于实践探索，尊重规律，图求创新。此思索不停的精神、实践不息的勇气当为勉励，实践与思索的成果更应为有识之士批判借鉴、互勉共享。

调与金石谐，思逐风云上。"中国建投研究丛书"是中国建银投资有限责任公司组织内外部专家在瞻顾历史与瞻望未来的进程中，深入地体察和研究市场发展及经济、金融之本性、趋向和后果，结合自己的职业活动，精制而成。本"丛书"企望提供对现代经济管理与金融投资多角度的认知、借鉴与参考。如果能够引起读者的兴趣，进而收获思想的启迪，即是编者的荣幸。

是为序。

张睦伦

2012 年 8 月

目 录

Ⅰ 总报告

B.1 新发展格局下的中国金融与投资 …………………… 课题组 / 001
  一 新发展格局下的需求侧管理 ………………………… / 002
  二 新发展格局下的产业链供应链升级 ………………… / 006
  三 新发展格局下的区域经济结构优化 ………………… / 009
  四 新发展格局下的金融体系重构 ……………………… / 016
  五 新发展格局下的资产配置策略 ……………………… / 020

Ⅱ 宏观经济篇

B.2 2020年全球宏观经济及投资回顾与2021年展望 ……… 王 申 / 027
B.3 2020年中国宏观经济回顾与2021年展望 …… 张志前 李 浩 / 049

Ⅲ 投资市场篇

B.4 2020年中国资本市场回顾与2021年展望 ……………… 高彦如 / 065

B.5 2020年中国房地产市场回顾和2021年展望

　　………………………………………… 赵红英　乔　林 / 080

B.6 2020年中国私募股权市场回顾与2021年展望

　　………………………………………… 邹继征　王　申 / 106

B.7 2020年中国不良资产市场回顾与2021年展望

　　………………………………………… 张英广　石宝华 / 120

B.8 2020年中国资管市场回顾和2021年展望

　　…………………………………… 龚先念　袁　路　陆筱薇 / 138

B.9 2020年中国海外投资回顾与2021年展望 ………… 朱　培 / 161

Ⅳ　投资案例篇

B.10 迎接被动投资时代

　　——国泰基金发展ETF基金案例 ………………… 黄　岳 / 177

B.11 信托服务实体经济

　　——中建投信托助力全国首单知识产权ABN案例

　　………………………………………………………… 袁　路 / 200

B.12 为稳投资贡献智慧

　　——中国投资咨询公司服务PPP项目咨询案例

　　………………………………………………………… 吴　赟 / 212

Abstract ……………………………………………………………… / 227
Contents …………………………………………………………… / 229

皮书数据库阅读 **使用指南**

总报告
General Report

B.1
新发展格局下的中国金融与投资

课题组*

摘　要： "十四五"期间，我国将构建"双循环"新发展格局。在构建新发展格局的过程中，将更加注重需求侧管理，以充分发挥内需潜力承接国内产能；同时，将加快促进国内产业链供应链转型升级，重塑我国经济发展新动能和国际竞争新优势。新发展格局下我国将大力推动现代都市圈和城市群建设，国内区域和城乡发展将更加协调，国际区域间合作将进一步深化。新发展格局下的中国金融体系需要把握服务实体的本质要求和扩大内需的战略基点，进一步提高直接融资比重和扩大对外开放，建立风险金融机构处置的常态化机制。未来中

---

* 课题组成员包括：张志前，经济学博士，中国建投投资研究院主任、研究员，主要研究方向为宏观经济、货币政策、金融投资；邹继征，高级经济师，现供职于中国建投投资研究院，业务总监；王申，会计学博士，现供职于中国建投投资研究院，长期从事产业研究工作；李浩，经济学博士，中国建银投资有限责任公司和中国社会科学院财经战略研究院联合培养博士后，主要研究方向为中国宏观经济和金融市场。

国资本市场需要继续深化改革，为构建新发展格局提供要素融通服务。在构建"双循环"新发展格局背景下，大类资产的市场表现将有所分化，科技、内需和低碳等相关行业有望迎来投资机会。

关键词： 双循环　宏观经济　金融体系　投资市场

一　新发展格局下的需求侧管理

充分发挥内需潜力以承接国内产能，提升国民经济抗风险能力，是构建"双循环"新发展格局的重要抓手。中央强调，要注重需求侧管理，打通堵点，补齐短板，贯通生产、分类、流通、消费各环节，形成需求牵引供给、供给创造需求的更高水平动态平衡。因此，在"十四五"乃至未来更长时期，必须在合理引导消费、储蓄、投资等方面进行有效制度安排，着力培育完整内需体系，在构建新发展格局中推动中国经济持续健康发展。

（一）内需结构面临深度调整

从世界经济的发展经验看，那些实现了经济起飞并形成良性循环的大型经济体，往往都经历了从"外向型"转向以"内循环"为主的历史过程。以日本为例，二战后其为出口导向经济，并在20世纪60~70年代实现了举世瞩目的经济腾飞"奇迹"。但自20世纪80年代起，日美贸易摩擦频发，美国多次在汽车、半导体、电信、金融等领域对其展开制裁，日本外贸出口遭遇困境。为此，日本经济政策从"贸易立国"转向"技术立国"，国内消费对经济增长的贡献明显提高，成功转型到以国内循环为主体的经济发展模式。

疫情防控常态化背景下，我国经济面临的重要挑战之一是"基建地产驱动+海外供给替代"的复苏模式难以持续。随着国内疫情逐步得到控制，中国经济在世界范围内率先开启复苏，但从复苏特征上看仍存在"两个不平衡"，即供给端和需求端复苏程度不平衡，需求端修复结构不平衡。在"十四五"规划开局、全球经济复苏进程加快的背景下，通过需求侧管理实现内需调结构，进一步畅通国内大循环，充分释放内生增长动能具有重要的现实意义。

需求侧管理的核心主线是扩大居民消费。传统的扩内需政策主要依赖于债务驱动的投资增长，例如，为了应对1997年亚洲金融危机和2008年次贷危机对国内经济的严重冲击，我国政府曾先后出台了一系列大规模的扩内需和稳增长措施，其核心着力点均是基建和房地产，分别对应政府部门和居民部门的加杠杆。在过往中国宏观杠杆水平较低、政府和居民偿债压力不大的情况下，依赖债务驱动经济发展的模式运行效率较高，较好地推动了经济复苏。但随着近年来我国社会总体杠杆水平的不断攀升，债务对微观经济主体的行为空间和宏观刺激政策的边际效用均形成显著压制。因此，在新发展格局的构建过程中，国内循环增长模式从债务驱动转向消费驱动是题中应有之义，其核心政策取向将更加注重国内需求结构的优化调整，即进一步提升最终消费，特别是居民消费在国民收入中所占的比重。

需求侧管理的另一条重要主线是投资结构优化平衡。新发展格局下经济增长模式转向消费驱动并非忽视投资的引擎拉动作用，而是更加注重投资增长的质量和后劲，并使其与供给侧结构性改革相辅相成。在政府投资方面，未来将更加注重发挥中央预算内投资在外溢性强、社会效益高的领域发挥引领撬动作用；同时，进一步激发民间投资活力，引导其流向数字经济、新型基础设施建设和新型制造业投资领域。

（二）激活重点领域消费潜力

从短期看，国内新冠肺炎疫情余波未止，完全消化其负面冲击仍需时日。企业部门高杠杆之下债务偿付压力日趋加大，广大中小微企业经营仍然面临诸多困难；企业部门的不利影响必然会向居民部门继续传导，短时间内就业和可支配收入预期都无法完全恢复到疫情前状态，居民消费信心的修复压力仍然较大。在此背景下，通过结构性消费刺激政策、促进消费下沉基层和进一步改善消费环境等措施激活重点领域消费潜力，有助于疫情防控时期消费信心重塑与消费市场修复。

首先，消费刺激政策将从传统周期的"全面刺激"转向"结构性"精准支持。2020年12月28日，商务部等12部门发出了《关于提振大宗消费重点消费促进释放农村消费潜力若干措施的通知》（以下简称《通知》），主要瞄准了汽车、家电、餐饮等重点消费领域。其中，汽车等耐用品消费是社会消费品零售总额的核心组成部分；而餐饮等服务消费既是受疫情冲击较为严重的领域，又是未来消费升级的重要抓手。在经济增长转向消费驱动的背景下，上述措施若能够顺利落地，有望在"十四五"开局之年，显著提振消费者和相关企业信心。

其次，"长尾效应"下消费下沉空间广阔。在我国长期以来的城乡二元结构影响下，一、二线城市居民以及三线以下城市及县域乡村居民目前所处的消费阶段并不完全相同，对应的消费升级内涵也存在差异。其中，一、二线城市逐步趋向品质消费阶段，非必选消费品、体验性服务消费需求旺盛。相比之下，三线以下城市及县域乡村地区汽车、大家电等耐用消费品保有量总体仍然偏低，进一步下沉空间广阔。《通知》敏锐地把握了"补齐农村消费短板弱项"这一消费下沉的核心着力点，重点强调了包括完善农村流通体系、加强县域乡镇商贸设施和到村物流站点建设、推动农产品供应链转型升级、完善农产品流通骨干网络等在内的多项具体措施。结合近年来乡村振兴、精准扶贫等政策基础，"长尾效应"下基层消费升级所激发的内需活力值得期待。

最后，政策层面越来越重视对消费环境的呵护。良好的消费市场环境有利于减少消费风险、消除消费恐惧、增加积极的消费预期、减少防御性储蓄，从而扩大消费需求、促进消费结构优化。2020年以来，政府"促消费"越来越重视"软环境"的改善，出台了包括反垄断与防治资本无序扩张、汽车向使用管理转变、住房消费健康发展、放宽服务消费领域市场准入、培育国际消费中心城市等在内的多方面措施，有望在未来持续提升国内居民的消费信心。

（三）提升居民长期消费倾向

2020年三季度央行发布的城镇储户问卷调查报告显示，城镇储户储蓄倾向从2019年底的45.7%攀升至2020年三季度的50.4%，这表明居民消费压抑不单纯是疫情冲击之下的短期问题，甚至可能演变成对中国经济的中长期负面影响。事实上，根据平安证券的相关研究，中国城镇居民的平均消费倾向（城镇居民人均消费性支出/人均可支配收入）较美国的差距从2002年的1.9个百分点（美国为80.2%，中国为78.3%）拉大至2020年的12.1个百分点（美国为78.4%，中国为66.3%）。因此在内需结构调整向消费驱动经济增长模式转型的过程中，不能仅将"促消费"作为对冲疫情的短期刺激措施，而应把提升居民消费倾向作为我国可能面临的长期性挑战之一。

凯恩斯提出的边际消费倾向递减规律表明，随着一国经济发展和居民收入增长，平均消费倾向必然会下滑。而根据杜森贝里的相对收入假说，居民消费倾向不仅取决于当期收入水平，还与未来预期收入息息相关。"十四五"时期中国经济增速将继续由中高速向中速换挡，而疫情余波和国际局势不稳定持续存在，我国居民收入预期增长形势严峻。与此同时，根据国家统计局公布的数据，自2016年以来中国基尼系数持续攀升，贫富差距扩大的问题不容忽视。加之，近年来数字经济迅速发展，而传统行业则面临经济转型困境，行业间收入分化可能成为贫富差距进一步扩大的诱因。此外，随着中国走向老龄化社会，加之房价收入比过高，未来也必须警惕可能出现的消费挤出现象。

因此，提升我国中长期居民消费倾向，核心抓手在于完善收入分配制度，通过提高居民收入，减轻支出压力，提振预期收入水平和居民消费信心。在提高收入方面，"十四五"期间政府将进一步加大精准扶贫力度，推动乡村振兴战略，着力提高贫困地区居民可支配收入；持续推动社保制度改革，扩大基本社保覆盖范围；通过规范发展资本市场，培植机构投资者，扩大上市公司分红力度，努力提高居民财产性收入。在减轻支出方面，政府将

进一步推动税收制度改革，努力降低小微企业和居民税费负担；坚持"房住不炒"定位，强化房地产市场调控，遏制房价收入比快速攀升的势头。

（四）投资驱动结构优化平衡

自2018年以来，受到中美贸易摩擦和新冠肺炎疫情的持续负面冲击，以及逆周期财政和货币政策宽松引致的政府投资攀升的影响，我国民间投资在固定资产投资中的占比持续回落。新发展格局下国内投资驱动结构面临优化调整，激发有效投资将成为政策的核心目标，预计未来主要从拓展投资空间和畅通融资渠道两方面展开。

在拓展投资空间层面，未来政府预算内投资将进一步聚焦于具有中长期战略意义，有利于推动供给侧结构性改革，具有正外部性的投资领域，例如新型城镇化和现代都市圈建设、新型基础设施建设等方面；与此同时，将更加鼓励民间投资流向战略性新兴产业和基础研究领域。

在畅通融资渠道层面，"十四五"期间资本市场改革、金融业和对外开放、金融体系重大风险防范化解三方面政策将继续稳步推进。随着直接融资比重的提高，未来民间投资服务自主创新的融资渠道将进一步拓展；同时，进一步提高上市公司质量，也有利于从源头上提升资本市场的投资价值。

二 新发展格局下的产业链供应链升级

面对"逆全球化"思潮泛起、地缘政治风险增加的国际局势，我们应充分防范"外循环"发生急剧变化的极端情况，确保国内大循环畅通。2020年新冠肺炎疫情大流行对全球经济造成了严重的负面冲击，单边主义和贸易保护主义盛行，进一步警示我们必须做好长期应对外部不利环境的准备，加快促进国内产业链供应链转型升级，重塑我国经济发展新动能和国际竞争新优势。

（一）促进传统制造业转型

中国具有世界上规模最大、门类最全的制造业工业体系，我国制造业增加值规模在全球制造业中的占比近30%，在全球化分工合作下有机地嵌入了国际产业链、供应链体系当中。但不可忽视的是，我国相关产业大部分处于全球产业链中低端，附加值偏低，很多关键零部件和高端产品仍依赖进口。自改革开放以来，中国长期依赖"外循环"主导的经济发展模式呈现"两头在外、大进大出"的特征，自2008年后我国劳动力市场"刘易斯拐点"出现，"人口红利"逐步消失，企业用工成本随之持续上涨，大量制造业上下游企业外迁至印度、东南亚等人工成本较低的经济体，这一现象对我国产业链和供应链的自主性和完整性构成潜在威胁。

"双循环"新发展格局构建将为中国传统制造业转型带来新机遇。当前，传统制造业仍是国民经济的中流砥柱，不仅事关综合国力，也关系到国计民生；既是实现"六稳六保"的重要基础，还是培育增长新动能的源泉。国内大循环的战略基点是超大规模的国内市场，这为传统制造业的转型提供了广阔的拓展空间，核心抓手在于通过疏通产业链和供应链中的淤点和堵点，促进国内循环各环节、产业、部门、区域之间的协同畅通，使国内需求侧和供给侧协调共生，达到更高质量的供需动态平衡。

"双循环"新发展格局下传统制造业和新兴产业之间并非割裂对立的关系，事实上，传统制造业的转型升级，将为新兴技术的发展提供一系列应用场景。未来我国将充分抓住当前全球新兴产业蓬勃发展的大好机遇，推动工业互联网、人工智能等新兴技术和传统制造业的深度融合。同时，新发展格局将更加注重内外循环的协调发展，因此仍要坚持更高水平的开放，借助内循环高效运行提高产业链供应链的对外黏性，支持跨国公司就近配套的"本土化"战略，巩固我国传统制造业的竞争优势。

（二）自主创新加快产业布局调整

"十三五"以来，数字经济、人工智能、5G通信等战略性新兴产业在我国蓬勃发展，日益成为国民经济发展的新动能。但是，自主芯片等技术"卡脖子"问题目前也非常明显。"十四五"时期战略性新兴产业的进一步发展，核心在于提升自主创新能力以突破关键核心技术。在"双循环"新

发展格局之下，我国将围绕庞大的新需求、丰富的新业态和新模式，以数字化智能化技术、前沿技术、关键核心技术的研发应用为导向，布局战略性新兴产业，推动产业链、供应链朝着数字化、网络化、智能化方向迈进。

当前和今后一个时期，我国经济运行面临的主要矛盾仍然在供给侧，供给结构不能适应需求结构变化，产品和服务的品种、质量难以满足多层次、多样化市场需求。必须坚持深化供给侧结构性改革，提高供给体系对国内需求的满足能力，以创新驱动、高质量供给引领和创造新需求。因此，新发展格局下自主科技创新能力的提升，离不开充分面向国内需求，包括产业部门和广大消费者的需求，推进能够快速突破、及时解决问题的前沿技术，提升产业化效率。同时，要进一步改善科技创新生态，推进创新体系建设，着力推动科技要素市场化配置。首先，这需要进一步加大政府公共投入，特别是加大对重点实验室、重大科技项目等基础研究和应用基础研究平台的投入；其次，应当深化科技体制改革，破除束缚科研人员的体制机制障碍，激发科技创新活力，释放创新潜能。

（三）提升产业基础能力的保障水平

产业基础能力决定了一国产业的整体素质、综合实力和核心竞争力。改革开放以来，我国重视综合性和系统性的产业基础能力打造，着力建设基础研究和应用研究平台、产业公共服务平台、产业集聚区和现代化物流交通体系，但目前在核心技术、关键产品和重大装备等方面仍存在明显不足。因此在"十四五"期间进一步提升产业基础能力的保障水平和运行效率，是引导优势资源回流，形成以内循环为主体的现代产业体系的核心支撑。预计未来相关政策将主要围绕以下四方面展开。

第一，着力加大基础学科支持力度，推动基础研究成果转化应用，从科技创新的源头夯实产业基础能力，构建"基础研究＋技术攻关＋成果产业化＋科技金融"的全过程科技创新生态链。

第二，积极创新基础设施投融资模式，构建多元化投融资体系，有序推进5G、人工智能、工业互联网等新型基础设施建设。同时，加大传统基础设施领域"补短板"力度，加快推进传统基础设施智能化改造。

第三，通过建设更高水平的物流网络和综合交通体系，降低物流运输成本，推进空间布局进一步优化和优势产业集群形成，从而推动自主创新成果更快实现转化应用。

第四，围绕人工智能、高端装备制造等重点领域和行业发展需求，加快建设一批产业支撑保障能力更强的产业公共服务平台，提升可靠性试验验证、计量检测、标准制（修）订、认证认可等服务能力，促进生产要素跨界和跨时空聚合共享。

三　新发展格局下的区域经济结构优化

"十三五"时期我国区域经济高质量发展取得了积极的成效，格局变化具有很强的内生动力支撑。但仍然存在区域间产业结构趋同、地方政府管理体制不健全、区域间发展不平衡现象比较突出、城市群生态环境建设依然任重道远等问题。2020年我国遭受新冠肺炎疫情的巨大冲击，但区域梯度发展格局所蕴含的增长潜力并未发生根本改变。在"十四五"时期，要通过进一步扩大区域发展新战略的辐射范围，为后发地区创造更好的发展条件，特别是人才条件，给予转型困难地区更大外力支持，有效释放区域梯度发展潜力。

《中共中央关于制定国民经济和社会发展第十四个五年规划和二〇三五年远景目标的建议》提出，"十四五"时期要推动区域协调发展。推动西部大开发形成新格局，推动东北振兴取得新突破，促进中部地区加快崛起，鼓励东部地区加快推进现代化。支持革命老区、民族地区加快发展，加强边疆地区建设，推进兴边富民、稳边固边。推进京津冀协同发展、长江经济带发展、粤港澳大湾区建设、长三角一体化发展，打造创新平台和新增长极。推动黄河流域生态保护和高质量发展。高标准、高质量建设雄安新区。坚持陆海统筹，发展海洋经济，建设海洋强国。健全区域战略统筹、市场一体化发展、区域合作互助、区际利益补偿等机制，更好地促进发达地区和欠发达地

区、东中西部和东北地区共同发展。完善转移支付制度，加大对欠发达地区的财政支持力度，逐步实现基本公共服务均等化。

（一）推动现代都市圈和城市群建设

2020年10月，中共中央政治局审议《成渝地区双城经济圈建设规划纲要》时明确提出，当前中国发展的国内国际环境继续发生深刻复杂变化，推动成渝地区双城经济圈建设，有利于形成优势互补、高质量发展的区域经济布局，有利于拓展市场空间、优化和稳定产业链供应链，是构建"双循环"新发展格局的一项重大举措。这个提法既适用于成渝双城经济圈也适用于我国其他都市圈和城市群。

都市圈的核心城市一般是人口大于300万、产业基础雄厚、具有较强影响力和吸引力的大都市。都市圈要想发展好，就要避免要素向核心城市集聚的极化效应，充分发挥核心城市的辐射带动作用，通过合理的规划、布局，让要素向核心城市的周边地区疏解，实现都市圈内部交通、市场、公共服务一体化，建立起包括大、中、小城市和农村在内的城乡融合、区域协调的合理发展体系。

截至目前，中国已经形成了京津冀、长三角、粤港澳、成渝、中原、山东半岛、长江中游等规模较大的城市群。一般而言，每个城市群之中至少有1~2个比较有影响力的都市圈。据恒大研究院预测，到2030年，1.7亿新增城镇人口中，约80%将分布在19个城市群，约60%将分布在长三角、珠三角、京津冀、长江中游、成渝、中原、山东半岛等七大城市群。从城市和都市圈来看，到2030年，中国有望形成10个以上千万级城市和12个以上两千万级大都市圈。现阶段需要把都市圈建设提升到应有的战略高度，以现代化的都市圈来支撑世界级的城市群建设，并以此来连接和助力国内与国际经济的双循环。

我国目前正处于从中低收入国家向高收入国家、从农业社会和工业社会向服务业社会迈进的关键阶段，经济发展的最大推动力正从钢铁、化工等工业，转向科研、教育、医疗等有助于生活品质升级的人力资本密集型服务业。当前经济发展的最大短板在于人力资本密集型服务业的供求不平衡，诸如科研、教育、医疗、金融、法律、文化、娱乐等中高端服务业供给改善缓慢，不能满足人民群众日益增长的需要。现代都市圈能够实现人的大规模集聚，是知识积累和传播最有优势的地方。未来，中国应当通过建设都市圈来发展中高端服务业、改善公共服务配套、提升供给效率，进一步提升人力资本水平，提高人民群众生活水平，促进知识积累和传播，打通经济双循环过程中的堵点。每个城市都有不同的资源禀赋，应当让城市根据自身特色开展公平的竞争，但是所有的城市都应当对外来人口秉持开放友好的态度，降低准入门槛，改善土地供应，让低收入群体也能享受好的教育、医疗和住房等公共服务供给。

推动现代都市圈和城市群建设，一是推进交通基础设施一体化协同发展。要以增强都市圈基础设施连接性贯通性为重点，加快构建都市圈公路和轨道交通网。"十四五"期间，可在建设城际铁路、城市轨道交通，提升都市圈路网密度等方面继续发力。二是推进信息数字网络的建设。加快5G等新型基础设施建设，构建数字城市和数字化的都市圈，完善都市圈信息网络一体化布局，推进第五代移动通信和新一代信息基础设施布局。三是强化城市间产业分工协作，建设统一开放市场。以推动都市圈内各城市间专业化分工协作为导向，推动中心城市产业高端化发展，夯实中小城市制造业基础，促进城市功能互补、产业错位布局和特色化发展。以打破地域分割和行业垄断、清除市场壁垒为重点，加快清理妨碍统一市场和公平竞争的各种规定和做法，营造规则统一开放、标准互认、要素自由流动的市场环境。

以上海都市圈为首的中国十二大都市圈利用全国不到1/10的土地面积，承载了全国近1/3的常住人口，创造了全国近一半的经济产出。在我国区域结构重塑进程中，应当特别关注长三角一体化国家战略的突出作用和影响，当今世界正经历百年未有之大变局，我国经济发展的内部条件和外部环境正在发生深刻复杂变化。面对严峻复杂的形势，更好地推动长三角一体化发展，在国家经济社会发展中具有重要作用。

第一，率先形成新发展格局。在当前全球市场萎缩的外部环境下，我们必须集中力量办好自己的事，发挥国内超大规模市场优势，加快形成以国内大循环为主体、国内国际双循环相互促进的新发展格局。长三角区域要发挥人才富集、科技水平高、制造业发达、产业链供应链相对完备和市场潜力大等诸多优势，积极探索形成新发展格局的路径。

第二，勇当我国科技和产业创新的开路先锋。当前，新一轮科技革命和产业变革加速演变，更加凸显了加快提高我国科技创新能力的紧迫性。长三角区域不仅要提供优质产品，更要提供高水平科技供给，支撑全国经济高质量发展。

第三，加快打造改革开放新高地。近来，经济全球化遭遇倒流逆风，越是这样我们越是要高举构建人类命运共同体旗帜，坚定不移维护和引领经济全球化。

实施长三角一体化发展战略要按照一体化和高质量两个要求推进，以一体化的思路和举措打破行政壁垒、提高政策协同，让要素在更大范围内畅通流动，发挥各地区比较优势，实现更合理的分工，凝聚更强大的合力，促进高质量发展。

（二）国内区域与城乡之间走向协调发展

十九届五中全会提出，要优化国土空间布局，推进区域协调发展和新型城镇化建设。坚持实施区域重大战略、区域协调发展战略、主体功能区战略，健全区域协调发展体制机制，完善新型城镇化战略，构建高质量发展的国土空间布局和支撑体系。要构建国土空间开发保护新格局，推动区域协调发展，推进以人为核心的新型城镇化建设。

"十四五"时期，我国区域发展面临以下新形势。一是城镇化发展由中后期阶段向后期阶段迈进，预计到"十四五"末期我国城镇化率将达到65%左右，城镇化将由高速发展期进入更重视高质量发展的成熟稳定期；二是城市群需更加关注城市空间结构优化，由分散式的独立发展或单中心极化的发展模式走上组团式、多中心发展之路；三是城市群发展将从城市内部空间的产业分工扩大到城市群空间的分工，更加强调各城市之间的功能定位差异化和产业互补协作，推动主要节点城市与周边地区联合打造具有强大功能或特色服务的板块，并积极寻求板块之间的联动协作。

中央从全局的高度对区域协调和城乡统筹提出具体要求，对国土空间全局进行差异化的功能分工，对城市化地区、农产品主产区、生态功能区明确了不同的功能定位。

一是要做好新旧战略之间的有机衔接，把不同地区发展战略与重点区域发展战略结合起来，要加快重点区域发展，提高重点城市群、城市带的经济、人口和社会承载力，要加快不同地区战略的实施。二是促进区域协调发展要贯彻新发展理念、构建新发展格局。三是把差异化发展和产业地区间转移、公共服务均等化以及基础设施的互联互通等结合起来。

中国正在经历人类历史上规模最大的一次城镇化进程。随着户籍制度改革的破题、基本公共服务均等化的推进，我国"十三五"时期实现了1亿农业转移人口和其他常住人口在城镇落户的目标，改造棚户区住房超过2100万套。

在此背景下，"十四五"期间，我国城镇化不再只追求数字上的改变，而是更加强调并推动推进以人为核心的新型城镇化，比如实施城市更新行动，推进城市生态修复、功能完善工程，统筹城市规划、建设、管理，合理确定城市规模、人口密度、空间结构，促进大中小城市和小城镇协调发展。也更注重存量质量提升，强化历史文化保护、塑造城市风貌，加强城镇老旧小区改造和社区建设，增强城市防洪排涝能力，建设海绵城市、韧性城市。

推进以人为核心的城镇化，摒弃了过去若干年规模扩张型的城镇化或者土地城镇化，更加强调城镇化的质量和功能性。以人为核心的城镇化，更多地体现了共享的发展理念，让城镇回归传统价值，成为满足人们对美好生活追求、更好地工作生活和休憩的理想场所。

（三）国际区域经济合作变局

"十四五"时期我国将进入新发展阶段，我们所处的国际环境将面临更多的不确定性和不稳定性。近年来全球化遭遇逆流，新冠肺炎疫情加重了国

际社会的不信任，全球多边治理机制进一步削弱。进入新发展阶段，我国的战略判断和战略安排会对外部环境产生重大影响，这种影响又反过来影响我们自身。由于外部环境和我国要素禀赋发生变化，中央适时提出，推动形成以国内大循环为主体、国内国际双循环相互促进的新发展格局。新发展格局是重塑我国国际合作和竞争新优势的战略抉择。

受贸易保护主义和新一轮科技和产业革命影响，全球产业链供应链已呈现本地化、区域化、分散化的逆全球化趋势，而疫情对全球生产网络产生了巨大冲击，各国都会从安全角度进行供应链的调整，这必然会带来经济全球化的重大调整，全球产业链供应链布局面临发生巨大变化的可能。

虽然疫情并未改变各国的成本结构和技术能力，我国自身的要素成本和全球贸易格局演变走向仍是影响我国产业链供应链分工地位的最主要因素，但疫情的负面影响不仅在于全球供应链中断风险不断加大因而威胁我国供应链安全，还在于疫情强化了发达国家的一些企业家、研究者和政策制定者主张贸易保护的决心，这会在产业链供应链层面对我国目前已有的优势地位产生深层次影响。

因此在加快形成以国内大循环为主体的新发展格局的前提下，通过加强对外合作，巩固我国产业链无疑同样具有重大的战略意义。新发展格局下的开放与对外合作，目的是强化国内大循环主体地位，稳定开放的国内经济基本盘，更好地带动、激活国际循环。因此，"十四五"期间的对外开放，将更强调开放与产业的融合协同，通过开放强化供应链整合能力，通过建链、补链、强链、固链培育开放的产业根基，实现功能互补、多维协同、融合发展，培育更具竞争力的开放主体，从根本上提升我国对外开放的质量，提升促进国际合作的能力。

同时，新发展格局下的开放与国际区域经济合作，是以我国大市场优势，为各国提供更多的市场机会，使我国成为吸引全球优质要素资源的强大引力场，增强国内产业和海外产业之间的联系，带动更多国家融入全球产业链、价值链、供应链等与产业发展相关的综合网络，塑造高起点介入、高端环节延伸的国际分工新格局，建立更符合全球分工新格局的"走出去"制度框架，更好地实现国内国际双循环相互促进。

在这一背景下，高度关注国际贸易政策与形势变化，同时进一步落实"一带一路"倡议、加强与国际区域经济组织合作就有重要意义。

2019年，中国与138个签署"一带一路"合作文件的国家的货物贸易总额达1.90万亿美元，占中国货物贸易总额的41.5%。2013~2019年，中国企业对共建"一带一路"国家非金融类直接投资累计超过1000亿美元，年均增长4.4%，较同期全国平均水平高1.4个百分点。

在"一带一路"倡议的推动下，2020年东盟国家已经成为中国的第一大贸易伙伴。2020年11月15日，第四次区域全面经济伙伴关系协定领导人会议举行，东盟十国以及中国、日本、韩国、澳大利亚、新西兰15个国家，正式签署区域全面经济伙伴关系协定（RCEP），标志着全球规模最大的自由贸易协定正式达成，这将更有力度地推动15个国家间的经贸合作。RCEP的签署是对地区经济、全球经济贸易发展影响重大的事件，对于将来"一带一路"贸易畅通深化发展，以及我国与欧洲的经贸技术投资合作会起到重要作用。

2019年，中国取代美国成为欧盟最大的贸易合作伙伴，双边贸易总额为7051亿美元，但欧盟对中国的直接投资额仅有73.1亿美元。面对疫情冲击，2020年前11个月，中欧双边贸易额为5812.8亿美元，逆势增长3.5%，显示出强大韧性。欧盟是我国第二大贸易伙伴，也是我国第二大出口目的地和第二大进口来源地。2020年12月30日，历时九年的中欧投资协定（CAI）谈判顺利完成。CAI引入了准入前国民待遇和负面清单的管理体制，将使中欧双方的投资领域扩大，推动更高层次的相互开放。2019年，欧盟对中国大陆的投资集中于制造业（58%）、租赁和商务服务业（12%）、批发和零售业（8%）等；中国大陆对欧盟的投资集中于制造业（53%）、租赁和商务服务业（9%）、信息传输/软件和信息技术服务业（8%）等。中欧投资协定对标的是国际高水平经贸规则，着眼于制度型开放，协定涉及领域远远超越传统双边投资协定，谈判成果涵盖市场准入承诺、公平竞争规则、可持续发展和争端解决四方面内容，将进一步消除中欧双向投资壁垒，打造横跨欧亚大陆东西两端的投资循环圈。

四　新发展格局下的金融体系重构

金融是现代经济的核心，是资源配置的重要工具，是推动经济发展的重要力量。我国的金融体系是随着改革开放和建立社会主义市场经济体制而建立的，并随着我国经济发展而逐步完善。总体而言，我国现有的金融体系适应了以投资和出口为主要动力的中国经济发展模式，为促进中国经济发展发挥了重要作用。在新形势下，我国经济发展模式从高速增长转向高质量发展，现有的金融体系还存在很多的不足，面临着巨大的挑战，需要按照构建新发展格局的要求进行调整和重构。

（一）把握服务扩大内需战略基点

习近平总书记指出，金融活，经济活；金融稳，经济稳。构建新发展格局，需要良好的金融环境作为基础和保证。在构建"双循环"新发展格局的过程中，首先要处理好金融和实体经济之间的关系，即明确金融的发展必须服从服务于经济发展，这是金融存在和发展的本质要求，也是防范金融风险的根本举措。金融不能独立于实体经济之外发展，不能搞自我循环、资金空转，这是产生金融风险的根本来源。近年来，党中央通过改善宏观调控、深化金融改革、强化金融监管等措施，把握住金融发展大势，金融运行总体平稳、风险总体可控。面对突如其来的新冠肺炎疫情，金融业把服务实体经济作为出发点和落脚点，加大对实体经济的资金投放，为推动中国经济复苏提供了有力支撑。

构建新发展格局，离不开金融的支持。构建新发展格局必须坚持扩大内需这个战略基点，货币和金融是需求侧管理的重要工具，金融在支持扩大内需方面大有可为。扩大内需包括扩大投资需求和扩大消费需求，中国经济要实现高质量发展，就必须改变过去那种主要靠投资和出口拉动的发展模式。实现经济由高速增长转向高质量发展、构建新发展格局，关键是要充分用好国内巨大市场，扩大消费需求，使消费成为经济增长的重要拉动力。为此要加快发展消费金融，助力扩大消费和消费升级，同时，要继续深化金融改革，提升金融资源的市场化配置效率，防止低效投资和简单的规模扩张。此外，还要深化金融改革，完善利率市场化体制机制，发展普惠金融和绿色金融，助力经济转型升级。

（二）不断提升直接融资的比重

直接融资和间接融资的比例关系，既反映一国的金融结构，也反映一国中两种金融组织方式对实体经济的支持和贡献程度。相比较而言，直接融资能更好地服务实体经济。间接融资对企业融资要求较高，不利于支持中小企业和创新企业的发展，还会导致社会杠杆率的攀升和金融风险的累积。从国际经验看，激发市场主体创新创造活力，加速科技成果向现实生产力转化，需要充分发挥直接融资特别是股权融资风险共担、利益共享机制的独特作用，加快创新资本形成，促进科技、资本和产业的紧密融合。

随着金融的创新和发展，特别是资本市场的完善，出现了金融脱媒现象，各国直接融资比重都在不断提升。美国在20世纪90年代，直接融资比重已经达到80%，此后一直保持在这个水平。相比较而言，我国资本市场不发达，信用体系不健全，目前还是以银行信贷为主的间接融资体制，严重制约着金融支持创新、创业企业的发展。截至2020年9月末，我国直接融资存量已经接近80万亿元，不到社会融资规模存量的30%。提高直接融资比重已被写入"十四五"规划。提高直接融资比重关键是要大力发展多层次的资本市场，全面推行注册制改革，放宽企业上市标准，建立常态化退市机制，让更多优秀的企业在国内A股市场融资，同时要继续推进债券市场创新发展，大力发展私募股权基金等。

（三）用金融科技改造传统金融

近年来，随着互联网、物联网、云计算、大数据和人工智能等现代科技的飞跃式发展，金融科技行业成为极具潜力的新生力量，正在改变着传统金融的服务方式和服务效率。金融与技术的完美结合，能很好地解决人与服务的连接,让人在场景中更好地消费,让金融更好地服务于投资和消费等领域,为扩大内需提供金融技术支撑。新冠肺炎疫情暴发之后,金融科技更加广泛地应用并迅速迭代,正在提高金融各个领域和环节的效率和能力。未来金融科技将推动整个金融行业实现质的飞跃,使得金融服务将更加便捷、立体化。一些头部金融科技公司正在快速发展,除了自身积累夯实了过硬的技术之外,也在积极地输出这些技术能力,帮助传统金融机构快速实现数字化转型,提升传统金融的服务效率。

现代科技给金融业带来的变革是革命性的,如果还有金融企业看不清这种形势变化,不能适应这种变化做出调整,必将被市场所淘汰。今天的金融企业首先是科技企业,否则,可能就是一个没有未来的企业。但是反过来,科技企业不一定成为金融企业,因为金融业属于特殊行业,必须要持牌经营,同时还要接受非常严格的监管。随着金融科技飞速发展,监管也在随之调整变革。中国的金融科技发展走出了一条从"自由放任"到"适度监管"再到"强势监管"的演变之路。现在大数据、人工智能等技术已经在监管领域加速推广。未来金融企业必须要关注科技发展方向和资源变化,不断调整战略布局以及投资方向,通过提升内功来改变整个金融业的服务能力。

(四)扩大金融业高水平对外开放

与经济领域的开放度相比,我国金融领域的开放程度还比较低。外资金融机构占全国金融机构总数的比重只有2%,而外资工商企业的比重已经达到30%。构建"双循环"新发展格局不是国内单循环,而是要继续扩大对外开放,充分利用国际国内两个市场和两种资源,参与国际大循环,为国内大循环服务。金融开放将通过以下机制发挥作用:一方面,金融开放可以引入更多市场竞争,通过优胜劣汰提升中国金融机构的竞争力;另一方面,金融开放可以发挥取长补短的功能,通过学习和借鉴国外先进的金融创新工具和管理经验,完善和提升我国金融体系服务实体经济的能力。

当前,新冠肺炎疫情蔓延,保护主义、民粹主义抬头,逆全球化势力暗流涌动。在此背景下,金融开放是保持中国与世界经济互动的重要方式。我们金融开放的初心是服务国内实体经济，但其最直接的还是吸引外资和外资金融机构，改善其投资、营商环境。因此，在中国推动金融开放的进程中，外资金融机构的作用不容忽视。作为一种市场准入管理方式，负面清单管理模式在当前世界各国推进金融服务业对内对外开放中已经被普遍采用。在构建新发展格局的过程中，采用负面清单管理模式扩大金融业对外开放有多重意义，不仅有助于明确监管部门的职责边界，同时也可以为金融机构提供平等、公平、有序的发展平台，以激发创新动力，提升金融业服务实体经济和支持科技创新的能力。

（五）建立风险金融机构处置常态化机制

支持实体经济发展，构建新发展格局，必须建立金融优胜劣汰机制让新的金融企业不断涌现，高风险金融企业及时退出。要防止出现"大而不倒"，进而绑架监管的情况。近年来，随着我国宏观杠杆率的不断攀升，金融体系的风险进一步累积，一些金融机构的风险不断增加。监管部门对包商银行等问题金融机构进行了果断处置，有效控制了风险在金融体系内的蔓延。我们还应该建立常态化风险防控和风险处置机制。对于已暴露的金融风险要坚决果断处置，否则会造成市场预期混乱；对于潜在金融风险要做好监测与防控，逐步建立金融机构评级体系，通过每月、每季评估金融机构经营情况、风险特性，及时掌握金融风险情况，制定好应急和处置预案。

当今世界正面临百年未有之大变局。新冠肺炎疫情引发的经济衰退还在延续，而其衍生风险也不容忽视。2020年以来，多数国家经济增速大幅下滑，失业率不断高企。从历史数据看，疫情导致的人员伤亡和经济危害可能比战争还要严重。大流行病和相关隔离措施会严重抑制消费和投资，限制劳动力供应和生产。面对新冠肺炎疫情造成的经济衰退，各国央行均采用宽松的货币政策以稳定经济，美国更是采取了无限制量化宽松政策。若新一轮全球美元流动性泛滥，美元出现较大幅度贬值，世界很多国家将面临本币升值和资本泡沫风险。而疫情得到控制之后，货币政策收紧产生的负面影响更是

难以预料。防范和化解金融风险必须要时刻保持高度警惕,牢牢守住不发生重大金融风险的底线。

五　新发展格局下的资产配置策略

要素市场的效率往往决定了一个经济体的运行效率,成为国家和国家之间、地区和地区之间竞争的核心能力的体现。新发展格局的推进,需要重组要素资源,优化投资资源分配,推动多层次资本市场的加快建立,为投资者提供更多的投资机会。

(一)新发展格局下的中国投资市场展望

我国投资市场的发展必须服务于新发展格局战略,核心是加快投资体制机制改革,优化资本要素市场发展,把好钢用在刀刃上,适应供给侧改革和需求侧管理的现实需要,为构建国内大循环、国内国际双循环提供更好的要素融通服务,防止资金脱实向虚。

1. 进一步推进资本市场改革

当前资本市场正面临难得的发展机遇,实体经济潜能持续释放、居民财富管理需求迅速增长、金融供给侧结构性改革深入推进,这些因素为大力推进直接融资提供了支撑,有助于提高资本市场资源配置效率,使金融更好地服务于实体经济。

2020年,资本市场基础性制度加快完善,注册制试点快速落地,退市制度进一步完善。截至2020年底,科创板和创业板注册制下,278家公司IPO募资合计3710.81亿元,占同期A股IPO募资的56.35%。此外,上交所和深交所发布了退市新规提升退市效率,促进市场优胜劣汰。截至2020年底,A股退市公司共126家,其中2020年退市16家。

全面推行注册制、建立常态化退出机制、完善私募股权基金监管制度等改革措施,体现了监管层希望加强直接融资的决心,使得退出渠道更加通畅,也进一步鼓励了资本市场的长期投资和价值投资。

2. 注册制利好私募股权行业发展

科技创新、制度创新、模式创新等孕育于新一轮经济发展中，而私募股权资本是创新发展的重要参与者，PE/VC 通过参与风险投资来支持企业发展、获取风险报酬，从而推动新发展格局的构建。

退出渠道不畅一直是制约私募股权行业发展的瓶颈，而新三板转板、科创板推出与注册制试点等资本市场改革，短期内缓解了所有投资机构的退出压力，提高了项目的估值水平。未来随着资本市场监管更加规范，股权投资行业逐渐理性和成熟，市场会加速向专业化和赛道多元化发展，投资机构走向差异化竞争也必然成为市场趋势。

注册制等资本市场的改革，畅通了私募股权投资机构的退出渠道，这将提升投资人的风险偏好，风险投资、私募投资和并购重组交易都将趋于活跃，最终激励更多的资金进入私募股权市场。而投资机构将通过发现价值、不断帮助企业实现成长，为投资人创造长期回报，最终实现正循环反馈。

3. 打破刚兑有助于固收市场优胜劣汰

实现新发展格局，离不开金融市场的供给侧改革，而固定收益市场的风险识别、资产定价机制需要进一步完善，刚性兑付将会逐步被市场化利率替代。固定收益市场的改革与市场化，将会引导资金有序流入实体经济，同时有利于防范和化解金融风险。

2020 年 11 月，永煤债违约打破了债券市场的"国企信仰"，引发了市场的担忧，导致债券市场的资金挤兑现象突出。短期看，弱资质市场主体的风险仍会陆续暴露，加快尾部信用风险出清。但长期看，随着信用债市场的机制逐步健全，债券的定价体系更加成熟完善。刚兑打破后，弱资质企业债券发行困难，而高信用资质的企业信用债仍有较好的投资价值，良性的融资循环形成，尾部主体违约风险常态化出清逐步实现。

未来，固定收益产品市场将更加多元化。各类产品，包括纯利率产品、高收益债产品，丰富了固收投资产品的类别，满足各类投资者的需求，将会使得固定收益市场更加健康。

4."房住不炒"稳定房地产市场预期

房地产具有一定的投资和金融属性，房地产泡沫破灭是造成金融危机的主要原因。党中央在"十四五"规划建议中强调，要"推动金融、房地产同实体经济均衡发展"。房地产吸纳了大量的投资与就业，但是过高的房价对消费也产生了虹吸作用，产生房地产泡沫、积累了较高的金融风险。在构建新发展格局的过程中，我们必须贯彻"房住不炒"理念，规范房地产市场的发展，引导资金"脱虚向实"，防范房地产引发的金融风险。

房地产业影响投资和消费，事关民生和发展，"房住不炒"的调控方针将会持续较长的时间。一方面，通过"三道红线"、房地产贷款集中度管理制度抑制房地产的高杠杆率；另一方面，通过"因城施策"，引导市场的合理预期，实现"稳房价、稳地价、稳预期"的调控目标。

因此，未来房地产不再是短期刺激经济的手段，房地产市场调控这根弦不会松。房地产市场将保持平稳有序发展，房地产开发投资将会保持小幅增长，土地价格和商品房价格也会相对稳定。

（二）大类资产与行业配置建议

随着经济从高速增长转向高质量增长，我国在经济结构转换、新动能培育、投融资结构调整等方面将加快改革与引导。我们要与时俱进调整大类资产配置，以切合新发展格局下的投资需求。

1.大类资产配置策略

在股票投资方面，"十四五"时期我国将会继续推进多层式资本市场的构建，全面推进注册制，提高直接融资比重，股票市场将更有发展潜力。一方面，前景良好的优质股票供给会大大增加，提升股票市场的质量；另一方面，退出机制将进一步完善，加剧个股分化、优胜劣汰，抑制股市泡沫。未来，股票市场将逐步呈现"二八"分化、强者愈强的特征，绩优股、新经济代表等股票的市值会不断提升，而业绩差、炒概念股票的估值会进一步下降。

在固定收益市场，随着新发展格局下经济平稳健康发展，底层资产质量总体将有所改善。在政策不转急弯的背景下，利率债将维持稳中向好，国债收益率可能还会小幅下行。信用债方面，虽然刚兑将逐步打破、违约率会出现上升，但总体信用利差上升会相对平稳，不过债券分化可能加剧，低资质主体融资环境将进一步恶化、收益率会进一步上升。

在私募股权投资方面，注册制有助于缓解投资机构退出压力，降低实体经济杠杆率和金融系统性风险。私募股权投资博取风险收益，从技术创新开始服务企业生命全周期，能够助力实体经济创新发展。因此，随着股票市场的扩容，PE/VC 市场将会进一步复苏，可以加强在 PE/VC 领域的配置。

大宗商品方面，随着新发展格局战略的稳步推进，中国在全球产业链中的地位将进一步稳固，对大宗商品的需求有增无减。同时随着疫苗的推广，世界经济逐步从疫情阴影中走出，也会推动大宗商品需求的复苏。中长期看，大宗商品仍将震荡走强，值得投资者关注。

在汇率方面，由于美国经济将会先于欧洲复苏，美元下行空间有限，因此预计 2021 年美元指数围绕 85~90 的核心区间波动，不过中长期看，受美国财政赤字过高、科技竞争力减弱等因素影响，美元仍有一定的下行压力。人民币汇率方面，由于中美贸易摩擦可能阶段性缓和、出口增速保持平稳、人民币资产吸引力增强等，人民币兑美元的汇率仍会小幅上升，并呈现双向波动特征。

在房地产方面，在"房住不炒"的政策下，全国房价、地价将保持基本稳定，但是会出现结构分化：一线和强二、三线城市由于产业发达、人口集聚，房价仍有上升空间，但是中西部的三、四线城市人口与产业缺乏聚集，去库存压力大。而住宅租赁市场的成熟仍需时间，长租公寓发展空间有限。商业地产由于库存高企、空置率高，应当减少在这方面的配置。

在避险资产方面，疫情、中美关系、金融泡沫等不确定性因素仍在，因此其具有一定的配置价值。虽然目前黄金价格面临一定的调整压力，但考虑到全球负利率、高政府债务、金融不确定等状况，黄金仍然有一定的上涨动力。比特币的投机属性远远高于避险属性，虽然在 2020 年底、2021 年初涨势凶猛，但是投机性过强，并不具备投资价值。

在区域配置方面，现代都市圈和城市群是现代分工、产业集聚的核心区域，有产业基础的东部城市、发展潜力较大的中西部核心城市是投资重点区域，旧城改造、产业升级、中高端服务等是可关注的重点领域。

2. 行业配置建议

配置代表中国未来发展方向的科技、内需、低碳等核心资产，以分享中国经济增长的红利，已经成为越来越多人的共识。

（1）硬科技

"十四五"规划建议中"坚持创新驱动发展"被放在了第一位，因此科技创新领域是首要配置领域。当前数字化转型方兴未艾，而疫情加速了全球数字化转型，在5G、大数据平台、产业互联网等基础设施上加大投资，叠加中国产业自主创新的投资需求，半导体、电子等"硬科技"将继续受投资者青睐。

此外，在制造业的装备、零部件、工控软件等方面，国内存在大量需要突破的领域，所以资本在生产线设备（工业软件、工控机器人、功率半导体）、新材料、零部件、元器件等领域仍会大力布局。

（2）金融科技

金融科技行业长期看极具潜力，贯穿金融市场全产业链，正在改变着传统金融的服务方式和服务效率，而疫情导致线上业务需求激增，进一步推动了科技金融的发展。互联网平台在蓬勃发展的同时，也在不断向传统行业渗透。但随着头部企业的用户数量越来越多，话语权加重，其在资本市场的影响力也日益增强。平台企业和金融科技反垄断已经提上了议事日程。世界各国的监管经验都表明，只有强化对垄断资本的监管，才能促进竞争、鼓励创新。

因此，在对科技企业投资时，必须关注有关政府反垄断和资本有序扩张的政策动向，维护市场的公平正义和有序竞争。一方面，金融科技企业无序扩张、垄断市场的行为将会受到抑制，估值空间将受到压制；另一方面，反垄断将促使互联网巨头开放平台，鼓励有序竞争和中小企业创新，因此新创科技企业的投资机会将增多。

(3) 证券行业

在注册制和对外开放的大背景下，证券公司肩负着为"双循环"的新发展格局提供高效金融服务的历史使命。资本市场改革和我国经济基本面的良好表现，将推动更多资金入市，证券业将实现经纪业务和资管业务的双丰收，券商业绩增长将带来估价的提高。

中长期来看，证券行业正处于转型关键期，券商将通过提升专业服务能力、进行财富管理转型推动高质量发展。经纪业务加速向财富管理业务转型，注册制改革对投行业务能力提出了更高要求，此外，具有成本优势的互联网券商也将在行业差异化发展的背景下脱颖而出。因此，证券行业将加速形成差异化发展格局，预计未来将形成大而全的券商"航母"与小而美的精品券商共存的局面，投资者需要重点关注行业并购重组机会、具有核心竞争力的龙头券商与精品券商。

(4) 清洁技术

为了应对气候变化，清洁技术已成为各国重点关注领域和长期投资方向。欧盟委员会公布的 7500 亿欧元的经济复苏财政预算中，有 1/4 用于环保、清洁基础设施和电动汽车投资。美国总统拜登宣布重返《巴黎气候协定》，并承诺在四年任期内投入两万亿美元用于气候行动等。

我国为了能源安全和经济转型，也在加速向绿色经济转变。习近平在 2020 年 9 月 22 日召开的联合国大会上表示，中国二氧化碳排放力争于 2030 年前达到峰值，争取在 2060 年前实现碳中和；十九届五中全会公告提出，到 2035 年要"广泛形成绿色生产生活方式，碳排放达峰后稳中有降，生态环境根本好转，美丽中国建设目标基本实现"。

因此，清洁技术将会得到更多的政策扶持和较大发展，环保领域投资具有广阔前景。

(5) 医疗健康

从这次新冠肺炎疫情的直接影响来看，市场对抗疫用品、医疗器械、生物医药、在线诊疗、疫苗等方面的需求增多，引发了投资者在这些领域的投资热情。虽然疫苗已经开始逐步推广，但是使用效果还有不确定性，暂时还

存在供不应求的问题，再加上此轮疫情还在海外蔓延，两三年后全球才能基本控制住疫情，所以疫情直接相关用品还将有一个稳定增长的需求。

此外，疫情令人们对生命和健康有了进一步的认识，人们对生物技术/医疗健康的需求还将继续增加，这一领域具备长期增长潜力。

（6）消费升级

我国的消费市场已经高达40万亿元左右，消费影响经济增长的内生动能开始增强，同时也面临从量到质的转变。中央提出需求侧管理，绝不是简单的扩大内需，而是重在调整结构，同时提升经济活力，改善市场环境，推动消费升级，形成高质量多层次的消费格局与秩序。

因此，未来几年要进一步发挥消费对经济发展的基础性作用，顺应消费升级趋势，引领产业链升级，助力新发展格局的形成。一方面，要通过收入分配改革、优化消费环境等方式增强居民的消费信心，促进国内消费市场的进一步壮大；另一方面，要鼓励消费模式创新和生产服务创新，通过线上线下融合，实现互联网与传统产业融合，引领产业的转型升级。

参考文献

编写组：《〈中共中央关于制定国民经济和社会发展第十四个五年规划和二〇三五年远景目标的建议〉辅导读本》，人民出版社，2020。

郭万达、廖令鹏：《提升产业链供应链现代化水平，重塑经济发展新优势》，《南方》2020年第19期。

江小涓、孟丽君：《内循环为主、外循环赋能与更高水平双循环》，《管理世界》2021年第1期。

祁斌、查向阳等：《直接融资和间接融资的国际比较》，《新金融评论》2013年第6期。

涂圣伟：《产业基础能力和产业链水平如何提升》，《经济日报》2019年9月3日。

中国人民银行调查统计司：《2020年第三季度城镇储户问卷调查报告》，2020年9月29日。

宏观经济篇

Macro Economy

B.2
2020年全球宏观经济及投资回顾与2021年展望

王 申*

摘　要： 2020年新冠肺炎疫情严重影响了全球经济运行，生产停顿、消费萎缩，失业激增。全球贸易大幅萎缩，国际产业链有所调整，2020年全球经济将下滑4%～4.5%。展望2021年，疫苗供应不平衡将使发达国家率先走出疫情，而发展中国家疫情很可能延续至2022年。金融风险累积和全球经济艰难复苏，导致2021年宽松政策难以较快退出，部分国家到2022年经济规模才能恢复至2019年水平。在资产配置方面，2020年疫情导致全球货币大水漫灌，资产泡沫再起，2021年大类资产走势将进一步分化，发达国家的资产将更受资本青睐，而发展中国家的债券与汇率风险上升。

---

* 王申，会计学博士，现供职于中国建投投资研究院，长期从事产业研究工作。

关键词： 世界经济 宏观经济 投资 新冠肺炎疫情 产业链 大类资产

一 分裂的世界：2020年全球宏观经济回顾

（一）疫情重创全球经济

1. 新冠肺炎疫情大流行

2020年最大的变量是新冠肺炎疫情，对全球社会和经济都造成了重大负面影响。由于疫情传播快、隐蔽性强，各国抗疫节奏不统一，新冠肺炎疫情在全球大流行。

全球疫情从2020年3月开始快速传播，呈现蔓延趋势，4月全球日新增病例达到10万人，东亚、伊朗、欧洲等感染人数较多的地区与国家相继采取封锁隔离等防疫措施，一度减缓了病毒扩散的速度。但是6月开始欧洲等国放松管控后，病毒很快再次快速传播，全球日新增病例很快达到30万人。

进入10月，全球疫情再起，这一轮疫情严重程度远超前两轮，日均新增病例从10月初的30万翻倍至60万。截至2020年12月31日，海外累计确诊病例已超过8379万（见图1）。累计确诊病例超过100万的国家主要分布在欧美、拉美、南亚地区；死亡人数超过15万的有美国、印度、巴西，死亡5万~10万的有法国、英国、意大利、西班牙、伊朗等。

由于全球各地几乎都已受疫情冲击，并且病毒的蔓延愈演愈烈，基本上所有国家都有病例，人口大国中，除了中国，累计感染人数基本都超过了100万。虽然发达国家能在2021年先行控制疫情，但是在发展中国家普及疫苗之前，仍难以在全球范围内有效防控新冠肺炎疫情。

从重点国家疫情来看，欧美地区最严重。欧洲地区在3~4月通过封锁措施控制住了疫情的传播速度后（各国日确诊病例仍有数百人），迫不及待地重启经济，导致疫情再度失控。英、法、德、西、意等西欧国家日新增病

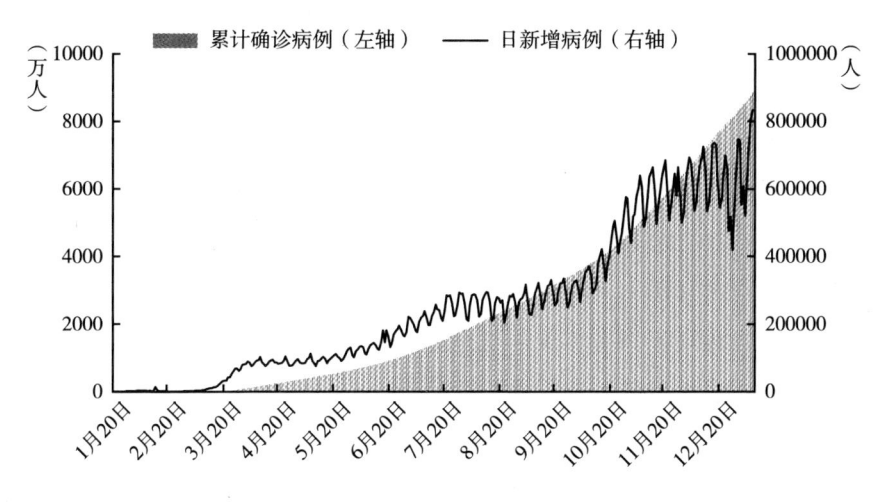

图 1 2020 年海外病例情况

资料来源：Wind，建投研究院。

例出现爆发式增长，法国日均新增一度达到 5 万以上。2020 年 10 月底欧洲国家再次封锁，阻止了疫情的进一步恶化。在英国，新冠病毒发生了变异，其传播性更强，导致其他国家采取封锁措施。

而美国特朗普政府直接放弃了对疫情的抵抗，各州自行其是。全国抗疫步调不统一，加上冬季来临和特朗普竞选集会，病毒大流行有了绝佳的传播机会，媒体称美国疫情已达到"最大灾难"级别。美国累计确诊病例超过 2200 万，日新增病例超过 20 万，远超其他国家。即使拜登上台后立即开展抗击疫情计划，由于国家的撕裂和部分民众对口罩令的反感，也难以切断病毒在社区的传播。

全球累计确诊病例数分列第二、三名的是印度 1000 多万、巴西 800 万。巴西的日新增数 11 月开始再次上升，从 1 万多上升至 4 万，目前处于第二波疫情暴发期。印度从 9 月中旬开始日新增数逐渐下降至 4 万，但其疫情数据的可靠性较差。[①] 其他新兴经济体和发展中国家的疫情也有所蔓延，尤其

---

① 印度的人口总量大、医疗服务能力差、封锁措施不严格，无法阻断新冠肺炎疫情传播，其疫情比美国严重才对。但实际情况是，印度人口是美国的 3 倍多，但累计病例数只有美国的 1/3，死亡率只有 1.5%，远低于医疗条件更好的美国（2%）。

是墨西哥、阿根廷、哥伦比亚、印度尼西亚、巴基斯坦等国感染人数大量增加。

2. 世界经济遭受重创

因为此次疫情流行，预计2020年全球经济将下滑4%~4.5%。

疫情导致社交距离变长、居家隔离、生产停顿、消费萎缩、失业激增。据国际劳工组织（ILO）估计，2020年第一季度比2019年第四季度减少的全球工作时数相当于损失了1.3亿个全时工作，2020年第二季度减少的工作时数可能相当于3亿多个全时工作。

2020年12月2日，国际劳工组织发布《2020～2021年全球工资报告》指出，受新冠肺炎疫情影响，2020年上半年，2/3的国家平均工资水平面临下行压力；其他国家平均工资的增加主要是人为作用，反映出低薪工人大量失业。未来一段时期，疫情带来的巨大工资下行压力将持续存在。在那些采取了强有力就业保障措施的国家，疫情对经济的影响主要表现为工资下降，而非大量失业。疫情对不同群体的工资影响是不均等的，对女性的影响比男性更严重，对低收入工人和低技能职业者造成的损失大于高薪管理人员和专业职位工作者。

疫情以来，各国的失业率都出现了明显上升，即使采取了财政货币刺激政策，失业率有所下降但仍明显高于疫情前水平（见图2）。

疫情导致工资减少、失业率上升，进一步影响了消费能力。抗疫表现不好的国家，如欧美国家，遭遇疫情多轮冲击，其消费同比也随着疫情的蔓延而下降；而抗疫表现好的国家，如越南，消费同比降幅较小，复苏也能持续（见图3）。

3. FDI大幅萎缩

疫情重创了2020年的外国直接投资（FDI），联合国贸易和发展会议（UNCTAD）预计2021年形势还将进一步恶化。疫情下全球特殊环境导致正在进行的投资项目推迟执行和新项目搁置，外资企业收入的枯竭也将使其减少投资于东道国的资金。2021年1月24日，根据UNCTAD公布的联合国贸发会议投资趋势监测报告（见表1），2020年全球FDI流入8590亿

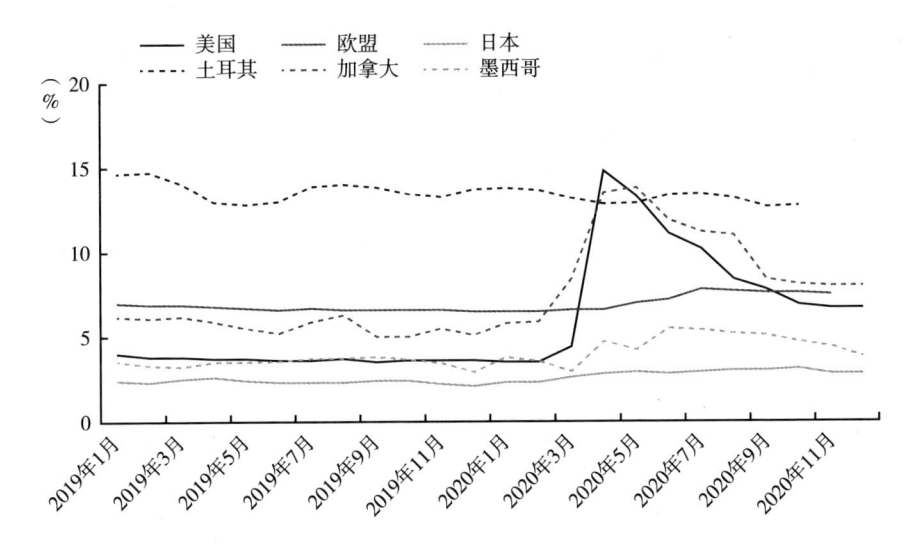

图 2　部分国家或地区失业率

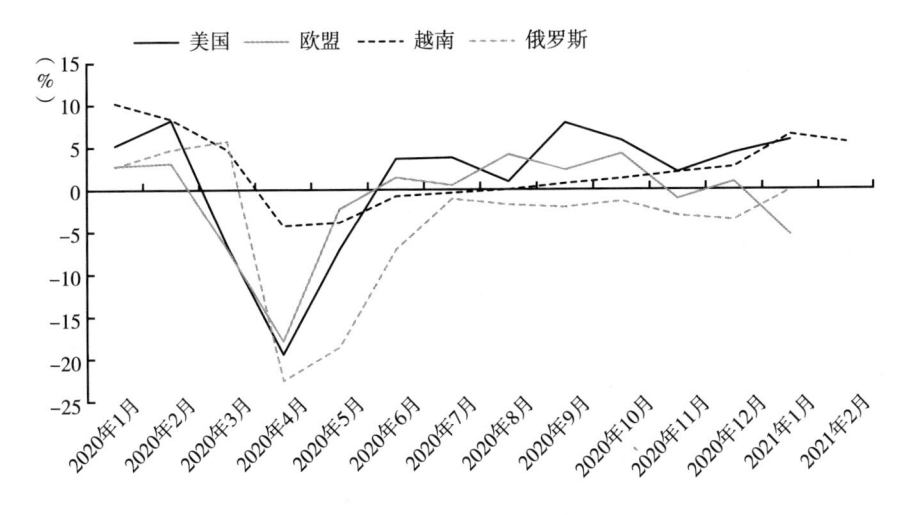

资料来源：Wind，建投研究院。

图 3　部分国家或地区消费同比

资料来源：Wind，建投研究院。

美元，比 2019 年同比减少了 42%，这是 FDI 自 2005 年以来首次低于 10000 亿美元。

表1 2019~2020年全球FDI流量变化

单位：十亿美元，%

地区	2020年初估数	2019年	同比变化
世界	859	1489	-42
发达国家	229	730	-69
欧洲	-4	344	
北美	166	309	-46
发展中国家	616	702	-12
非洲	38	46	-18
拉美及加勒比地区	101	160	-37
亚洲	476	495	-4
转型经济体	13	58	-77

资料来源：UNCTAD。

（二）疫情对国际贸易及产业链的冲击

1. 国际贸易大幅萎缩

2020年，与第一季度相比，第二季度全球货物贸易的下降幅度要大得多。据UNCTAD估计（见图4），第二季度商品贸易额同比下降18%（环比一季度下降13%），这是过去四年的最低水平，同期服务贸易额同比下降21%。2020年12月，全球货物贸易将萎缩5.6%，这将是自2009年以来商品贸易的最大跌幅。

疫情对服务贸易的影响远甚于货物贸易，根据UNCTAD的估计，2020年服务贸易可能比2019年下降15.4%。这将是1990年以来服务贸易的最大降幅，而即使在2009年全球金融危机之后，服务贸易也只下降了9.5%。

而旅游服务受到的打击尤其严重（见表2）。2020年上半年，受各国封锁的影响，各大洲的旅游人数都下降了一半以上，全球旅游人数总共下滑了65%（作为对比，2019年旅游人数增长3%）。

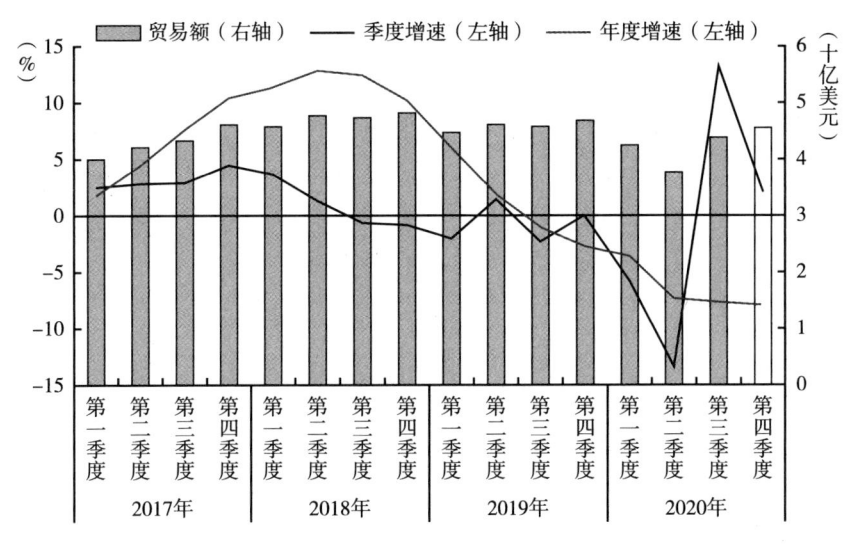

图 4 2017~2020 年全球货物贸易变化

资料来源：UNCTAD。

表 2 全球旅游人数同比变化

单位：%

地区	2019 全年	2020 上半年	地区	2019 全年	2020 上半年
世界	3	-65	美洲	2	-55
欧洲	4	-66	非洲	5	-57
亚太地区	4	-72	中东	2	-57

资料来源：UNCTAD。

2. 国际产业链有所重整

疫情冲击下，各国倾向于"以邻为壑"，为了保护本国经济和就业，许多国家纷纷提出要重塑相对独立的经济体系，掀起了一股席卷全球的逆全球化浪潮。

疫情导致各国更加重视产业链安全，鼓励医疗、信息技术、机电、汽车等制造业回流，通过多元化、本地化保障供应链安全，区域分工更受企业青睐。以汽车产业链为例，疫情发生之初，以中日韩"贸易三角"为主的汽车零部件供应环节受到一定冲击；3月以后，欧洲疫情局势紧张又导致高端汽车零部件和整车组装环节受到较大影响，汽车产业链一度出现断裂风险。

在这种情况下，越来越多的企业试图通过供应链多点布局的方式，分散由疾病灾害、地缘政治等突发事件带来的风险。

美欧为世界提供市场和技术，疫情使其购买力大幅萎缩、关键零部件中断，国际经贸格局可能出现重大调整。一个最为突出的特征就是区域分工将会部分替代全球分工。此外，美国对中国发动科技封锁，也在一定程度上加剧了区域分工趋势。

一些超大型的区域贸易安排，如经济规模占全球比重13.1%的全面与进步跨太平洋伙伴关系协定（CPTPP）、占全球28.1%的日欧经济合作伙伴关系协定（EPA）、占全球28.9%的区域全面经济伙伴关系协定（RCEP）等的实施也会进一步强化北美、欧洲、亚洲三大板块的区域化属性。因此，未来各国为了建立更加可控的供应链体系，将与其周边可信国家加强合作，推进联盟内一体化。多边贸易体制将面临更大挑战，全球产业链、供应链将进一步区域化，区域产业链、供应链之间竞争也会更为激烈。

二 晦暗的未来：2021年全球宏观经济展望

（一）疫苗带动发达国家率先复苏

欧美等发达国家将率先走出疫情。根据目前全球疫苗研发的进度来看，2020年底有3~5种疫苗或可问世。随着疫苗获批上市和批量生产，发达国家将在2021年第一季度完成高风险人群和高危人群的疫苗接种，随着接种人群扩大到普通人群，预计在2021年底将基本解除隔离措施和封锁措施。

但疫苗供应不平衡或将使发展中国家疫情延续至2022年。发达国家疫苗订单远远超过需求（见图5），发达国家人均疫苗订单约5支（大部分新冠肺炎疫苗需要打两针），供应充足，但是其他国家的疫苗订单数远小于人口总数，严重供不应求。发展中国家可能在2021年第二季度之后才能够逐步获得相对充裕的疫苗资源，并逐渐推广接种范围。由于获得疫苗的时间错位，预计疫情对发展中国家的影响或将延续到2022年。

2020年全球宏观经济及投资回顾与2021年展望

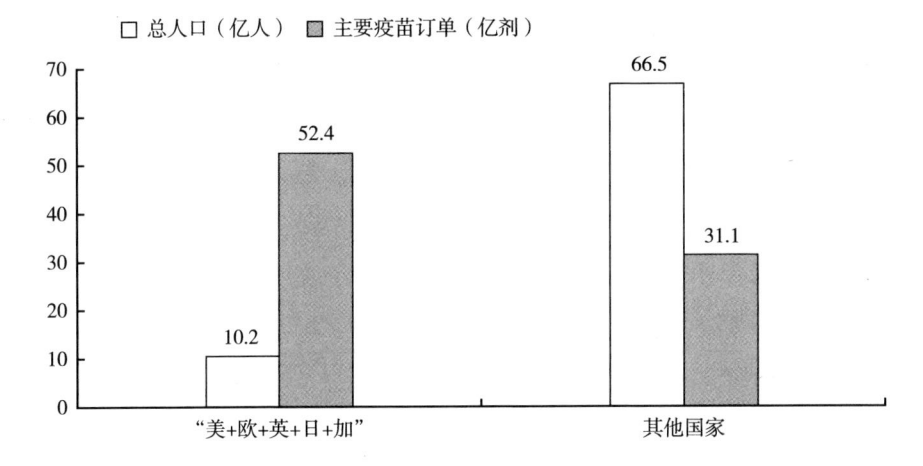

图5 截至2020年12月各经济体的疫苗订单情况

资料来源：建投研究院整理。

所以，2021年疫情很可能会把世界割裂成两部分：安全的国家（包括中日韩和欧美），经济先行复苏，人员往来将逐渐恢复；不安全的其他国家，经济受损严重，人员往来受限，被隔离在发达国家之外。最终，世界经济的复苏是不均衡的，大量缺乏卫生公共设施和疫苗供应的发展中国家的经济复苏将会滞后于发达国家。

（二）宽松政策难以较快退出

金融风险累积和疫情对经济的巨大冲击，失业率高企和病毒变异，导致2021年宽松政策难以较快退出。

随着疫苗普及后疫情逐步好转，2021年开始财政政策将会有序退出，但财政赤字仍高。由于疫情严重打击了经济，失业率高企限制了财政政策退出空间。预计2021年，OECD地区失业率将高达7.4%，2022年将达6.9%，高于过去几年的平均水平，所以，OECD的财政赤字占GDP的比重在2021年仍将高达8.4%，虽然会比2020年减少3.1个百分点，但仍比2013~2019年平均赤字率高5.2个百分点（见表3）。

表 3　OECD 地区与全球部分经济数据

单位：%

项目	2013~2019 年均水平	2019 年	2020 年	2021 年（E）	2022 年（E）
OECD 失业率	6.5	5.4	7.2	7.4	6.9
OECD 通胀率	1.7	1.9	1.5	1.4	1.6
OECD 财政赤字率	-3.2	-3.0	-11.5	-8.4	-5.7
全球贸易增速	3.3	1.0	-10.3	3.9	4.4

资料来源：OECD。

从货币政策看，全球低利率、负利率成为常态，宽松环境甚至会延至2022年之后。如过早退出货币政策，将加大债务违约风险。所以，美联储已将联邦基金利率降至0~0.25%，并且预期会将此利率水平维持至2022年；欧洲央行已释放出将加大货币宽松政策力度的信号；此外，英国、澳大利亚和加拿大等国家的央行也纷纷发出加码QE的信号。当前，美国、欧元区及其他主要发达国家/地区央行的总资产已经扩张了7.2万亿美元，2021年还将进一步扩张。

（三）世界经济艰难复苏

全球经济的复苏将依赖于疫情控制效果。随着疫苗的上市和推广，疫情将从2021年开始逐渐消退，生产端和需求端将同时复苏，劳动力市场改善，居民收入回升，多种因素都将刺激经济反弹。

国际货币基金组织（IMF）、联合国经济和社会事务部、世界银行三大国际机构对2020年的预测是全球萎缩3.5%~4.3%；随着2021年大规模推广新冠肺炎病毒疫苗接种，加上低基数影响，2021年全球经济将反弹至4%~5.5%；2022年将继续增长约4%（见表4）。不过，虽然全球经济在2020年大幅萎缩之后又恢复增长，但新冠肺炎疫情可能长期抑制经济活动和收入增长。

表4 国际机构2021年初对全球经济的预测

单位：%

项目	国际货币基金组织	联合国经济和社会事务部	世界银行
报告	《世界经济展望》	《2021年世界经济形势与展望》	《全球经济展望》
发布日期	1月26日	1月25日	1月5日
2020年全球增速	-3.5	-4.3	-4.3
其中:发达国家	-4.9	-5.6	-5.4
非发达国家	-2.4	-2.5	-2.6
2021年全球增速	5.5	4.7	4.0
其中:发达国家	4.3	4.0	3.3
非发达国家	6.3	5.6	5.0
2022年全球增速	4.2		3.8
其中:发达国家	3.1		3.5
非发达国家	5.0		4.2

资料来源：国际货币基金组织、联合国经济和社会事务部、世界银行。

我们预计，疫情导致无论是美国、日本还是欧元区国家，2021年的GDP都无法恢复到2019年的水平。美国要到2022年才能全面恢复，日本和欧元区国家恐怕要到2023~2024年才能全面恢复。

大型新兴市场国家中，中国在2020年能实现正增长，其他国家基本都是负增长，到2021年，作为抗疫"优等生"的东亚地区能够恢复至2019年水平。但是拉美、非洲和南亚等地区的发展中国家由于疫情控制较差，内部生产和生活难以快速恢复，再加上发达国家对疫情失控地区的封锁，这些地区的经济将恢复较慢，基本到2022年才能恢复至2019年水平。

（四）发展中国家债务违约风险加大

疫情导致金融资本收缩战线，增加美元、欧元等资产以应对流动性需求，结果资本率先流出新兴市场和发展中国家。新冠肺炎疫情暴发初期，IMF指出，投资者从发展中国家的固定收益和可变收益市场中撤出830亿美元。当投资者逃离风险资产时，贫穷国家和新兴市场是链条中最薄弱的

环节。

2021年2月,国际金融协会(IIF)发布的最新《全球债务监测报告》显示,2020年新冠肺炎疫情导致全球债务增加24万亿美元,达到了创纪录的281万亿美元,占全球GDP的比重激增了35个百分点,达到355%,这一上升幅度远远超过了全球金融危机期间的增幅。IIF还预计,全球债务会进一步大幅增长,未来15～18个月,世界债务总额将超过300万亿美元。①

在经济低迷时期,更高的债务水平会让政府、企业和家庭面临更高的风险。对于发达国家而言,由于高信用级别和融资便利,债务风险还不严重,虽然部分受疫情严重影响的行业债务风险有所暴露,但是总体可控。对于出口依赖大、外债高企的新兴市场而言,一方面其出口受疫情影响萎缩,另一方面为了刺激经济而不断累积债务,政府债务和企业债务都面临较大的违约风险。IMF已经向81个国家提供了财政援助,到2021年底,发展中国家需要偿还7万亿美元的债务。这种财务困境可能引发另一场全球金融危机。

(五)全球产业链加速调整

全球价值链和FDI的增长在疫情暴发之前就已经开始下降(见图6),疫情加速了该趋势。第一,疫情加速了技术变革,特别是机器人化、自动化和数字化,导致有形生产减少,对有形资产的依赖减少,更多地使用非公司制生产模式。第二,国际经济决策越来越分散,从多边主义转向双边主义和区域主义,保护主义加剧。第三,可持续发展的必要性反映出越来越需要将投资用于可持续发展目标。

虽然2021年全球GDP将逐渐复苏,但存在疫情反复和金融危机的风险,经济前景的不确定性抑制了新投资。此外,财务困境和流动性问题限制了企业的

---

① Institute of International Finance, "Global Debt Monitor: COVID Drives Debt Surge – Stabilization Ahead?" https://www.iif.com/Research/Capital – Flows – and – Debt/Global – Debt – Monitor, Feb. 2021.

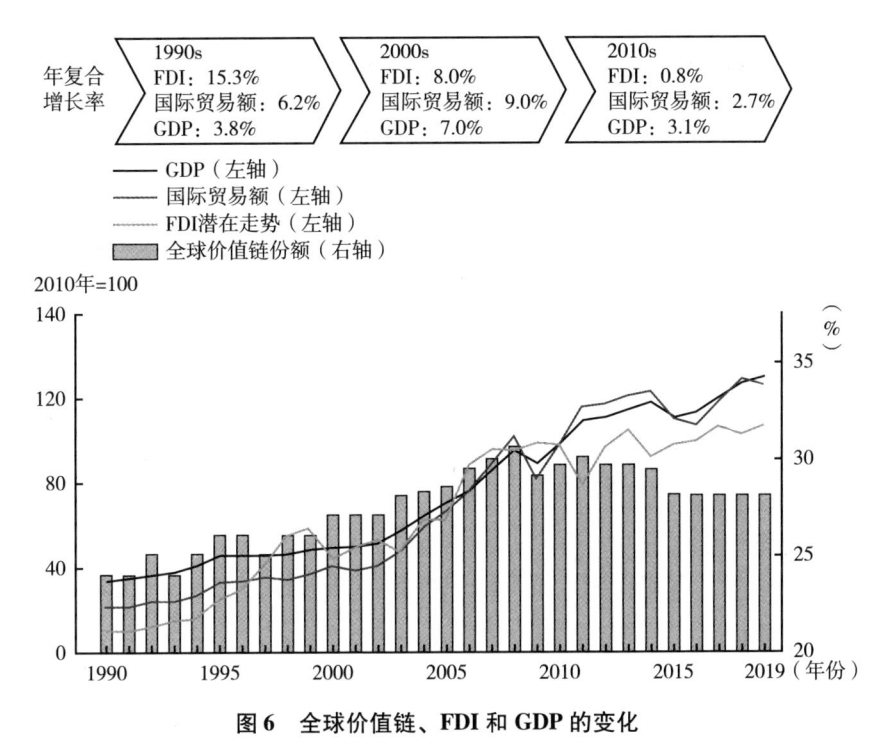

年复合增长率
- 1990s：FDI: 15.3%；国际贸易额: 6.2%；GDP: 3.8%
- 2000s：FDI: 8.0%；国际贸易额: 9.0%；GDP: 7.0%
- 2010s：FDI: 0.8%；国际贸易额: 2.7%；GDP: 3.1%

图6　全球价值链、FDI和GDP的变化

资料来源：UNCTAD。

回旋余地，尤其是规模小而脆弱的企业，在这场危机中，企业被迫将可用资金从投资转向运营，正在进行或已宣布的项目很可能会被取消。所以，预计2021年外国直接投资将进一步减少，最早在2022年才能开始复苏（见图7）。

从长期来看，提高供应链弹性和安全性的需求将推动跨国企业的战略决策，这些决定还将遭受政府和公众的更大压力——提高本国/地区的关键产品和服务的自给自足能力。国际价值链重组的趋势会加快，叠加疫情持续时间和公共政策因素，FDI的模式将进一步受影响，而地缘政治、金融风险和贸易摩擦可能会增加不确定性。

三　躁动的资本：全球大类资产回顾与展望

疫情导致全球货币大水漫灌，资产价格高企，与实体经济表现脱钩，

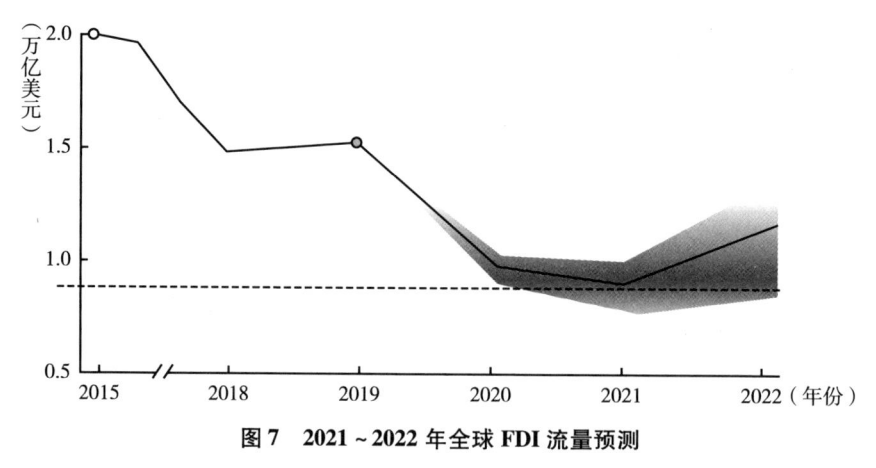

图 7　2021~2022 年全球 FDI 流量预测

资料来源：UNCTAD。

2020年各类资产普遍上涨、资产泡沫再起。2021年，由于疫情形势变化和经济走势分化，大类资产走势也将出现一定的分化。

（一）风险资产将继续保持强势

1. 股票市场

股市方面，全球股市已从疫情暴发以来的低点强劲反弹，2020年3月MSCI全球股市指数最低跌破400点。为对冲疫情负面影响、平抑流动性危机，各国相继推出大规模财政刺激与降息计划，开启全球货币超宽松阶段，全球央行大幅扩表，MSCI快速反弹，并从2020年11月开始不断创历史新高（见图8）。

各国由于疫情形势、政策支持范围及部门构成存在显著差异，美国股市表现优于其他市场。行业方面，科技股和消费品板块领先，2020年美股科技板块涨幅超过40%，非必需消费品、通信服务、材料等板块涨幅达到20%；受疫情冲击更大的部门——能源和金融板块表现较差，美股能源板跌幅超30%。

具体来看，美国股市2020年3月发生了4次暴跌并触及熔断，3月9日道琼斯指数狂泻了2000多点。美联储在两度降息至零后又强力启动量化宽

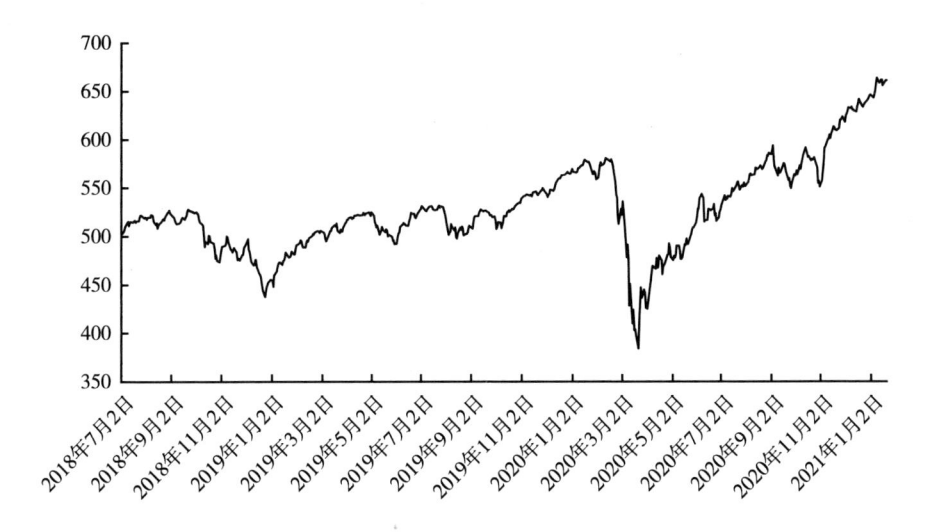

图 8 全球 MSCI 指数

资料来源：Wind，建投研究院。

松，流动性成功推动股市大幅反弹，并最终创出历史新高。2020 年全年，美股市场标普 500 指数上涨 16.26%，受国际贸易影响较大的道琼斯工业指数上涨 7.25%，科技巨头云集的纳斯达克指数大涨 43.64%（见表 5）。

表 5 2020 年全球主要股指表现

单位：%

发达国家股指	2020 年涨幅	新兴市场股指	2020 年涨幅
纳斯达克指数	43.64	沪深 300	27.21
标普 500	16.26	阿根廷 MERV	22.93
道琼斯工业指数	7.25	印度 SENSEX30	15.75
欧元区 STOXX	-1.58	胡志明指数	14.87
德国 DAX	3.55	沙特全指	3.58
法国 CAC40	-7.14	巴西 IBOVESPA 指数	2.92
英国富时 100	-14.34	墨西哥 MXX	1.21
韩国综合指数	30.75	印尼综指	-5.09
日经 225	16.01	泰国 SET 指数	-8.26
恒生指数	-3.40	马尼拉综指	-8.64

资料来源：Wind，建投研究院。

欧洲股市表现较差，2020年，欧元区STOXX下跌1.58%。英、法、德股市中，只有德国DAX涨了3.55%，法国CAC40、英国富时100分别跌了7.14%、14.34%。

韩国与日本的疫情控制较好，其股市表现也较好。韩国综合指数、日经225分别在2020年全年上涨30.75%、16.01%。

新兴市场方面，总体股指表现较好。中国、阿根廷、印度、越南等国股指2020年涨幅都超过10%，部分严重依赖旅游和劳务输出的国家则股指表现较差，如印度尼西亚、泰国、菲律宾等。

展望2021年全球股市，由于发达国家将率先走出疫情阴影，加上财政刺激与货币宽松政策影响。拜登新一轮经济刺激计划利好经济和股市，但是受拜登加税预期和疫情可能反复的影响，美国股市2021年预计涨幅有限，总体维持高位震荡；欧洲会在疫苗推广后迎来生产复工、消费复苏，股市也将会迎来补涨。日本由于奥运会可能取消或者观众极少，不利于2021年经济复苏，其股市表现可能会转差。港股受中美科技摩擦和地缘政治的影响，表现不佳，但是其估值具有竞争力，2020年以来在南向资金的支持和海外资金回流的影响下，2021年表现将会较好。

新兴经济体和发展中国家方面，由于疫苗供给不足，经济还有可能受疫情的新一轮冲击，以及财政资金不足以维持大规模经济刺激，除中国以外，2021年其他新兴市场股指的表现可能会相对较差，尤其是那些疫情防控不佳、经济依赖旅游业的国家。

2. 大宗商品

大宗商品方面，虽然疫情打击了需求，但是随着疫情常态化和复工复产的逐步推进，再加上经济刺激政策的影响，大宗商品需求逐步复苏。2020年路透CRB商品价格指数受疫情影响一度跌至110，随后逐步反弹至170，走出个深"V"形（见图9）。

展望2021年，欧美疫情得到控制、制造业产能恢复等宏观因素，将继续推动大宗商品保持强势。此外，在新兴产业方面，新能源车在中国和欧美的快速渗透也将带来对有色金属的长期增量需求。因此，预计2021年对大

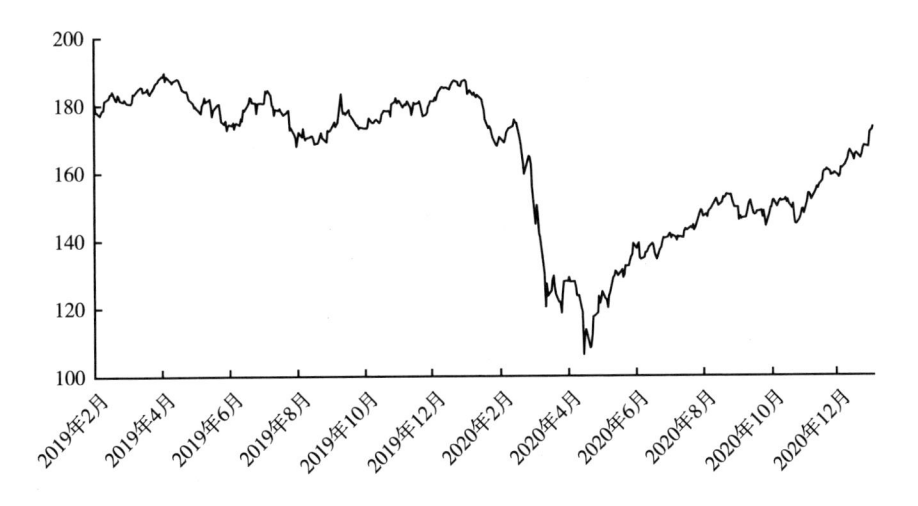

图 9　RJ/CRB 商品价格指数

资料来源：Wind，建投研究院。

宗商品的需求将有所增加，但是受发展中国家疫情冲击的影响，部分大宗商品供给可能会偏紧（如疫情导致停工、运输受阻等），所以，预计 2021 年有色金属、粮食等大宗商品价格还会震荡走高。

2020 年，国际原油价格也是"V"形走势，从 60 美元下探至 20 美元，WTI 油价甚至出现史诗级暴跌——4 月 20 日暴跌到 -37.63 美元/桶，为历史上首次跌至负值。2020 年 11 月以来，各地新冠肺炎疫苗研发取得明显进展，市场对于全球原油需求增长的预期也更为乐观，加之欧佩克组织推迟预定的产量放宽计划，国际油价进一步迈上了 50 美元/桶的关口（见图 10）。

不过，综合来看，疫情对原油价格的需求影响是负面的，需要较长一段时间消除影响。近期油价反弹主要受"OPEC +"限制产能和经济复苏预期的双重影响，随着 2021 年欧美经济逐步复苏，原油需求会有所回升，但抑制油价进一步上涨的因素也存在——OPEC 国家的财政压力大，可能会在油价超过 60 美元后增加产能。所以，我们预计原油供需能大体维持平稳，2021 年油价将主要在 50~60 美元区间震荡。

043

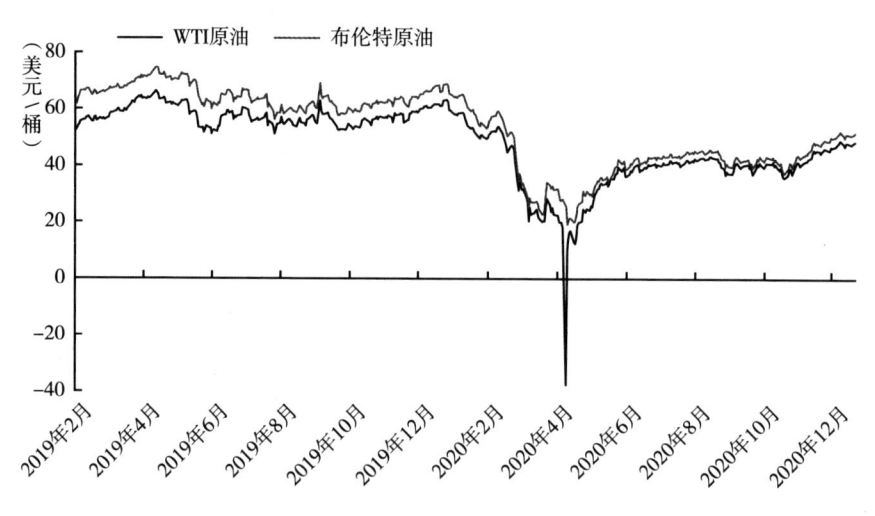

图 10　原油价格走势

资料来源：Wind，建投研究院。

（二）避险资产创历史新高

1. 美元

2020 年 3 月疫情快速蔓延，影响了金融体系流动性，导致美元流动性稀缺，美元指数大涨至 102，随后美联储迅速扩表稳住了流动性。但是宽松的货币政策加上疫情对美国经济的严重打击，导致美元指数一路下滑，最终跌至 90（见图 11）。

随着拜登上台后推出 1.9 万亿美元的新一轮财政刺激政策，经济复苏预期改善，美债利率将会上升，短期内有利于维持美元的稳定。但是中长期看，美国债务高企，对外贸易逆差扩大，不利于美元指数的回升。所以，预计 2021 年美元指数还会有一定的下滑。

2. 黄金

黄金作为避险工具，也是重要的投资品。2020 年高度的不确定性、宽松的货币政策、极低的利息、美元贬值以及对更高通胀的担忧，都是推动黄金走高的关键因素。2020 年黄金价格最高突破了 2000 美元，2020 年底回调至 1900 美元左右（见图 12）。

图 11　美元指数

资料来源：Wind，建投研究院。

图 12　COMEX 黄金期货收盘价

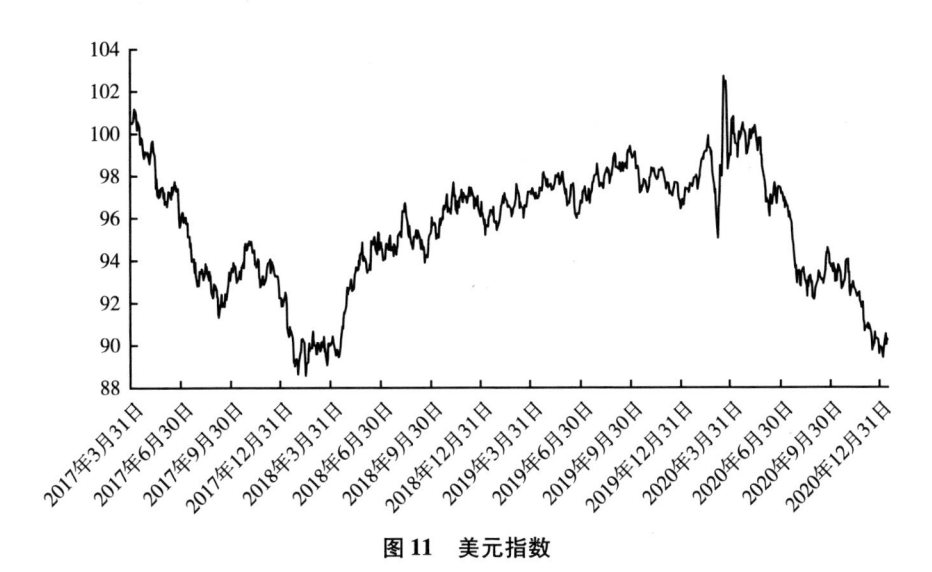

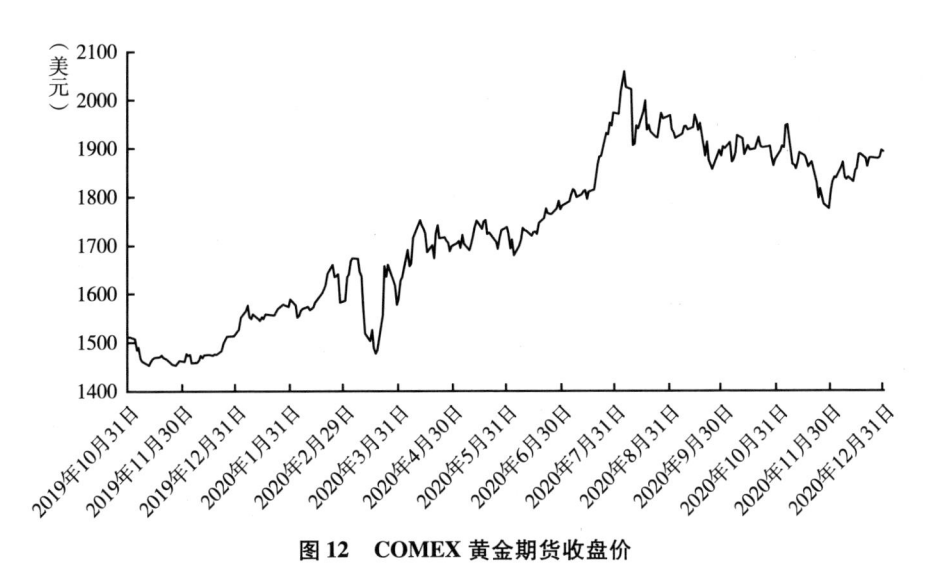

资料来源：Wind，建投研究院。

2021 年是缓慢复苏的节奏，前期宽松的财政和货币政策很难快速退出，将维持宽松的环境，这就给黄金形成了一个有利的"弱美元 + 低利率"的环境，金价有可能进一步突破前期高点。因此，黄金作为一个重要的避险资产，在 2021 年可以继续配置。

3. 比特币

比特币则在 2020 年底上演了"疯牛模式"。2020 年 2 月 10 日，比特币再次突破了 1 万美元的大众心理界限，但随后深度调整至 5731 美元。2020 年 9 月开始，比特币连续突破 2 万美元、3 万美元大关，2021 年初以来，比特币继续大涨，一度升至 6 万美元（见图 13），其币值超过了 1 万亿美元。

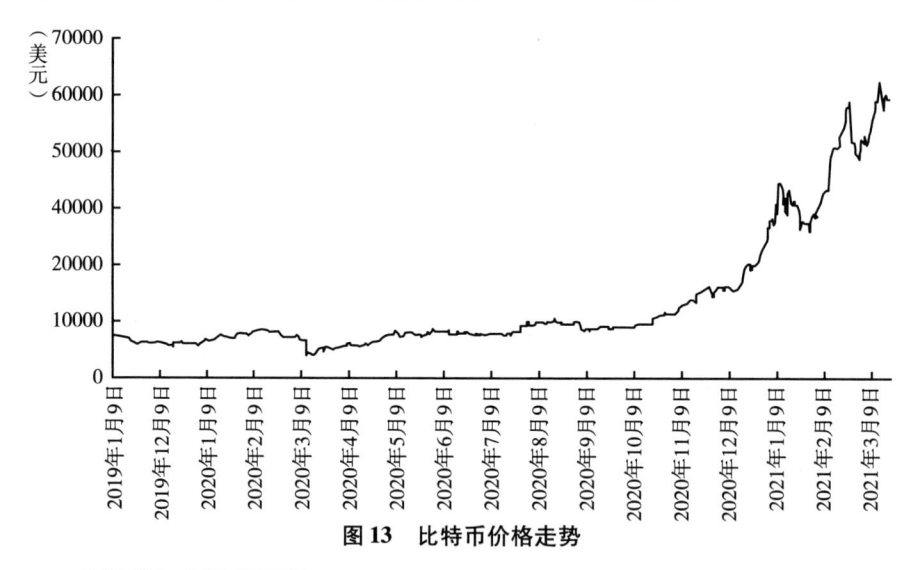

图 13　比特币价格走势

资料来源：比特币资讯网。

比特币目前在部分场景中具有支付功能——部分国家允许比特币交易，少量商品允许直接支付比特币。但是，就其资产属性而言，只是一串加密数字，其波动性极大，并不具备投资价值，其价格更多体现的是交易价值和投机价值。

就本轮比特币牛市而言，目前应该正由繁荣过渡到亢奋阶段。但是，世界上没有只涨不跌的资产，不排除未来一段时间比特币价格会从最高点下跌至 2 万美元。

（三）新兴市场债券与汇率风险上升

1. 国际债券

债券方面，疫情导致偿债能力下降。虽然公司依赖低利率融资缓解债务负担,但加重了未来的违约风险。疫情再起导致企业歇业延续,收入和偿债能力下降,公司资产质量下降,信用评级被下调的数量上升,再融资风险、拖欠率和违约率上升,能源及高杠杆率、非投资级、BBB级企业最为脆弱。

据国际清算银行分析,2020年全球GDP增长率若在-11%~-4.5%,则当年企业破产率将增长20%~40%。一方面,许多经济体采取措施推迟企业破产,会形成许多僵尸企业,这为后续破产埋下伏笔;另一方面,利率下降刺激了投资者增加对高风险资产的投入,也进一步增加了未来的违约风险。

因此,国际债券将进一步分化,高等级债和发达国家的国债收益率持平甚至可能进一步小幅走高,但是垃圾债和发展中国家的主权债利率随着风险的暴露可能会进一步升高。

2. 外汇

2020年新兴市场汇率市场波动性有所上升。受疫情影响,投资者对新兴市场资产需求下降,导致了新兴市场的货币贬值(见图14)。

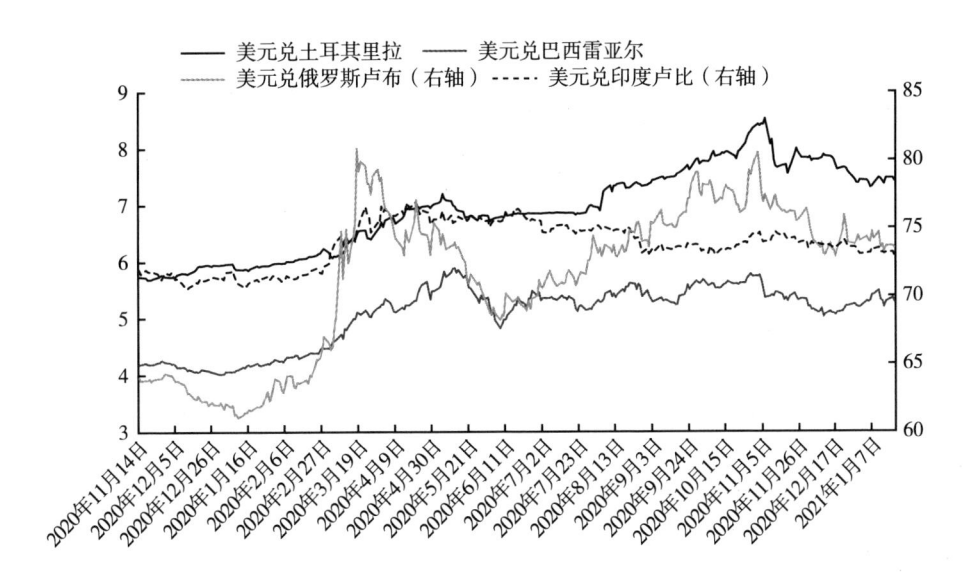

图14 部分新兴经济体的货币汇率

资料来源:Wind,建投研究院。

随着欧美等发达经济体率先复苏，预计2021年发达经济体的经常账户逆差边际会收窄，而新兴经济体和发展中国家在疫情后期的经济恢复速度相对会较缓。不过，对于资源国而言，大宗商品价格的上行，将使其财政和经济有所改善，汇率趋于稳定。

因此，预计2021年新兴市场货币将会有所分化，资源国和出口强劲国家的汇率能够保持稳定，甚至受益于美元贬值；但是缺乏资源和出口竞争力的发展中国家可能还会经历新一轮的贬值，这会加重部分国家和企业的债务负担。所以，2021年很可能会出现部分主权国家债务违约、汇率大幅波动的情况。

参考文献

IMF：《世界经济展望更新：政策支持与疫苗预计将提振经济活动》，2021年1月。

凤凰网：《联合国发布〈2021年世界经济形势与展望〉》，https：//news.ifeng.com/c/83LM4LDe2rr，2021年1月26日。

世界银行：《全球经济展望》，https：//www.shihang.org/zh/publication/global－economic－prospects，2020年1月。

International Labor Organization, "Global Wage Report 2020 - 21——Wages and Minimum Wages in the Time of COVID - 19", Dec. 2020.

B.3
2020年中国宏观经济回顾与2021年展望

张志前 李 浩*

摘　要： 2020年中国GDP总量首次突破100万亿元，同比增长2.3%，是新冠肺炎疫情冲击下全球唯一实现正增长的主要经济体。但是，目前国内经济恢复基础尚不牢固，特别是供需两端复苏不平衡，居民消费恢复滞后，宏观杠杆率显著抬升。展望2021年，全球经济复苏进程有望加快，国内宏观经济政策将逐步回归常态，对重点消费领域的结构性刺激政策有望对居民消费形成显著提振。如果疫情形势不发生超预期恶化，预计2021年中国实际GDP增速有望达到8%，其中国内消费的贡献占比将在七成以上；随着经济运行回归常态，"稳杠杆"压力将大为缓解，市场利率可能重回上行；预计PPI全年增速将回升至2%以上，CPI全年增速约为1%。

关键词： 宏观经济　经济政策　新发展格局

一　2020年宏观经济运行回顾

由于受到新冠肺炎疫情的严重冲击，2020年我国经济运行呈现"V"

---

* 张志前，经济学博士，中国建投投资研究院主任、研究员，主要研究方向为宏观经济、货币政策、金融投资；李浩，经济学博士，中国建银投资有限责任公司和中国社会科学院财经战略研究院联合培养博士后，主要研究方向为中国宏观经济和金融市场。

形走势（见图1），实际GDP逐季增速分别为-6.8%、3.2%、4.9%、6.5%，全年同比增长2.3%，经济总量首次突破100万亿元，是全球唯一实现正增长的主要经济体。虽然我国在世界范围内率先防控疫情，率先复工复产，率先实现经济正增长，但也应清醒认识到目前经济恢复基础尚不牢固，复苏不稳定不平衡：一方面，需求端复苏滞后于供给端；另一方面，投资、消费和出口"三驾马车"复苏不平衡，特别是制造业投资和居民消费等经济内生增长动能仍未能完全恢复。

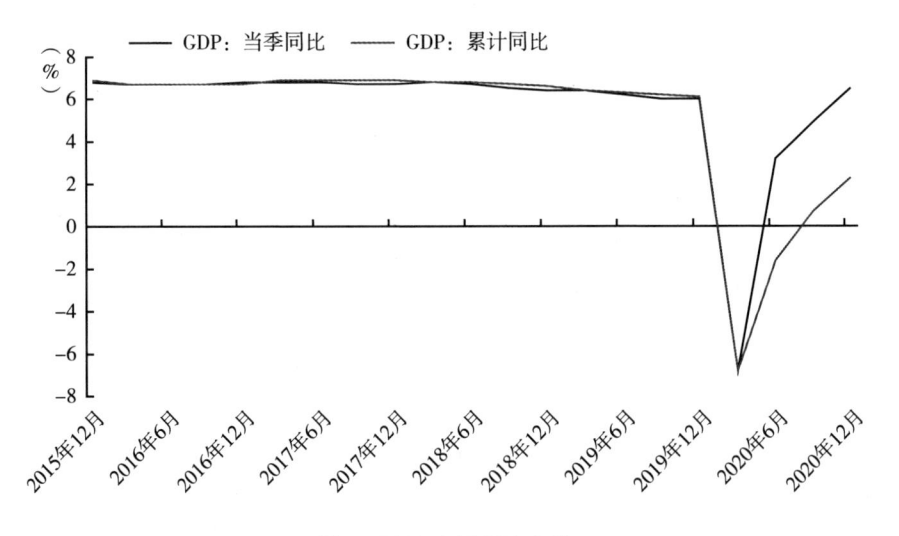

图1 2020中国经济走势

资料来源：Wind。

（一）供给端负面冲击逐步消化

2020年一季度国内疫情形势严峻，大量行业被迫停工停产，以劳动密集型行业为代表的经济供给端遭受深度冲击。不过，随着我国疫情在全球范围内率先有效控制，复工复产稳步推进，工业生产活跃度自第二季度起迅速复苏，下半年以来工业增加值增速已基本恢复至往年同期水平（见图2）。

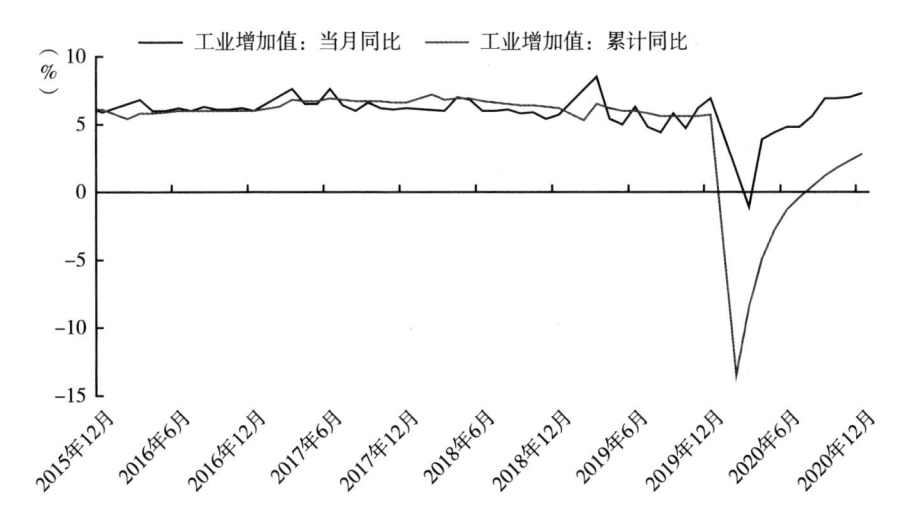

图2 工业增加值走势

资料来源：Wind。

从图3展示的宏观经济先行监测指标——采购经理人指数（PMI）来看，制造业和非制造业指数在2月创下35.7和29.6的历史低点后，自次月起快速反弹，并连续10个月位于"荣枯线"以上，显示未来国内供给侧预期较好。

（二）稳就业、保民生显现成效

受疫情冲击影响，2020年国内就业形势十分严峻，城镇调查失业率在2月曾一度升至6.2%；但随着复工复产推进和一系列"稳就业"政策实施，年底城镇调查失业率已回落至5.2%，与往年同期水平持平（见图4）；全年城镇新增就业人数为1186万人，超额完成了900万人的预期目标。从重点就业群体情况看，12月，20~24岁大专及以上受教育程度人员失业率较7月回落7.2个百分点；年末，外出农民工人数已恢复至2019年的97.3%。这表明随着经济社会秩序持续恢复，就业政策显现成效，就业形势已逐步稳定向好。

图3　PMI走势

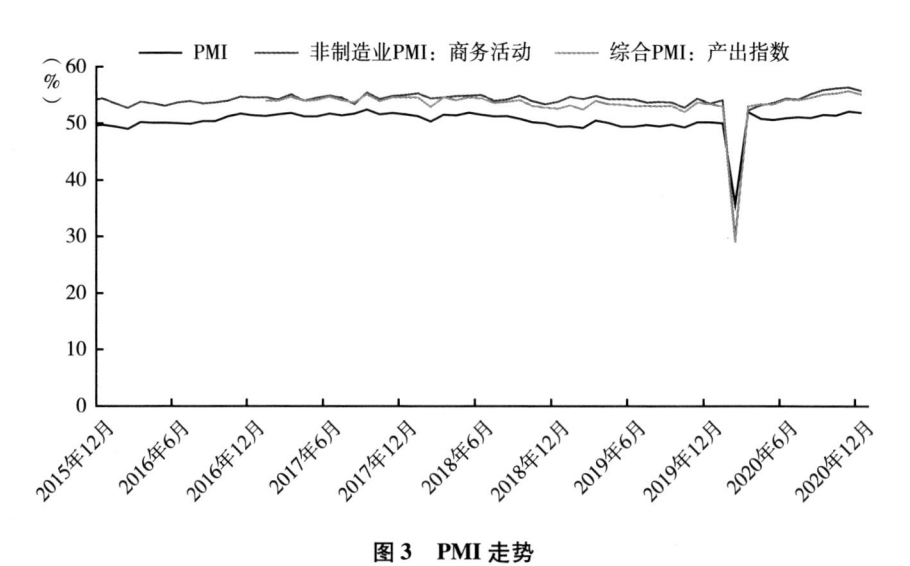

资料来源：Wind。

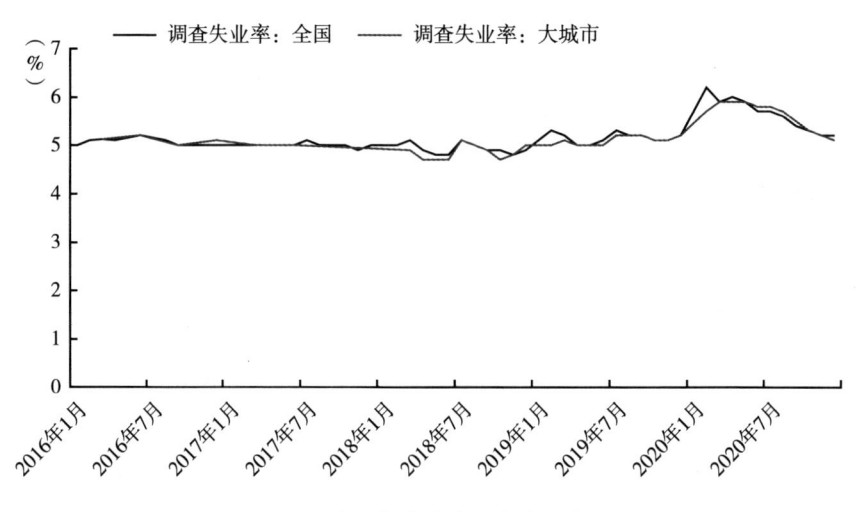

图4　全国与大城市调查失业率

资料来源：Wind。

（三）投资增长动能面临切换

疫情期间积极财政政策充分发挥了对冲国内经济负面冲击的"逆周期"

稳定器作用，财政资金多数投向民生基建领域，这也是上半年我国经济率先开启复苏的核心催化剂。但自2020年下半年起，基建投资增速显著放缓（见图5），特别是自三季度以来单月增速均在8%以下，造成这一现象的原因可能是疫情冲击下地方政府财政收入减少，同时常态化防疫以及"六稳六保"工作要求导致支出增加，尽管总量上政策更为积极，但实际用于基建投资的空间相对有限。

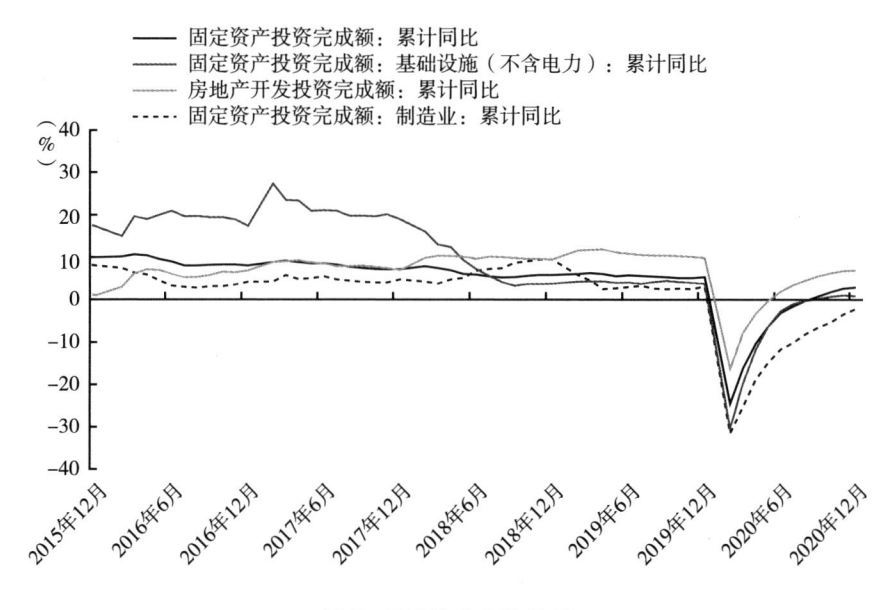

图5　固定资产投资情况

资料来源：Wind。

房地产是疫情发生以来国内韧性最强的行业之一，并一直是稳定国内投资需求的支撑引擎。但是，在"房住不炒"的核心定位下，房地产融资政策从2020年下半年开始逐步收紧：8月，住建部和央行明确了重点房地产企业资金监测和融资管理规则，划定了"三条红线"（①剔除预收款后的资产负债率大于70%；②净负债率大于100%；③现金短债比小于1倍）；年末，央行和银监会正式发布了《关于建立银行业金融机构房地产贷款集中度管理制度的通知》，进一步针对金融机构设置了房地产贷款余额占比和个人住房贷款余

额占比两个上限。在此背景下，房地产市场景气度有所下降，先行指标——房屋新开工面积和竣工面积增速均呈现边际放缓趋势（见图6）。

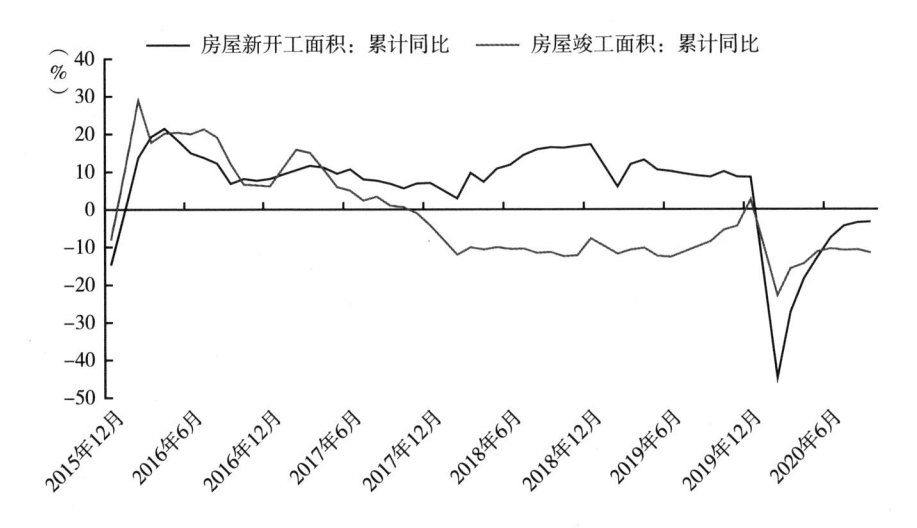

图6　房屋新开工面积与房屋竣工面积

资料来源：Wind。

在投资三大分项中，受疫情冲击最严重的是制造业投资。由于目前疫情形势仍然复杂，加之制造业投资固有的滞后周期属性，供需循环完全修复仍需时日，全年增速未能实现转正（-2.2%）。不过，随着国内企业生产经营恢复正常，盈利状况明显好转（见图7）。在生产向好、需求回升以及价格改善三方面因素的带动下，制造业投资边际增速在四季度明显加快，预计2021年有望进一步好转。

（四）外需持续超预期助力复苏

疫情初期，市场普遍预期中国外贸将遭遇巨大冲击。但是在2020年一季度出口增速经历了13.4%的深幅下挫后，从4月起出口持续超预期改善（见图8）：全年实现货物进出口总额321557亿元，同比增长1.9%。其中，出口179326亿元，同比增长4.0%；进口142231亿元，下降0.7%。外需逆疫情冲击表现亮眼主要得益于两阶段因素：前期主要受益于4月至6月国

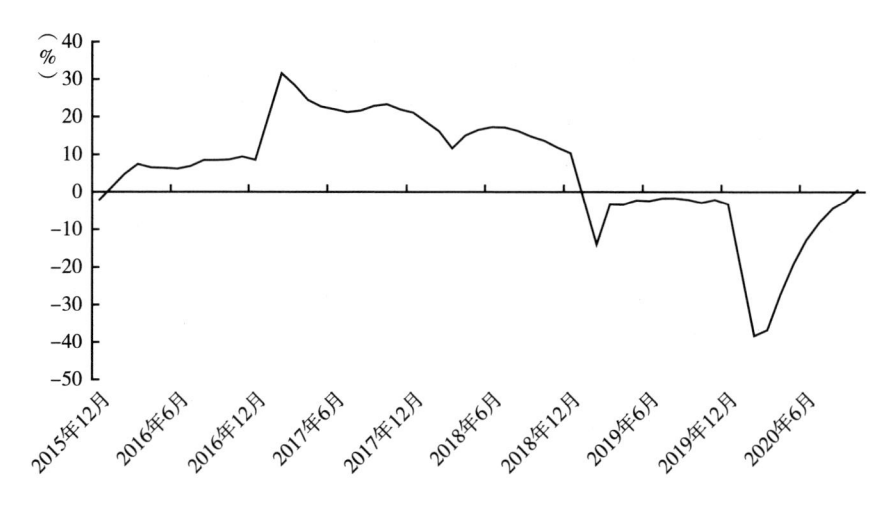

图 7 工业企业利润总额（累计同比）

资料来源：Wind。

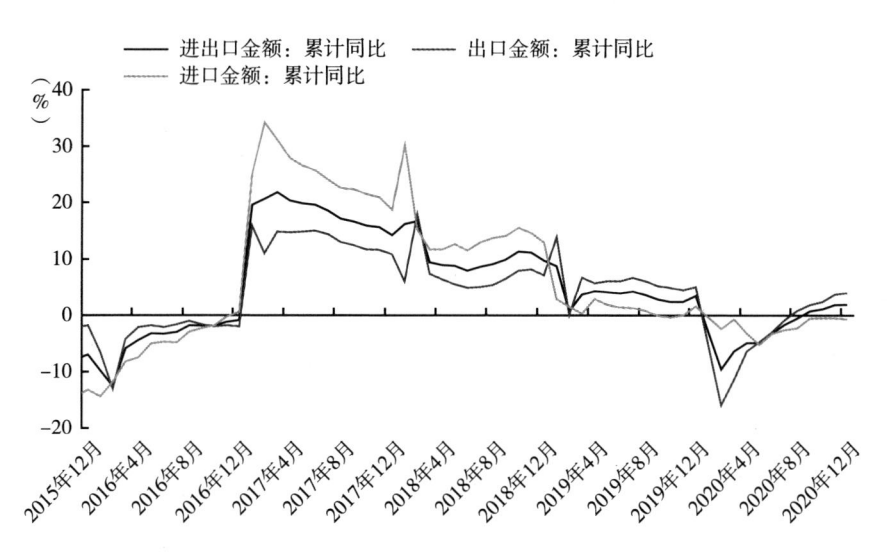

图 8 中国进出口增速情况

资料来源：Wind。

外疫情加重后抗疫物资出口拉动；后期则依靠 6 月以来全球疫情有所好转，海外需求逐步重启带动机电和劳动密集型产品等海外订单向我国转移形成的"供给替代"效应。

（五）居民消费修复仍然滞后

疫情对国内居民消费造成深度负面冲击，2020年社会消费品零售总额同比下滑3.9%，相较于供给端的率先复苏，以及投资、出口的持续回暖，消费复苏程度显著滞后（见图9）。虽然目前我国疫情已基本稳定，线下实物消费较上半年明显改善，特别是汽车等耐用品消费成为内需重要支撑，而疫情期间"宅经济"引领的线上消费在复工复产后也继续保持较好增长；但在国内疫情仍多点散发和防控措施常态化的背景下，餐饮、旅游、娱乐等服务性行业的消费信心修复仍不乐观，负面冲击恐难以在短期内完全消化。

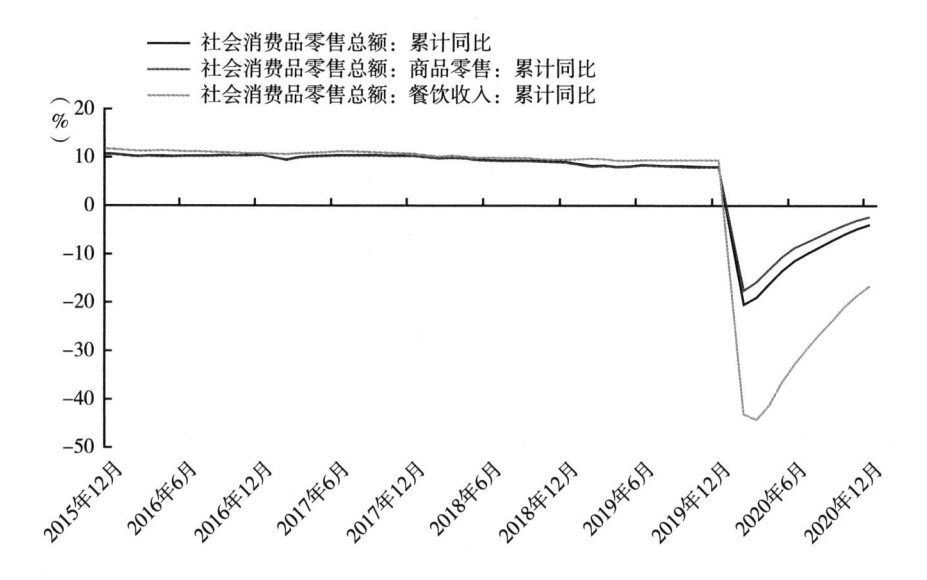

图9 社会消费品零售总额情况

资料来源：Wind。

此外，疫情对居民预期收入的冲击（见图10）将直接导致边际消费倾向下降，若长期无法修复可能引发持续性"消费降级"现象。考虑到内需修复的滞后性，为避免结构性"消费降级"长期化对非必选消费品和服务消费的持续负面影响，出台刺激政策稳定消费信心具有重要意义。

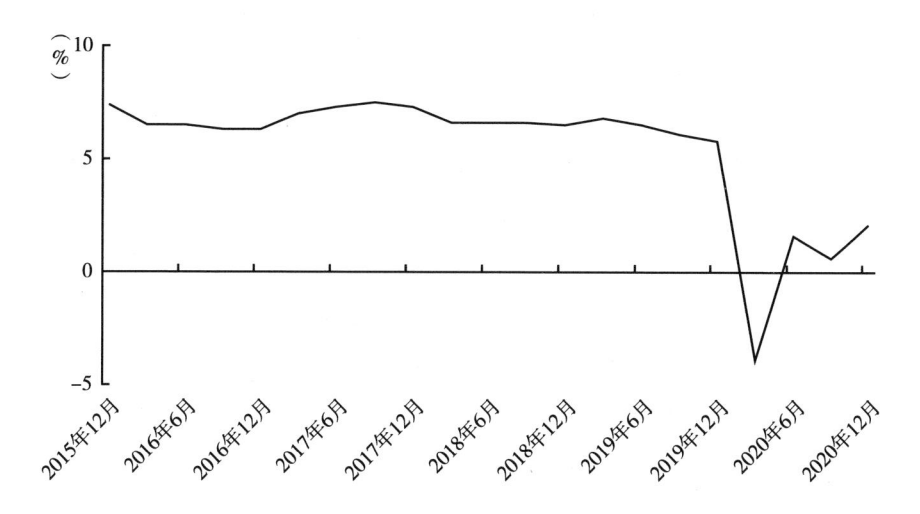

图 10　全国居民人均可支配收入实际累计同比

资料来源：Wind。

（六）CPI/PPI 剪刀差逐步收窄

此前由于"超级猪周期"因素，国内 CPI/PPI 剪刀差已趋势性增加三年以上。CPI 在 2020 年初达到峰值后，自二季度起在猪肉和能源价格下跌带动下持续走低；同时，受到抗疫停工停产及国际大宗商品价格下跌影响，PPI 在上半年继续下滑，这使得 CPI/PPI 剪刀差持续扩大，一度达到 2016 年 3 月以来的最高点。但是，自 6 月以来复工复产快速推进，加之货币环境持续宽松，工业品价格回升促使 PPI 降幅收窄；而"猪周期"走向下坡引致 CPI 中枢继续走低，二者剪刀差开始进入收窄阶段，通胀对企业部门的不利影响逐渐消散（见图 11）。

（七）宏观杠杆率显著抬升

疫情深度冲击下，2020 年以来中国宏观经济杠杆率显著抬升。根据中国社科院国家金融与发展实验室（NIFD）的最新数据，三季度实体经济部门杠杆率为 270.1%，较 2019 年末上升了 24.7 个百分点。不过，从图 12 展

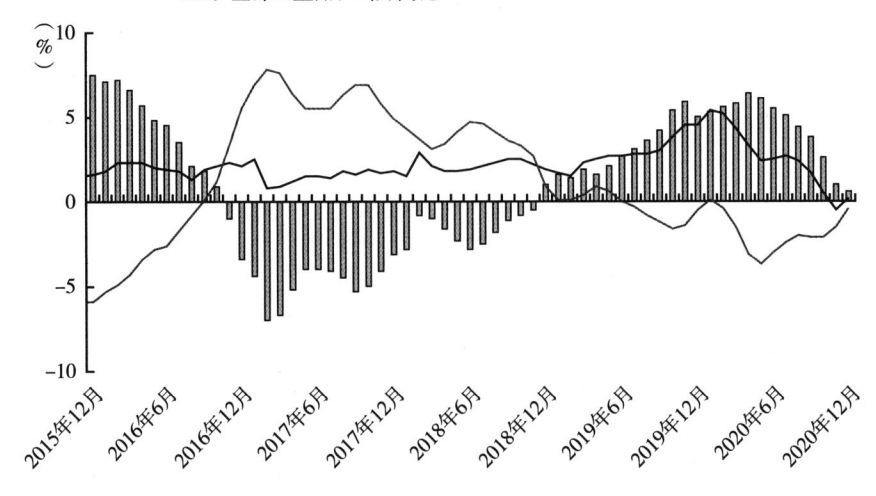

图 11　CPI/PPI 剪刀差

资料来源：Wind。

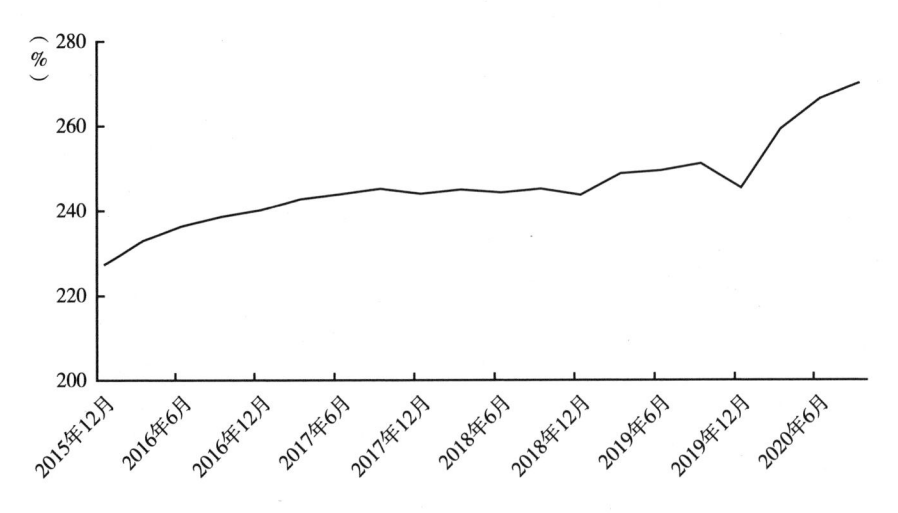

图 12　实体经济部门债务占 GDP 比重（实体经济部门杠杆率）

资料来源：Wind。

示的一至三季度增幅来看，分别为 13.9 个、7.1 个和 3.7 个百分点，上升势头正在趋稳。

二 2021年宏观环境与政策趋势分析

（一）海外经济复苏有望加快

截至2020年底，海外疫情仍未得到有效控制，特别是北半球进入冬季以来，美日欧等主要经济体疫情甚至出现加速趋势。不过值得欣慰的是，目前部分国家已经陆续开始新冠疫苗接种。截至2021年1月15日，全球已接种3579万剂疫苗。美国接种最多，接近1228万剂，中国约1000万剂，英国约368万剂，以色列约219万剂。与此同时，部分国家已陆续开始接种第二剂疫苗（即完成接种），目前全球累计完成接种的人数为221万人，美国和英国的第二剂接种率分别为0.65%、0.49%。

为了应对疫情冲击，海外主要经济体普遍出台了财政和货币政策刺激"组合拳"。以美国为例，疫情以来已出台五轮财政刺激计划，合计规模超过3万亿美元，2021年1月美国新总统拜登上台后，正在酝酿高达1.9万亿美元的新一轮财政刺激计划；同时，美联储开启无限量QE，并持续扩大美国债券的购买规模。若2021年新冠疫苗实现全球范围内广泛接种，叠加超宽松政策刺激，市场主体信心有望显著提振，全球多数国家有望进入类似中国2020年下半年一样的常态化防控阶段，世界经济有望稳健步入后疫情时代，多数国家经济将恢复正增长。国际货币基金组织预计2021年全球经济将增长5.2%，其中发达经济体增长3.9%，新兴经济体增长6%。

（二）财政政策回归常态，向扩内需、促创新倾斜

2020年为了托底经济，国内财政扩张力度较大，债务扩张规模达到3.6万亿元（预算内赤字1万亿元、政府专项债1.6万亿元、特别国债1万亿元），此外公共财政计划支出新增8126亿元，减税2.5万亿元。随着疫情对国内经济活动的边际影响不断降低，2021年财政运行将回归常态化轨道。其中，财政收入方面，2021年税收以及社保保费收入将有所回升；而财政

支出方面，2021年防疫民生支出压力将逐步缓解，显性债务规模有望向疫情前区间收敛；政策工具方面，抗疫特别国债等特殊时期的债务工具将逐步退出，但考虑到仍有部分中小企业面临经营压力，为经济主体减负的减税降费等手段则将继续发挥作用。

预计2021年预算内赤字率将回落至3.0%~3.2%，专项债发行额度将回落至3万亿元左右。鉴于"十四五"期间中国"轻速度，重质量"的经济工作理念和加快构建"双循环"新发展格局的核心任务，财政政策的重心将从单一的基建转向对扩大居民消费、促进自主创新倾斜。

（三）货币政策趋于收敛，"宏观审慎"地位强化

2020年宏观杠杆率的显著抬升增大了金融风险防范化解压力，对此，2020年11月央行行长易纲撰文指出，"给定目前的发展阶段，趋势上看中国的宏观杠杆率还有可能上升，宏观调控的任务就是使杠杆率尽量保持稳定，从而在稳增长与防风险之间实现平衡，并为经济保持长期持续增长留出空间"。因此，货币政策在2021年回归常态化是大势所趋，"宏观审慎"政策地位将进一步强化。但是，中国在经济长期潜在增速下降和高债务压力叠加之下，短期内货币环境并不会快速收紧，而是将保持流动性合理充裕和货币信贷合理增长；同时，出于稳定市场参与主体预期的需要，对金融生态和信用环境维护的重视程度将显著增强。

预计2021年信贷增速将回归正常、利率将保持平稳，社会融资规模增速将下降至11%~12%。从方向上看，货币投放将注重通过结构性手段为实体经济"纾活水"、降成本，重点为涉农产业、民营制造业、小微企业提供持续支持；同时，对于房地产融资的监管力度将会进一步增强。

（四）结构性刺激助力消费信心恢复

在本次应对疫情冲击的各项经济刺激政策中，除了传统的财政扩张和货币宽松政策外，还出台了一系列微观层面的结构性消费刺激政策措施。这些政策措施着眼于充分发挥我国超大规模市场优势，以激活重点消费领域，恢

复消费市场信心。在具体政策工具上，除了常见的直接补贴之外，还启用了价格激励、消费券发放等新形式。

考虑到疫情深度冲击后消费信心提振的困难性，以及"逆周期"宏观调控政策的退出压力，在未来加快构建"双循环"新发展格局背景下，结构性消费刺激措施持续加码大势所趋。2020年11月18日，国务院常务会议制定了进一步提振大宗消费、重点消费和促进释放农村消费潜力的工作部署，重点瞄准了汽车消费、家电家具家装消费、餐饮消费、农村消费和旅游消费五大领域发力；2020年12月28日，商务部等12部门发出了《关于提振大宗消费重点消费促进释放农村消费潜力若干措施的通知》，表明相关政策措施即将落地，可望对2021年国内居民消费形成显著拉动。

三 2021年中国经济形势展望

2021年是"十四五"规划的开局之年，新发展格局将加快构建。"双循环"的核心战略基点在于通过扩大内需，使生产、分配、流通、消费等环节更多依托国内市场，实现需求引领和供给创造的协调统一，拓展经济发展空间。在此背景下，2021年中国经济增长的核心驱动力也将发生深刻调整。

（一）投资驱动结构优化平衡

制造业投资方面，随着企业，特别是中小企业盈利改善，以及终端需求不确定性消失，预计2021年制造业投资回升速度将显著提升。而从长期角度看，实现国内循环，供应链、产业链转型升级的重要着力点在于大力提升自主创新能力，尽快突破关键核心技术。政府对淘汰落后产能、促进产业链升级的日趋重视将给民间制造业投资带来进一步扩大空间。

房地产投资方面，从2021年初监管层面再次强调"房住不炒"定位，并针对房地产贷款集中度"划定红线"来看，遏制房地产金融化泡沫化，严防信贷资金过度流向房地产市场是2021年主基调，房地产融资政策不仅不会放松，甚至不排除进一步收紧的可能。因此，房地产投资对经济增长的驱动作用将较2020年出现显著下降。

基建投资方面，虽然从"稳增长"角度出发，政府仍有保持基建投资增速稳定上升的意愿。但随着宏观政策由宽松走向常态化，加之2021年城投债偿付压力较2020年进一步增大，地方政府隐性债务问题可能是基建增速的一个重要不确定因素。

综合来看，2021年国内整体投资增速可能有所放缓，不再是GDP增长的主力驱动因素，预计对GDP增长贡献1.2个~1.5个百分点；三大分项构成结构将大概率实现再平衡，即制造业投资增速继续回升，而基建和房地产投资增速则出现回落。

（二）外贸不确定性有所增加

虽然目前全球新冠疫苗接种已逐步展开，但何时能够广泛接种阻断疫情蔓延尚无法判断；且随着英国变异毒株的出现，疫苗接种后的实际效果还存在不确定性。因此，外需受疫情扰动的风险仍将贯穿2021年全年。若疫苗临床效果较好，海外需求恢复的同时，生产环节活跃度也会得到修复，此前驱动出口超预期的供给替代效应会相应减弱。另外值得注意的是，受到中外利差以及海外投资者对中国资产需求增加驱动，2020年下半年以来人民币持续升值，并有望在2021年继续保持这一趋势，这可能会对中国出口造成负面影响。此外，美国总统换届民主党政府上台后，中美贸易协议是否继续实行也存在不确定性，双方贸易冲突重新激化的风险不能完全消除。

综合来看，预计2021年出口增速仍然会略好于进口增速，净出口对GDP增速仍能实现正向拉动，但贡献程度会相应降低，预计能够拉动GDP增长0.5个~0.8个百分点。

（三）消费有望接棒增长主引擎

构建"双循环"新发展格局，必须要坚持扩大内需，特别是提升居民最终消费对经济增长的贡献度。近期商务部等12部门出台的促消费政策的亮点在于稳定和扩大汽车、大家电等耐用品消费，具体措施包括鼓励各地调整优化限购措施,开展新一轮汽车下乡和以旧换新等。由于汽车销售在社会消费品零售总额中所占权重高达10%以上,而且汽车制造业的上下产业链长,是国民经济支柱性行业之一,因此具有较强的增长拉动作用。此外,本次政策注重下沉于二、三线以下城市和县域乡镇,从"家电下乡"等历史刺激政策实施过程中看,"长尾效应"下目标群体消费潜力巨大,若政策顺利落地,有望对需求端形成很强的复苏提振作用。

除了政策驱动外,居民消费信心恢复的三大积极因素也值得期待。首先,中国新冠疫苗研发在世界范围内领先,有望更早实现广泛接种,若疫苗效果较好,现存的接触性消费限制措施将逐步取消,服务性消费信心将显著增强;其次,随着疫情不断好转预防性动机降低,居民储蓄率可能出现下降,非必选消费品和服务消费的需求潜力将会进一步释放;再次,随着经济运行恢复常态,以及政府"稳就业"支持计划的不断推出,疫情对就业市场的冲击在2021年有望进一步消化,这将有助于居民收入和消费预期的恢复。

综合来看,2021年社会消费品零售总额增速会有显著提升,全年增速大概率在10%以上。消费对GDP增速贡献占比预计在70%以上,为5.8个~6个百分点。

(四)"稳杠杆"压力缓解,市场利率重回上行

随着GDP的复苏回升,2021年宏观杠杆率"分母效应"推升压力将大大缓解;同时,随着宏观调控政策回归常态化,债务规模增速也将稳中有降,预计2021年上半年宏观杠杆率将出现一至两个季度的回落,下半年则将维持在260%~270%。

央行公布的《2020年第三季度中国货币政策执行报告》显示,贷款市场利率水平由此前的下降转向缓慢回升,预计2021年这一趋势大概率将继续维持,这一判断主要基于三方面因素。首先,自2020年第二季度起,市场无风险利率水平就已经开始回升(10年期国债收益率从2.48%升至3.3%),显然这将对市场风险利率形成正向推升作用;其次,虽然LPR已

经连续五个月未有调整，但超过70%的新发贷款利率水平高于LPR，超过30%的新发贷款利率水平高于LPR基准150基点以上，这也侧面印证了贷款利率的潜在上升动能；最后，从货币当局表态来看，2020年11月18日，中国人民银行金融研究所所长周诚君在"中国宏观经济论坛宏观经济热点问题研讨会"上表示，"目前的分析总体认为我国市场利率是低于均衡自然利率水平的"，这说明央行对于2021年市场利率中枢重回上行的态度是积极的。

（五）经济运行"前高后低"，GDP增速有望达8%

2021年是"十四五"规划的开局之年。预计年内一系列涉及自主创新、生产要素市场、资本市场、环境保护以及居民消费等方面的重大改革方案将陆续出台。如果这些改革方案得到及时有力的执行，那么中国有望在长期实现更具可持续性和更高质量的经济增长。

由于2020年上半年的低基数，2021年经济增速将呈现明显的"前高后低"态势，一季度增速将是全年峰值，此后会受"翘尾因素"影响逐季趋缓，因此2021年的逐季增速由于波动较大难以全面预测和反映实际经济运行状况。基于对投资、消费和出口三方面增长动力演进趋势的前瞻分析，如果疫情形势不发生超预期恶化，预计2021年我国实际GDP增速将位于7.5%~8%的区间。物价方面，由于国际大宗商品价格回升趋势较为明显，PPI全年涨幅预计将升至2%以上；而CPI则会继续受到猪肉价格拖累，预计全年增速约在1%。

参考文献

易纲：《再论中国金融资产结构及政策含义》，《经济研究》2020年第3期。

张晓晶、刘磊：《NIFD季报（2020Q3）——宏观杠杆率》，中国社会科学院国家金融与发展实验室，2020年10月。

中国人民银行：《2020年第三季度中国货币政策执行报告》，2020年11月26日。

投资市场篇
Investment Market

B.4
2020年中国资本市场回顾与2021年展望

高彦如*

摘　要： 2020年，中国股票市场涨幅较大，债券市场先扬后抑，公募基金规模和业绩双丰收。资本市场改革在创业板注册制和退市方面迈出重大步伐。2021年，全球经济将在疫情冲击后快速复苏，美国可能迎来更大规模的财政刺激计划，海外供应链恢复，资产价格上升。中国股票市场仍有上涨动力，将出现长牛化趋势；债券市场在二季度会迎来投资拐点，结构性信用风险值得关注；公募基金表现可期，主动权益基金仍将成为产品布局的主流，各类产品均有投资机会。

关键词： 股票市场　资本市场改革　公募基金

---

* 高彦如，中级经济师，现供职于中国建投投资研究院，主要从事金融资管方面的研究。

一 2020年中国资本市场发展回顾

（一）股票市场表现

2020年多因素推动A股呈现牛市格局。全年上证综合指数同比上涨13.9%，深证成份指数上涨38.7%，中小板综指上涨31.6%，创业板指数上涨65.0%，而上证科创板50成份指数上涨39.3%（见图1）。

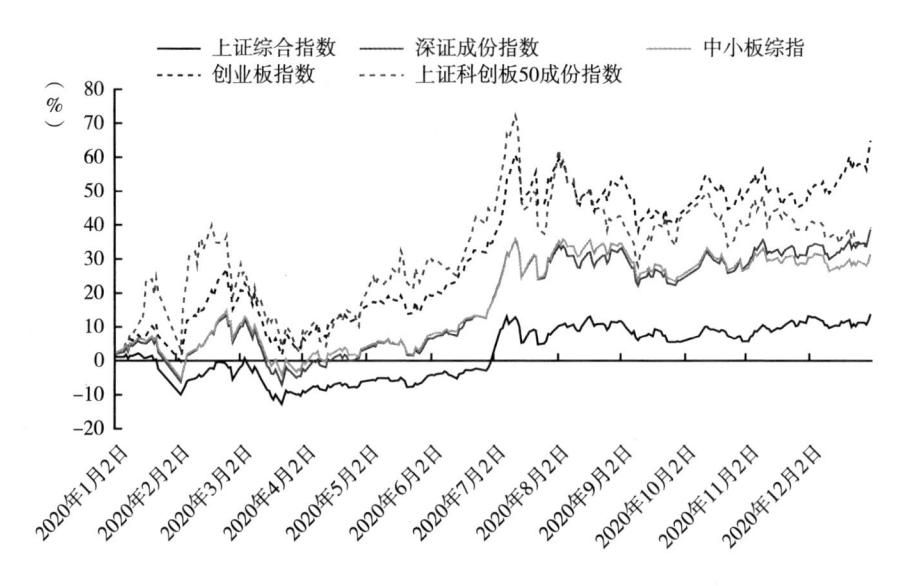

图1 各主要指数涨幅走势

资料来源：Wind，建投研究院。

2020年上半年创业板指数领涨源于基本面。2020年上半年创业板指数领跑全市场，涨幅为36%，而上证综合指数为-2%，沪深300为2%。究其原因，2020年初突如其来的新冠肺炎疫情导致创业板和主板市场表现分化，疫情导致创业板基本面优于主板，这是因为主板主要是偏周期的传统行业，受疫情冲击影响更大。而创业板指数中70%左右是TMT和医药，反而受益于疫情。

2020年下半年以来早周期行业领涨也源于基本面，后周期行业也有所跟进。7月后，上半年涨幅较大的行业涨势开始放缓，而随着疫情得到控制，经济进入了稳步复苏阶段，早周期行业市场表现更佳，汽车、家电、基础化工、机械等板块下半年涨幅均在20%以上。进入四季度，金融、地产和资源等后周期板块开始有所表现，有色金属、钢铁、石油石化、煤炭、银行、保险等行业涨幅均在10%以上。这是因为在疫苗研发好消息刺激下，全球经济复苏预期更加强烈，基本面改善预期使得后周期板块迎来轮涨。

（二）债券市场表现

2020年基本面主要围绕疫情展开，疫情暴发后，为了支持实体经济，央行在一季度开始降息，引导市场利率下行，走出牛市。之后经济重启，央行的宽松政策逐步退出，同时利率债发行量很大，包括新增的抗疫国债和政府专项债等，发行量大于往年，供应压力导致债券的收益率一路上行。整体来看债券市场收益率呈"V"形走势（见图2），全年收益率小幅上行，其中短期限品种上行幅度略大，1年期信用利差小幅缩窄，5年期变化不大。其中，10年期国债在4月8日回落到最低点2.48%，然后持续回升。

信用债方面，总体走势和国债非常类似。5年品种各等级中债估值均在4月附近出现年内最低点，然后持续回升（见图3）。

2020年总体违约率小幅下降，但国企违约率提升。实际违约率方面，2018年为0.8%，2019年为0.87%，2020年为0.86%，违约风险可控（见图4）。但是值得注意的是，近期的华晨汽车、永城煤电两家信用市场评级为AAA的企业陆续发生债券违约事件，产生了明显的负面影响。

（三）基金市场表现

2020年，公募基金行业收获历史性"超级大年"，规模和业绩双丰收。2020年，监管层着力提高直接融资比重，在加强基础制度建设、推动提高

图 2　2020 年 1~12 月 10 年期国债和国开债收益率走势

资料来源：Wind，建投研究院。

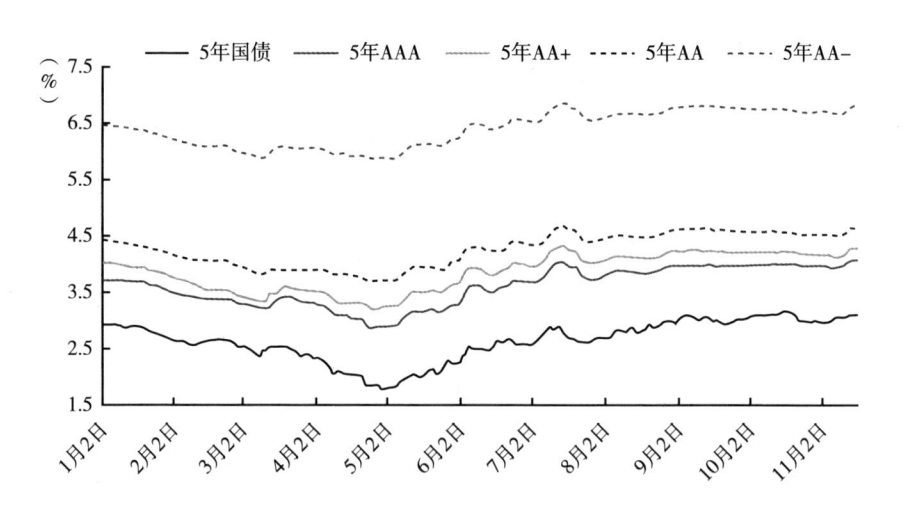

图 3　2020 年 1~11 月 5 年品种收益率走势

资料来源：Wind，建投研究院。

上市公司质量、吸引中长期资金入市等方面继续发力，以注册制和退市制度改革为重要抓手，完善资本市场治理。在此背景下，公募基金等理性成

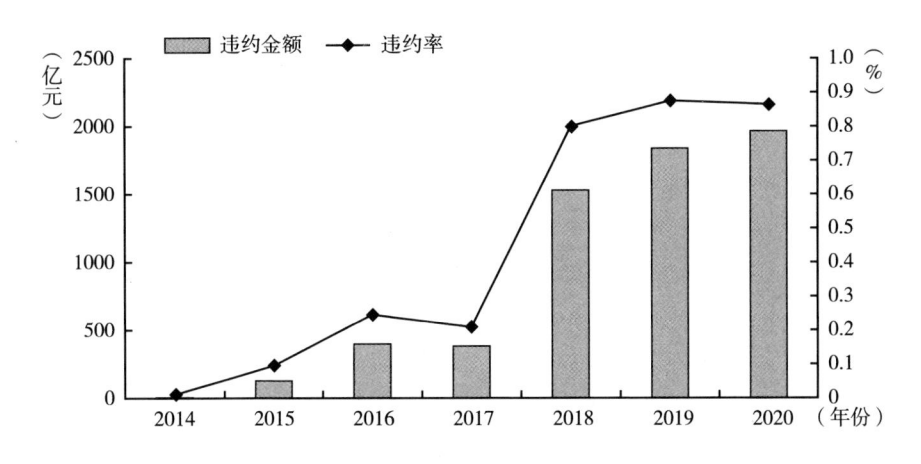

图4 2014~2020年国内信用债违约金额与违约率

资料来源：Wind，建投研究院。

熟的中长期投资力量崛起，"大力发展权益类基金"成为中国基金业的最强音。

2020年，公募基金成为国内最重要的机构增量资金，全年公募基金共发行3.16万亿元，其中偏股基金占比达到50.7%，而2019年仅占29.9%，偏股基金发行规模达到1.61万亿元，远高于2019年的4255.7亿元，增长近3倍。偏股基金中，偏股混合型基金贡献居首，新发规模达到1.24万亿元，占比达到77%；普通股票型、被动指数型和增强指数型基金规模分别达到2378.9亿元、1242.7亿元和108.5亿元，占比分别为14.8%、7.7%和0.7%。未来在居民加配股票资产且入场方式从直接持股转为间接持股的大趋势下，基金高速发行的节奏有望延续，2021年公募仍将成为市场的最主要增量。

主动型基金新发规模大幅扩张，被动型基金发行虽然相对放缓，但科技类和消费类大幅增长。2020年被动型偏股基金（被动指数型基金、增强指数型基金）发行节奏相对放缓，全年发行规模约1351.2亿元，仅约为2019年（2008.8亿元）的2/3。具体来看主要是宽基ETF（不含科创50ETF）以及其他主题ETF发行规模大幅下滑，而科技相关（科技

ETF 以及科创 50ETF）以及消费 ETF 发行规模大幅提升。与此同时，主动型偏股基金（普通股票型基金、偏股混合型基金）全年各月发行规模均明显高于上年同期，全年累计发行规模达到 1.48 万亿元，将近 2019 年的 6.6 倍。

基金数目大幅扩张，且爆款基金频现。2020 年，有 40 只基金发行规模超过了 100 亿元，是另一项行业新纪录。南方成长先锋以 321.15 亿元的成立规模位居榜首，这也是行业历史上第三大主动权益基金。汇添富中盘价值精选、鹏华匠心精选、华安聚优精选、易方达均衡成长、汇添富稳健收益等基金首发规模均超过 200 亿元。其中，鹏华匠心精选首募当日吸引认购资金高达 1371 亿元，创下新基金认购纪录。

在行业基础制度层面，2020 年基金公司管理办法修订，基金销售管理办法出台，公募 REITs 开闸，侧袋机制和指数基金指引落地，公募基金产品注册大幅提速，公募、专户经理兼职"破冰"，基金长期评价制度、基金投顾试点机构趋于完善，基金行业建章立制进程加快。

（四）资本市场改革进程

由 2018 年开始的本轮资本市场改革从扩大直接融资、引入中长线资金两条主线出发，持续优化制度，降低融资门槛和投资者门槛，提升上市公司质量，实行资本市场双向开放。其中，注册制改革是本轮改革的核心，2018 年 11 月首次提出科创板，历时 8 个月科创板顺利开市。在总结科创板试点经验基础上，2020 年 3 月 1 日施行的新《证券法》，对证券发行制度做了系统的修改完善，全面推行证券发行注册制度。2020 年 4 月 27 日，中央全面深化改革委员会第十三次会议审议通过了《创业板改革并试点注册制总体实施方案》，8 月 24 日，第一批注册制企业在创业板正式上市。12 月 31 日，沪深交易所分别正式发布退市新规，资本市场的关键基础性制度再次完善。2020 年资本市场主要新规见表 1。

表1 2020年资本市场新规

时间	主要内容
2月14日	证监会发布"再融资新规",放宽了对主板(中小板)、创业板上市公司定向增发股票的监管要求
3月1日	新《证券法》正式实施,推行证券发行注册制度、大幅提高证券违法违规成本、建立投资者保护的代表人诉讼制度等。 本次证券法修订,按照顶层制度设计要求,进一步完善了证券市场基础制度,体现了市场化、法治化、国际化方向,为证券市场全面深化改革落实落地,有效防控市场风险,提高上市公司质量,切实维护投资者合法权益,促进证券市场服务实体经济功能发挥,打造一个规范、透明、开放、有活力、有韧性的资本市场,提供了坚强的法治保障,具有非常重要而深远的意义
4月17日	发布《公开募集证券投资基金投资全国中小企业股份转让系统挂牌股票指引》,明确管理人要求和可参与投资的基金类型
5月22日	证监会就《创业板首次公开发行证券发行与承销特别规定(征求意见稿)》称,要复制优化推广科创板主要制度,同时结合创业板存量改革特点,增强制度安排的包容度
6月3日	证监会发布《关于全国中小企业股份转让系统挂牌公司转板上市的指导意见》,对转板范围、上市条件、程序、保荐要求、股份限售等作出原则性规定
6月12日	证监会发布《创业板首次公开发行股票注册管理办法(试行)》、《创业板上市公司证券发行注册管理办法(试行)》、《创业板上市公司持续监管办法(试行)》和《证券发行上市保荐业务管理办法》。 这标志着我国资本市场注册制改革又往前迈出了实质性的一步,继上海证券交易所设立科创板实施注册制,深圳证券交易所也正式以创业板作为试点平台实施注册制
7月10日	为优化证券公司分类监管制度,促进证券公司增强风险管理能力,引导行业差异化发展,证监会对《证券公司分类监管规定》相关条款进行修改
8月6日	为推进基础设施领域不动产投资信托基金(REITs)试点工作安排,证监会发布了《公开募集基础设施证券投资基金指引(试行)》
11月27日	沪深证券交易所分别发布《全国中小企业股份转让系统挂牌公司向上海证券交易所科创板转板上市办法(试行)(征求意见稿)》与《深圳证券交易所关于全国中小企业股份转让系统挂牌公司向创业板转板上市办法(试行)(征求意见稿)》,对挂牌公司转板上市条件、转板上市程序审核、上市安排及自律监管等事项的具体规定向社会公开征求意见
12月31日	沪深交易所分别正式发布退市新规,并于发布之日起施行。沪深证券交易所各板块删除暂停上市、恢复上市相关规定,各板块均从交易类、财务类、规范类、重大违法类四个维度设定退市指标,形成"有进有出、优胜劣汰"的市场化、常态化退出机制。修订后的退市制度与注册制相结合,将有效提高上市公司质量、增加二级市场活力

资料来源:建投研究院整理。

二 2021年金融环境与政策趋势

（一）国际经济金融环境

2020年在新冠肺炎疫情冲击下，全球经济增速大幅萎缩，IMF最新预测全球经济2020年萎缩4.4%。经历了疫情冲击后，2021年全球经济将迎来久违的高增长，IMF预测全球经济增长5.2%，其中发达经济体增长3.9%，新兴市场与发展中经济体增长6%。在2021年的全球复苏中，美国的经济复苏以及因之而来的全球生产—消费循环的重建是重点，同时全球主要央行的政策取向也值得关注。

首先是疫苗的广泛应用带来供给端和服务业的快速复苏。2020年11月，多家公司称疫苗进展顺利（辉瑞公司称有效性超90%、Moderna称疫苗三期有效率超94%、阿斯利康公司称有效率超70%），有较高的概率可以在2020年底开始投入使用。由于当前经济基本面的主要矛盾还是疫情引发的隔离防控政策，因此疫苗可以大幅度恢复服务业部门的需求，提振居民的消费信心。同时疫苗在生产端可以加快复工，消除经济前景的不确定性，使企业加大设备和库存的投资，以及加大招聘力度。

美联储货币政策预计不会加码。2020年以来，美联储扩表约94%，QE的主要作用是提高金融市场流动性、压制长端利率以降低政府融资成本和企业及居民部门的长期信贷成本。在疫情初期美联储迅速"进行无限制量化宽松和购买任何类型的资产"，使企业债利差迅速收敛，稳定了金融市场。然而，截至10月31日美联储在企业债二级市场的持仓不过133亿美元，这意味着美联储仅用极少的"弹药"便稳定了市场预期，达到了收敛利差的效果。

财政刺激将会是美国未来政策的发力点，美国总统和国会完全由同一党派控制的"统一政府"时期财政赤字率将明显更高，民主党"横扫"国会意味着更大规模的财政刺激计划成为可能。

拜登任期内的基建、新能源相关大规模财政刺激计划（疫情刺激与基建/采购计划共1.5万~2万亿美元）推行的可能性上升，预计2021年美国财政赤字率仍将高达8.6%，显著高于历史均值水平，财政货币化的趋势强化将有利"再通胀预期"继续演绎，会对美股产生更直接的影响。

欧洲方面，欧央行在2020年12月会议中以扩大定向长期再融资操作和紧急抗疫购债计划规模及延长其实施时间的方式加码宽松，对未来一年欧元区资产的风险溢价均有较大的压制作用。欧盟对1.8万亿欧元的集体财政刺激计划"欧盟多年财政预算框架（2021~2027）"已达成共识，其中包括7500亿欧元"下一代欧洲"经济复兴计划，这将确定性地提高欧洲财政支出。不过，当前欧洲主要国家的财政赤字率均达到历史高位，2021年欧洲财政支出节奏更大概率是"欧盟筹款接力成员国赤字"的情形，不可高估欧洲复兴基金对欧洲经济的提振作用，其作用更多在于彰显欧洲财政一体化的决心。

（二）中国经济环境

2021年，随着疫情冲击影响减退，中国经济强劲复苏。

短期来看，国内产业梯队式恢复以及海外供应链恢复，形成国内外投资和消费动能的稳步接棒，经济复苏后劲十足。国内方面，2020年地产基建持续发力、实现逆周期调节，2021年全球经济复苏环境下，制造业投资有望继续回暖。同时，海外供应链受疫情影响恢复较慢，促使国内出口持续超预期。2021年内需有望置换外需，类比2020年商品类的报复性消费，2021年服务类内需有望报复性消费。国外方面，美国新总统任期开启后，有望出台大规模基建计划，在海外供应链复工疲弱的情况下，国外周期品供需错位，国内周期出口产业链有望受益。

长期来看，内循环与供给侧改革相结合，要素市场化改革蕴含重要红利。其中数字经济作为新的要素，与居民消费相结合，以8亿多网民为基础的内循环有望成为中国中长期经济增长的动力源。"十四五"期间构建国内大循环的主要途径有三点：一是减少关键领域对国外的过度依赖，避免外部环境的不确定性对国内生产生活构成威胁，这涉及我国的粮食安全和核心技术"卡脖子"问题；二是加快形成以消费为主导的经济结构，相关产业发展由投资、出口拉动向消费带动转变，这涉及我国制造业结构优化和服务业细化问题；三是提高国内产业链的完整度，强调各个产业之间的联动性，使企业生产所需的技术和原材料能够在国内获得，这涉及制造业高端化问题。

（三）中国金融环境

我国央行在《2020年第三季度中国货币政策执行报告》中重提"把好货币供给总闸门"，货币政策更注重灵活适度、精准导向，"搞好跨周期政策设计"，强调尽可能长时间实施正常货币政策，不让市场缺钱，又坚决不搞"大水漫灌"，不让市场的钱溢出来。由此判断，我国货币政策已正式转为稳健中性。央行强调"货币供应与反映潜在产出的名义GDP相匹配"，并指出M2增长与央行资产负债表规模、基础货币之间并无固定关联。预计2021年信贷、社融、M2增速将较2020年回落，信用环境将有所收紧。

稳杠杆和防风险的地位更加突出，预计2021年有可能再度成为监管大年。央行首提"健全金融风险预防、预警、处置、问责制度体系"，强调"稳妥推进各项风险化解任务，坚决不让局部风险发展成系统性风险、区域性风险演化为全国性风险。加快健全金融风险处置责任体系，压实股东、各类债权人、地方政府和金融监管部门责任"，此举应是针对2020年债券违约事件，旨在健全风险预警体系，避免发生系统性风险。预计随着疫后经济好转，央行将更关注宏观杠杆率的稳定，2021年货币、财政均将边际收紧，政策也会更加注重稳增长和防风险的平衡，再考虑到资管新规2021年到期，因此金融监管很可能成为2021年的政策主线之一。

（四）资本市场相关改革趋势

展望2021年，稳步在全市场推行注册制、建立常态化退市机制、对各类违法违规行为"零容忍"等资本市场改革发展重点任务有望取得新突破。

一个稳定健康发展的资本市场必然要求畅通入口和出口两道关。一方面稳步推行注册制、拓宽前端入口；另一方面健全退市机制、加快畅通出口，注册制和退市制度改革两手都要抓。主板注册制改革条件已经成熟，预计2021年上半年正式落地，三季度首批主板注册制公司发行。更加包容、高效的市场体系有望使更多科创企业得到资本市场加持，加快构建科技资本高效循环新格局。同时联动新三板、区域股权市场改革，进一步补齐多层次资本市场体系短板，提升多层次市场运行效率。而退市制度改革在2020年最后一天正式推出，下一步，主动退市、并购重组、破产重整等上市公司多元化退出途径将进一步丰富，强制退市制度安排将逐步完善。相关配套制度和举措将加速落地，相关投资者保护制度也将随之制定，发行上市、再融资、并购重组、退市、监管执法等全流程全链条监督问责制度也将进一步强化。完善证券执法司法体系将是2021年资本市场法治建设的一大看点。证监会计划利用两年左右时间，在资本市场法律体系建设方面取得重要进展，对证券违法活动持续保持"零容忍"高压态势，促进"行民刑"有机衔接的全方位、立体式追责机制将加速构建。这些举措将进一步完善资本市场的基础政策和法律保障，形成更加合理的上市公司结构，大力提升资本市场服务实体经济能力。

另外，资管新规的过渡期2021年结束，预计不会再全面延期。现金管理类理财新规落地后，发展方向将基本对标货币基金，预计会影响约5.4万亿元的存量产品，这些产品的资产端将转向短久期、高评级的品种，预期收益率将快速下行。其他受资管新规到期约束的产品也将经历类似的收益率下行和规模压缩的过程。

三 2021年中国资本市场展望

（一）股票市场

2021年A股仍有上涨动力，A股开始由过去的"牛短熊长"转向出现长牛化趋势，趋势上看有四方面原因。

一是制度因素：资本市场基础制度体系不断完善。我国陆续建成多层次资本市场体系，上市公司超过4000家，总市值接近70万亿元。一系列制度设计使资本市场基础制度体系不断完善，为A股长牛趋势提供了优良的政策土壤。

二是监管因素：资本市场进入"严监管"时代。多项监管政策出台，2020年3月1日新《证券法》正式施行，A股市场化、法治化进程加快，总体上实现了市场运行健康平稳、融资功能显著发挥、上市公司质量提升、市场秩序明显好转的局面，股市跟风炒作博短期超额收益的难度越来越高。

三是公司因素：企业盈利能力不断提升。我国逐渐步入经济平稳增长和企业盈利能力稳步提升阶段，在产业结构升级调整、高质量发展实体经济等背景下，A股上市公司能够充分享受国家发展红利，持续稳健经营，实现长期良好发展，盈利能力提升情况有望继续。

四是资金因素：国内资金方面，资管新规约束下，理财等类固收产品的预期收益率不断下行，"房住不炒"定位下房地产投资属性显著下降，因此权益资产的相对吸引力将显著增强。预计2021年将有超过1万亿元的居民资金通过公募、保险和银行理财子公司等机构产品渠道流入A股。外资方面，外资将持续流入中国资本市场。在2017~2020上半年的三年半时间里，北向资金净流入近1万亿元，外资持股市值占A股流通市值比例从1.7%升至4.7%，占A股流通市值（剔除一般法人）的比例从3.3%升至9.0%（见图5）。新冠肺炎疫情发酵后，全球央行再度"大放水"，负利率时代逐步来临，发达国家从债市到股市，都面临中长期隐含收益大幅下降的问题。中国经济的韧性、财政货币政策的定力和空间，一方面促使国内资产与海外相关性较低，另一方面也让中国的债市和股市在全球资产中独具价值。此外，人民币处于升值周期，有利于增强股市对外资的吸引力。保守估计2021年北上资金净流入规模1000亿元。

具体而言，2021年A股慢涨将经历三个阶段。一季度是"轮动慢涨期"，其间国内外经济预期持续修复，流动性整体宽松，中美博弈处于真空期，市场上行动能较强。二、三季度是"平静期"，其间基本面预期比较充

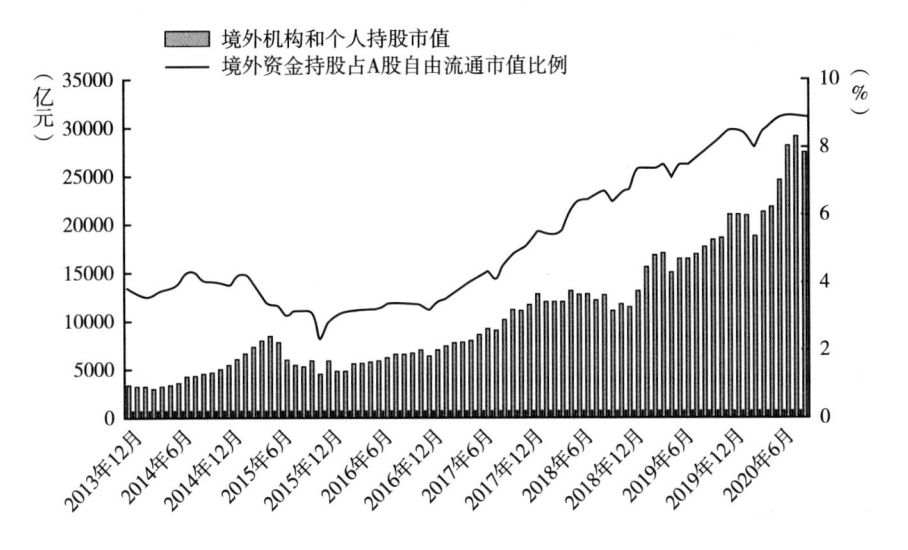

图5 境外资金持股规模及占比

资料来源：Wind，建投研究院。

分，国内政策回归常态。四季度是"共振上行期"，其间发达经济体基本走出疫情阴霾，内外循环充分修复，全球权益市场正向共振。

（二）债券市场

2020年债跌股涨，对应的是随着疫情恢复，货币收敛同时信用继续扩张。预计2021年债跌股涨的大方向难改，背后是货币收敛与信用扩张的大环境。从数据来看，近期国内经济恢复强劲，社融增速的拐点还没到，所以债券收益率还会继续调整一段时间。

展望2021年，债券市场收益率前高后低，高点可能会在二季度出现。目前市场普遍认为社融增速的拐点可能很快就会出现了，社融增速的高点一般会领先利率的高点大概1~2个季度，因此在一季度末、二季度的时候可能会达到一个利率的高点。2021年最重要的机会就是要把握收益率拐点。

利率债策略方面，目前保持谨慎，加强对金融机构行为跟踪（比如结构性存款、老理财压降、新理财赎回等）利率高点可能出现在2021年上半年。

信用债没有系统性的信用风险,但此前信用债利差处于低位,收益率面临一定的上行压力,短期内投资仍以中高评级、短久期品种为主,可以适当加杠杆,城投、地产、钢铁等行业仍可挖掘到不错的品种。永煤违约事件发生后,金融机构的风险偏好会有所下降,接下来可能会演变成紧货币紧信用的状态。

转债策略方面,目前难有趋势性机会,仍可把握交易性机会和结构性机会,结构的角度目前还是顺周期,不管是基本面环境还是季节性波动目前都还在指向顺周期,但我们认为接下来周期行情的窗口长度和操作空间都相对有限。可关注2021年春季躁动提前的可能性。疫苗落地,结合"十四五"规划的落地,市场风险偏好有望再度提升,2021年四季度流动性大概率保持稳态,新的结构性占优的品种有望在四季度后段形成。

2021年结构性信用风险仍值得关注。疫情冲击和政策应对下,2020年前三季度国内宏观杠杆率抬升了24.7个百分点,2021年将从适度加杠杆向稳杠杆回归。2021年上半年信用债到期规模为3.7万亿元,其中一季度到期2万亿元,同比增长43%。在信用债集中偿付的高峰期,需重视可能发生的违约事件抬升社会融资成本,加剧信用分层。一些财政状况不佳的区域、现金流恶化的企业、经营激进的金融机构需要重点关注。在加强事前事中监管、强调政策协同、有序化解存量问题的安排下,预计局部的结构性信用风险不会引发系统性金融风险,整个金融体系仍有很强的稳定性。

(三)基金市场

2021年,随着全球经济逐步复苏,"十四五"规划的推进落地,A股中长期上行趋势不改,在全球低利率、低增长和高负债的大环境下,A股成为性价比相对更优的资产。公募基金不俗收益激发的投资者入市热情将在2021年延续,主动权益基金仍为产品布局的主流。从1月基金发行密度就可以看出基金公司的积极态度,在基金发行上基本保持2020年的节奏,有抓住市场难得机遇尽快布局之势。而个人投资者更加积极,购买基金热情高涨,当日售罄的"日光基"频繁出现,拥有明星基金经理的新基金都需排队摇号才能购入，基金行业迎来"开门红"。

布局方面，2021年，股票市场仍会有结构性的机会，债券市场的机会也在积累，因此主动权益、被动指数、"固收＋"、量化对冲等产品类型都有机会。预计2021年会以主动权益产品和固定收益产品为主，被动指数方面也会在一些细分领域有所布局。

参考文献

董文卓：《2021年宏观债券策略展望》，招商证券策略会"大类资产暨固收＋"专场会议，2020年11月18日。

李树超：《公募基金大时代，2021这样才会赢》，《中国基金报》2021年1月4日。

张夏：《复苏与扩散，花尽因水断》，《招商证券研究报告》2020年11月16日。

赵婧：《全面防御，静待良机》，《国信证券研究报告》2020年11月22日。

B.5
2020年中国房地产市场回顾和2021年展望

赵红英 乔 林*

摘 要： 2020年，疫情之下，中央的宏观政策对于住宅市场未有放松，意味着未来很长时间内，这一领域的调控政策都易紧难松，政策周期论失灵。购房人口峰值已过，商品房成交面积已到历史峰值区间，后续将大概率缓慢下滑。在一些市场热度很高、供应依然不足、居民杠杆率健康的大型城市，2021年的房价上涨动力会较强，即便后续出台调控政策也难改短期趋势。大宗交易市场的整体复苏仍需要时日，投资者会在这一期间更多关注受疫情影响较小的另类资产。

关键词： 房地产 大宗交易市场 另类不动产投资

一 房地产政策

（一）政策一致性预期渐强

如果说在2020年以前，社会公众对于中央层面的房地产调控还有一丝幻想，那么2020年政策端给公众带来的最大变化就是"不再有任何幻想"，

---

* 赵红英，现供职于中国建投不动产经营管理部/建投嘉昱，主要从事不动产投资领域的研究；乔林，现供职于中国建投不动产经营管理部/建投嘉昱，主要从事不动产投资领域的研究。

政策一致性的预期已经达到了新的高度。

2018~2019年,宏观层面"去杠杆"导致经济增速承压下行,房地产市场进入下行周期,从业者以及舆论都对房地产政策的放松或多或少有所期待。有一种比较流行的观点是,由于国民经济对房地产的依赖度非常高,一旦经济下行波动较大,或达到某个临界点,很有可能会触发调控放松。然而始于2020年初的新冠肺炎疫情,对于经济的冲击是"数十年一遇"级别的,即便如此,4月的中央政治局会议、7月的中央经济工作会议都明确提到了"房住不炒"的概念,再加上银保监会等推出的实质性调控政策,以及中央对地方放松限购限贷等政策的坚决叫停,都可以佐证一个事实:房地产调控不会因"经济下行"改变风向,而是坚持"房住不炒"的理念。

回顾2020年全年政策面,并未出现"前松后紧"的局面,政策力度超过预期。上半年的一些偏松的政策,主要集中在合理减轻购房者还款负担、降低施工企业因疫情影响不能开工产生的损失、减免小微企业和个体工商户的租金等方面,完全没有涉及对房地产开发企业融资、购房条件等的调控放松。

相反,我们看到疫情最严重的2月、3月,房地产调控口径仍非常严厉(见表1)。在这个时间点上,全国的商品房销售额同比下降40%,多数城市售楼处基本处于停止接待的状态,武汉的2月新建商品住房销量为0,行业前景处在高度不确定性状态。在这种大环境下,"房住不炒"却被多次提及,信号作用大于实际作用,反映出党中央、国务院对该行业调控的极强定力和信心。

表1 2020年2~3月涉及房地产的调控政策或官方表态

日期	发布单位	内容
2020年2月16日	财政部	财政部部长刘昆指出,要坚持"房住不炒"的定位,落实房地产长效管理机制
2020年2月21日	央行	坚持"房住不炒"的定位,不将房地产作为短期经济刺激的手段,促进市场平稳运行
2020年2月25日	银保监会	媒体通气会:房地产金融政策没有调整和改变

续表

日期	发布单位	内容
2020年3月3日	央行、财政部、银保监会	坚持"房子是用来住的不是用来炒的"定位和"不将房地产作为短期经济刺激的手段"要求,保持房地产金融政策的连续性、一致性、稳定性
2020年3月22日	国务院新闻办公厅	坚决落实"房住不炒"的要求,促进房地产市场平稳健康发展,同时配合地方政府稳妥处置地方隐性债务问题

资料来源:根据政府网站公开信息整理。

进入二季度,疫情得到初步控制,对房地产的政策调控实质性加码。6月23日,银保监会组织开展银行业、非银行金融业市场乱象整治"回头看"工作,对银行业表内外资金直接或变相用于土地出让金或土地储备融资;并购贷款、经营性物业贷款等资金被挪用于房地产开发;保险资金通过股权投资、不动产投资等方式违规向不符合政策要求的房地产公司、房地产项目提供融资;信托业直接或变相为房地产企业提供土地储备贷款或流动资金贷款;以向开发商上下游企业、关联方或施工方发放贷款等名义将资金实际用于房地产开发,规避房地产信托贷款相关监管要求等多项涉及房地产金融端的内容开展系统性整改。

在2020年的极端情况测试下,中央在政策端保持了高度的定力和一致性,因此针对政策今后是否会调整放松的探讨,实际上已经逐渐失去意义。这也就解释了,为何12月11日政治局会议虽然未提"房住不炒",但舆论及自媒体并未对此有何解读(这在以往十分反常)——预期已经形成,何需反复强调?

(二)中央和地方的政策博弈

同中央坚定不移的调控决心不同的是,各地方政府层面在疫情来临之后出现了广泛的放松房地产调控政策的冲动,由于同中央政策相悖,表现为多个"一日游"政策。比如驻马店的公积金贷款政策放松、浙商银行的首付比例放宽、广州的公寓限购解除、宝鸡调整首付比例、济南放松限购、海宁的不限购等,均在发布当日或2~3日后撤销。

其实，这些"一日游"政策无关对错，只是各地供需和库存情况天壤之别，楼市冷暖自知，试探性的放松也多是基于对当地情况分析后的选择。这也给所有城市一个提示，在土地供应节奏方面一定要自主负责，一旦出现系统性的供大于求，很难寄希望于短时间内靠自主政策放松来扭转供需关系。

（三）新的调控政策类型

2020年，政策面上出现了一些与以往调控有明显区别的政策，比如"三条红线"以及2020年末出台的房地产贷款集中度管控等。

"三条红线"政策是一改以往严控资金端向房企融资的做法，直接控制房企的债务融资规模，根据负债率的几个指标将房企划分为四档，不同档位的房企未来融资上限不同。

房贷集中度管控的政策则是将商业银行分为五档，针对每档，有不同的房地产开发贷款和按揭贷款比例上限。调整过渡期较长，分别为2年和4年，因此尽管有部分银行超上限，也有较为充裕的时间压降规模。

这两个政策有一定新意，但并非"休克"式疗法，本意都是控制行业风险、防止野蛮生长，可以认为是房地产调控长效机制的重要组成部分。行业不会因为这几个政策发生剧烈变化，但全行业的预期都得到了良好的管理，激进的拿地行为将进一步收敛。

二 供应端

（一）土地供应面积峰值已过

2020年，全国主要城市土地供应面积基本与2018~2019年持平，较2013年的高点下降约25%（见图1）。我们持这一观点，即中国大陆土地供应量的历史峰值已过，今后仍将维持总体缓慢下降的大趋势（不排除个别年份的环比上升，并不改变大趋势）。

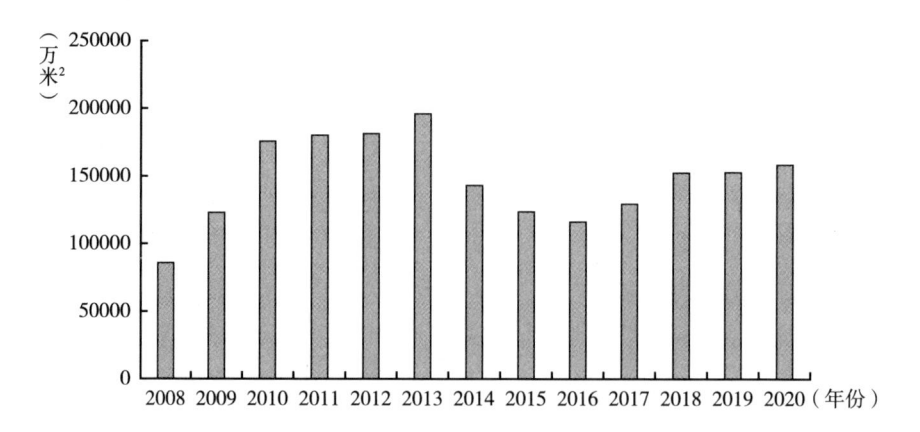

图1　2008～2020年全国100大中城市规划建筑面积

资料来源：根据Wind数据制表。

土地供应类型中占比较高的主要包括三大类，住宅、商办、工业（其中又以住宅占比最高，超过50%）。工业用地相对供需较为稳定，主要探讨前两者即可。

住宅供应实质上同购房适龄人口相关。世界各国的数据及研究均表明，劳动力人口和购房主力群体高度重合。我们近似采用16～59岁的劳动力人口作为购房人口。这一群体总数在2012～2013年出现峰值，之后持续稳定下降（见图2）。结合新出生人口数据预测，这一下降趋势很难逆转，且根据OECD报告预测，2018～2028年我国20～50岁人口总量进入快速下降期，较2013年峰值累计减少1.2亿人。我国的土地供给制度总体上是根据需求情况动态调整的，因此正常情况下住宅类土地供应量会贴合这一趋势，2013年前后的供应量可能成为中国土地供应历史上的最高值，后面难以突破。

巧合的是，商办类土地供应的历史峰值同样在2013年，之后呈现非常明显的阶跃式下降（见图3）。这与劳动力人口规模的变化也有一定联系，当然更主要的是全国的商办类土地供应过剩从2010年开始越来越普遍，触发了各个城市的自我调整机制。

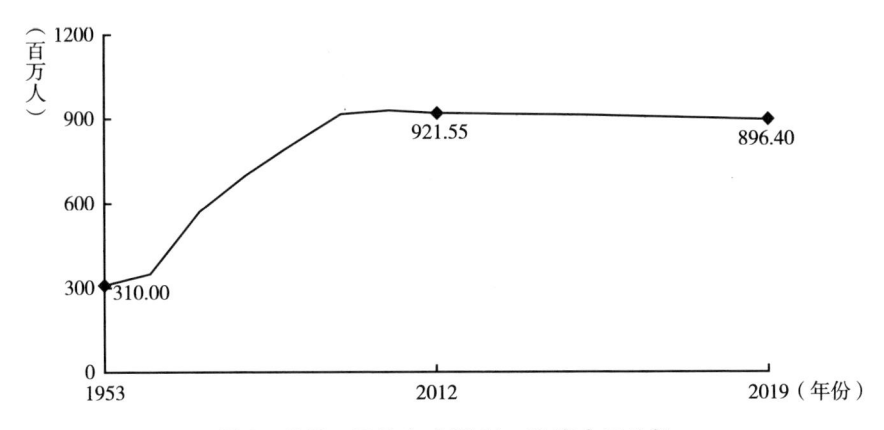

图 2　1953～2019 年中国 16～59 岁人口总数

资料来源：CEIC，国家统计局。

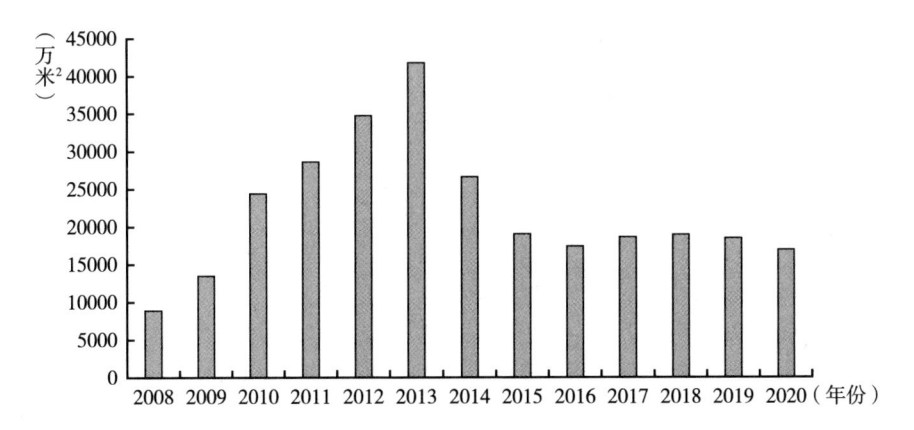

图 3　2008～2020 年 100 大中城市商办类土地供应

资料来源：根据 Wind 数据制表。

综合判断，我国土地供应的整体峰值已过，而 2013 年很可能成为历史最高点。2020 年的土地供应水平，实际上受疫情的影响微乎其微，基本可以认为是趋势的正常反映。预计 2021 年的土地供应面积将进一步缓慢下降。

（二）土地供应的一些趋势

1. 广州、深圳推住宅类用地积极性更高

根据各地储备中心数据，2020 年一线城市住宅类用地推出同比增长

20%，而二、三、四线城市同比增长仅3%。一线城市的这一全年增速，是在一季度受疫情影响供地同比下降11%的基础上达成的，后三个季度的供应量同比有显著增长。

四个一线城市中，京沪的宅地供应同比都是负增长，因此广州、深圳的供应都是大幅增长（广州同比增长49%，深圳同比增长140%）。相比之下，一些前期疫情防控较好的二线城市（受疫情影响小），如杭州、成都、天津等供地节奏都有所放缓，宅地供应同比增幅为负。

深圳2020年住宅类用地供应规模创历史新高，面积上几乎相当于过去5年的总和（见图4）。一直以来，地产从业者都习以为常、信以为真的一个观点是"深圳无地可供"，然而事实证明，不仅可供地充裕，而且位置并不差，即使是十年来未曾供应宅地的福田区在2020年也有新地块推出。

图4 2011~2020年深圳住宅用地供应情况

资料来源：CREIS。

除了增加土地供应以外，其他任何限售、限贷、限购、限价等调控，无论措辞多么严厉，都无法体现出一个城市控房价的决心。号称深圳史上最严厉的"7·15"新政出台后，我们就曾分析过，这项政策最多只能造成短时间的成交低迷和观望，长期的房价走势更需要关注的是2020年大幅增加的供地计划能否顺利完成。事实证明，在"7·15"新政之后的半年，深圳又出现了近30个"日光盘"。供应端虽然是根本，但其效果不会很快显现，并且新增供应一半是人才安居住房，必须实现公开公平分配才能起效。只要这些住房真正进入市场，实现了有效分配，对市场的调节作用是非常强的，具体可以参照北京2013年、2017年供应量大增后第二年的市场表现。

经过梳理四个一线城市的数据发现，2011~2020年，北京、上海、广州的累计住宅总供地面积都是略低于（20%以内）商品住宅成交面积，而深圳的总供地面积仅是总成交面积的42%，供需矛盾显而易见。在补上这个缺口之前，房价上涨压力仍然较大。

2. 土地推出价格

土地推出时的楼面地价方面，住宅和商办最高均价都是北京，分别达到26042元/米^{2}和13765元/米^2。尽管北京的住宅均价已经不是中国大陆最高，但其全年土地单价仍高于其他所有城市100%以上。从这一角度来讲，北京的住宅从成本逻辑上较上海、深圳更为合理，同时开发企业在北京的利润空间也显著低于沪深。

3. 北京在2020年底推出"新型共有产权房"

2020年12月，北京市利用海淀区的两个位置较好的地块试行"新型共有产权房"制度，达到土地限价后，继续竞拍每套房屋的政府持有比例。该类住房和共有产权房相同之处是政府持有一定比例产权，购房者仅需支付剩余比例对应的房款，且取得房本后5年内不得销售。最大区别在于，新型"共产房"5年后转售可以面向全体购房者，政府持有份额届时按原值退出；而原"共产房"仍只面对"无房户"或无住房转出记录的，转售时政府份额保留不变。这一区别非常重要，新型"共产房"的这一属性使得转售时的流通性没有减弱，相当于政府提供了一笔无息贷款，房价的上涨预期得以保留。

2010年首次提出、2017年北京第一个将其列入供地计划的"共产房"政策，诞生之初曾被寄予在全国推广铺开的厚望。而到了3年后的2020年，北京市仅推出4宗涉及"共产房"的地块,这一产物实际上已经逐渐淡出了市场,主要原因在于其完全剥离了房屋的投资属性。而新型"共产房"对此做了改良,很有可能成为今后一段时间北京乃至其他重点城市的主流供应类型。

(三)新建商品房屋供应

2020年,全国新开工面积基本会维持在高位,而竣工面积会有明显的同比减小(见图5),原因之一是2015~2017年新开工面积有所减少,另外因疫情原因,2020年有2~3个月施工企业复工复产受到影响。

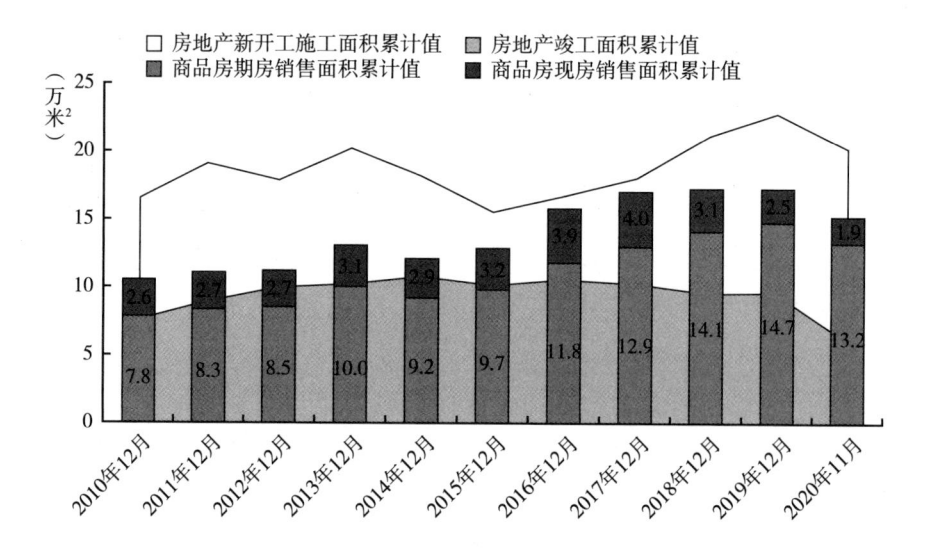

图5　2010年12月至2020年11月新开工及竣工面积、现房及期房销售情况

资料来源:CRIC。

房地产开发投资额虽然正增长,但增速已经跌至个位数。自2015年以来,房地产开发投资额增速已经连续5年在低位(10%以下)徘徊,扣除通货膨胀后,实际新增投资已经接近零增长。我们认为,这一数值的下降并非周期性下降,而是进入历史高位后逐渐趋势性下滑。预计在2021年,房地产开发投资增速将进一步下滑。

（四）存量房供应

根据贝壳研究院数据，在疫情的短暂影响消退后，18个重点城市[①]的新增挂牌存量房源很快在3月底恢复正常，新增房源一直与带看量保持动态平衡，直到四季度后带看量逐渐超越新增挂牌存量房源数，意味着出现了供不应求的局面。

因此，在这18个重点城市中，存量房的供应并未造成市场上总体商品住房供应的过剩，存量房进入市场，是对新建商品住房市场的有效和良性补充。

2020年底，上海、深圳二手房在售房源量降至近两年最低。一线城市中除广州外，北、上、深在售房源量均同比下降，北京与上海同比降幅扩大（见图6）。一线城市年底的二手房去库存效果非常明显，并且预示着2021年的存量房供需关系趋于供不应求。

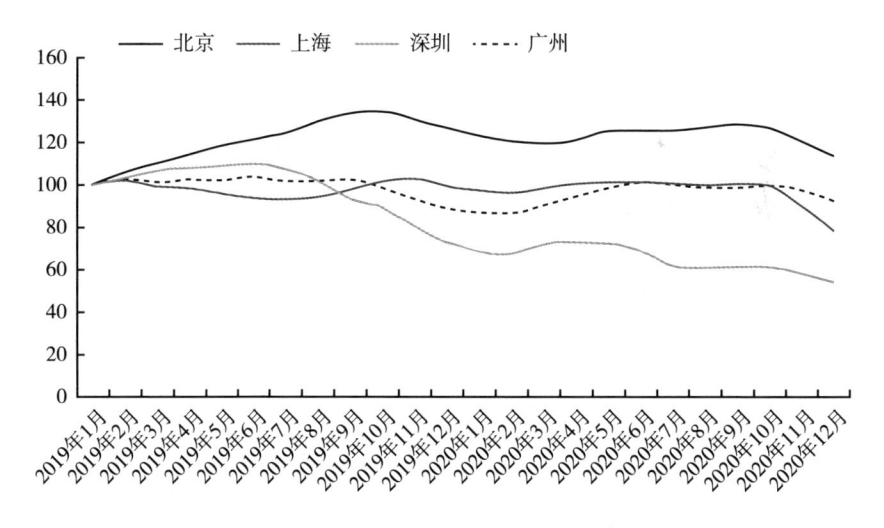

图6 一线城市链家二手房在售房源量指数（2019年1月为基期100）

资料来源：链家数据。

[①] 北京、长沙、成都、大连、广州、杭州、合肥、济南、廊坊、南京、青岛、上海、深圳、天津、武汉、西安、烟台、重庆。

三 需求端

（一）土地成交分析

1. 住宅类用地面积、单价、总价再创历史新高

根据 Wind 数据，全国 100 个重点城市的住宅类用地 2020 年成交楼面均价达到 6400 元/米^2，再创历史新高，成交面积、成交总金额同时双双创出历史新高。这意味着全国的土地供应和成交在向重点城市快速集中，全国的土地总量已经呈下降趋势，而重点城市土地成交量仍在不断上升。

2. 商服用地成交持续萎缩

商服类用地的供应和成交量在 2013 年达到峰值后，进入了较快的下降通道（见图 7），2020 年仍维持环比下降，实际上与疫情关系很小。无论是供应端的土地出让方还是需求端的企业方，都在主动调降行业规模，因此，商办类地产正在稳定回归理性期，投机炒作风险不断下降。

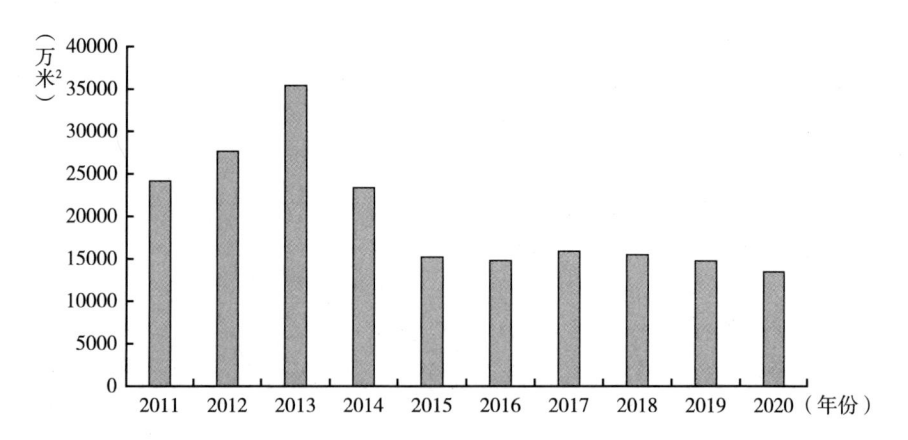

图 7 2011~2020 年 100 重点城市商服类土地成交面积（规划建筑面积）

资料来源：根据 Wind 数据制表。

3. 城市特点

三、四线城市土地市场（主要是住宅类）表现亮眼，多个指标超越二线城市和京沪。据 CREIS 中指数据统计，2020 年三、四线城市土地成交面积同比增长近 7%，而二线城市这一数据为 4%，京沪均为负增长。在一线城市利润空间不断收窄、二线城市政策不放松的背景下，多数房企选择下沉到政策宽松的三、四线城市。

对于土地成交额负增长的京沪而言，需要格外注意供应下降导致的供需再次失衡。两个城市的存量房市场已经在迅速升温，如果土地供应在 2021 年依然低迷，那么价格上涨压力依然存在。

（二）商品房成交分析

2020 年的数据支持这一观点：全国新建商品住宅成交面积在 2019~2021 年已经基本见顶，且很可能是历史峰值。根据 CRIC 数据，2020 年前 11 个月，百城新建商品住宅成交面积同比微降 1%（见图 8）。

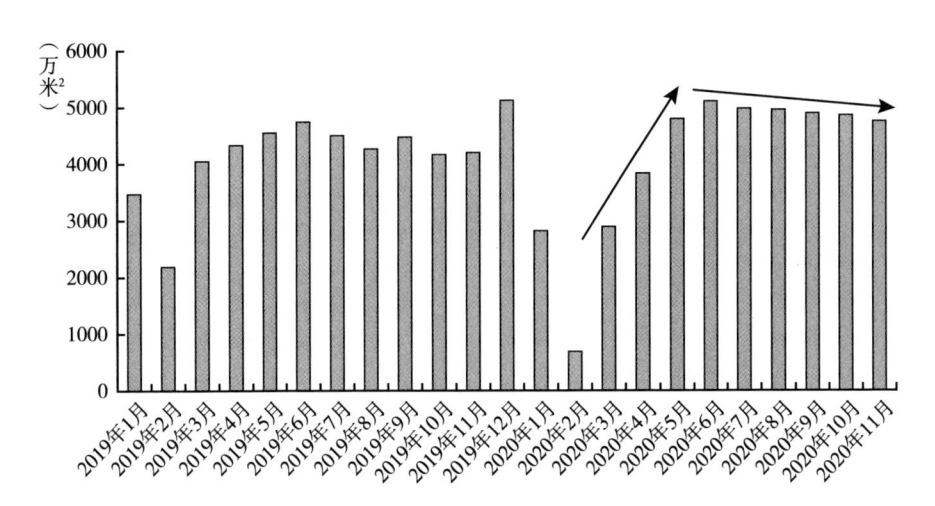

图 8　2019 年 1 月至 2020 年 11 月全国百城新建商品住宅成交面积

资料来源：CRIC 数据库。

根据日本数据，在购房人口总量见顶后 6~8 年内，商品房销售面积也会见顶，这一规律在中国很有可能继续有效。2013 年前后，中国土地供应、购房人口数量见到"历史大顶"，而结合近 2 年商品房成交的走势来看，历史峰值很可能已经到来。

即便是在疫情之下，一线城市的商品房市场也较为坚挺，全年都实现了同比正增长（见图9）。以全国疫情最严峻的武汉作为坐标，商品房成交情况较武汉更差的，可以认为是市场表现较弱，不只是疫情问题。可以看到，同比负增长的城市多数位于北方，说明北方城市的整体发展潜力、人口流入程度、经济增长潜力都偏弱。

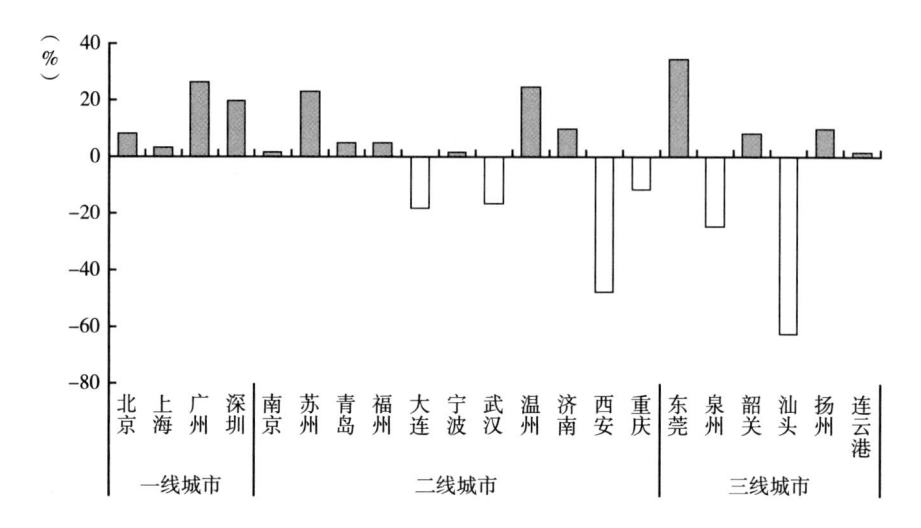

图9 2020年典型城市商品房成交面积同比变化

资料来源：CREIS。

（三）存量房屋市场

截至2020年底，全国目前已有北京、上海、广州、深圳、成都、天津、南京、杭州、厦门等多个城市二手房成交量超过一手房，此外还有十几个二线城市主城区二手房成交超过一手房。这表明中国的主要城市正在全面进入存量房时代，因此市场上很多对于房地产市场的分析都基于新建商品房，实际上难以反映真实全貌。存量房的成交情况，更能代表整体市场，尤其是重点城市。

据贝壳研究院数据，2020年是二手房交易大年，全国二手房的交易金额达到7.3万亿元，同比增长8.1%，创2015年以来最大值，全国二手房年交易总金额约为新房市场的四成。

上海二手房市场活跃度继续保持遥遥领先，成交套数远超第二、三名，成交额相当于北京、广州之和，足见其二手房市场的热度（见图10）。

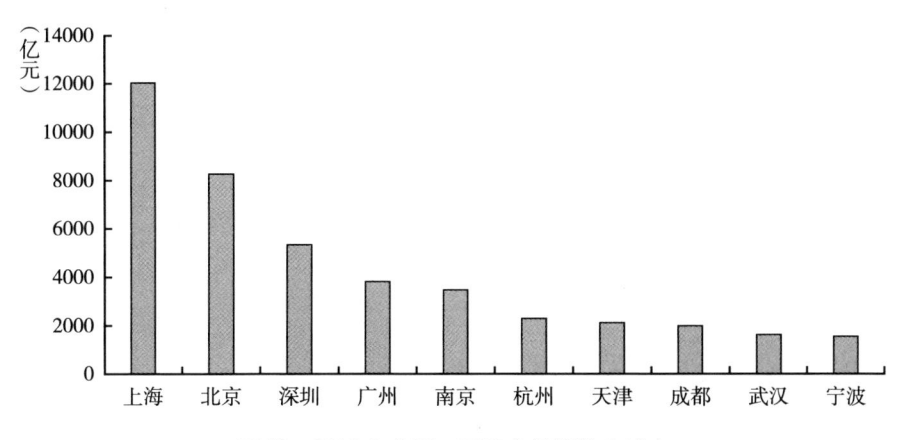

图10 2020年全国二手房交易额前十城市

资料来源：根据贝壳研究院数据制表。

深圳二手房交易均价在2019年四季度后全国第一，2020年领先北京的优势继续扩大。厦门、杭州房价进入第一梯队，超越一线城市广州（见图11）。

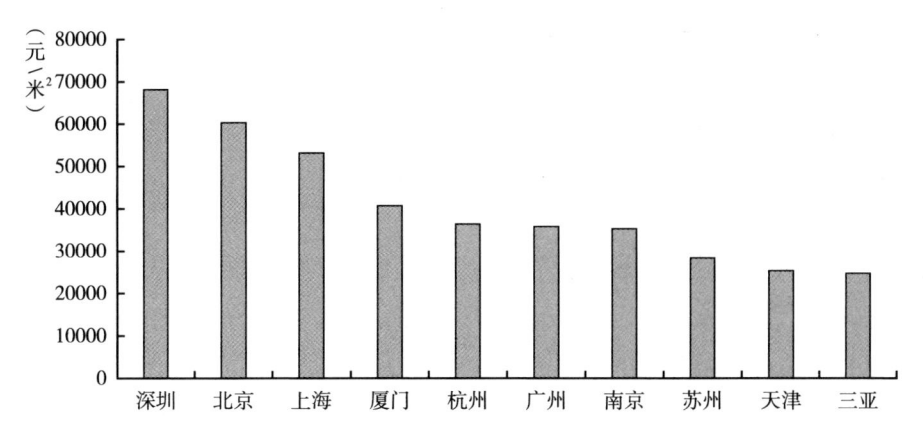

图11 2020年主要城市存量房成交均价排名

资料来源：根据贝壳研究院数据制表。

廊坊、青岛、济南、贵州、郑州、天津等地房价跌幅居前，北京同样也进入了全国房价跌幅前十，排名前十中，九个是北方城市。

（四）租赁市场热度

链家数据显示，全国40个重点城市住宅租金单价同比下跌9.9%，近90%以上的住宅租金单价出现同比下降，仅上海、厦门、福州等个别城市上涨，其中上海上涨幅度4.5%，遥遥领先其他城市；房价上涨明显的深圳，租金同比基本持平，因此收益率继续下跌至全国倒数。北京依然是全国住宅租金最高城市，单价82.8元/（米^2·月），同比下跌3.4%。全国租金水平延续了2019年以来的缓慢下跌趋势（见图12）。

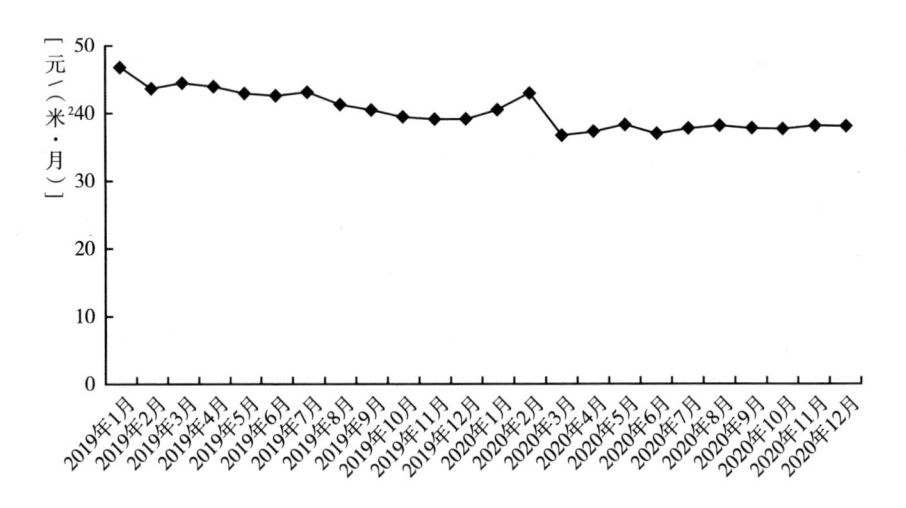

图12　2019~2020年全国40个重点城市租金单价走势

2020年，一线城市租客套均支出同比下降5.8%，其原因一方面是租金水平下降，另一方面则是租客租住面积下降。2020年一线城市60~90平方米的房屋成交占比同比上年提高了3.7个百分点，60平方米以下的房屋占比则基本持平，90平方米以上的房屋占比均小幅下降。部分租客受疫情的影响，选择工作周边的小户型房屋，以减少公共交通的出行，租金成本下降则推动了这种趋势。这显示出一线城市租房者的消费降级较为明显。

2020年1~10月全国重点40城平均租金收益率为1.9%，同比下降了0.1个百分点。自2018年11月，全国租金回报率整体呈现下滑趋势（见图

13)，八成城市的租金收益率下降。主要原因是租金下降、房价上涨。因此，在如此低且持续下降的回报率下，投资于住宅的逻辑仍然同租金回报无关，只与房价继续上涨有关。

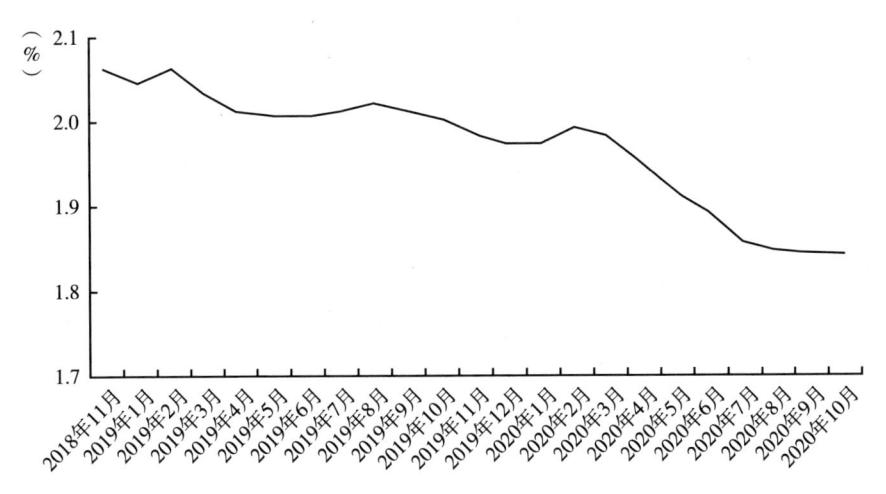

图13　2018年11月至2020年10月全国重点40城租金收益率均值走势

资料来源：贝壳研究院。

（五）2021年市场预判

政策面保持稳定的前提下，供需走势成为影响住宅类房地产市场的重要因素。上海、北京以及土地刚开始放量的深圳、广州，都面临供应无法跟上需求的问题，尤其是这四个城市已经进入存量房市场，新建商品住房本来就只能解决一小部分问题。存量房市场的热度会在明年持续，甚至有进一步走高的可能性。

四　房地产开发资金情况

（一）房地产开发企业融资来源分析

1. 疫情成为分水岭，松紧切换明显

2020年一季度，因疫情影响，央行在宏观流动性上保持了合理充裕，同时对于房地产行业的融资并没有收紧,利用这一窗口期,房地产企业大量发债,1月的海外债规模和3月的信用债规模均为当年最高值。疫情得到初步控制后,4月开始央行、银保监会陆续出台多个房地产行业紧调控的政策,5月出台信托新规、7月出台"三条红线",12月出台银行房贷集中度管理政策等,一季度之后全行业的融资都在持续收紧中。

2. 多个融资渠道规模下降明显

政策高压下,2020年房企融资渠道不断收窄。海外债、公司债、房地产信托的规模都出现了不同程度的同比下降(见图14、图15)。2020年下半年以来,房企大量回购境外票据及债券。回购的境外债到期时间多集中于2020~2021年,利率大部分在10%以上,处于较高水平。受疫情影响,境外经济不确定性增强,境外债行情震荡剧烈,对于发行境外债比例较高的房企来说,有利于维持整体的利率水平稳定,降低风险敞口。

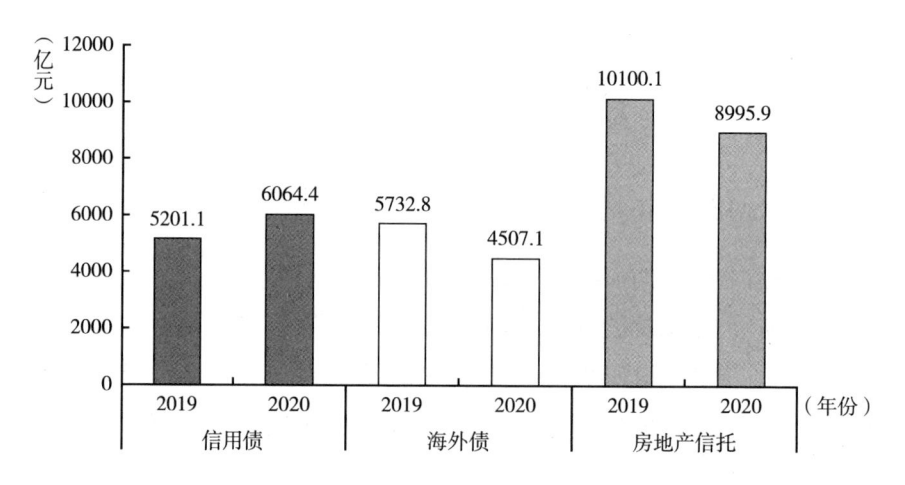

图14 2019年、2020年房地产开发企业信用债、海外债、房地产信托规模走势

资料来源:Wind,用益信托。

由于一季度市场上资金面十分宽裕,政策限制少,信托公司的房地产业务开始快速回升。短期内房地产类信托规模快速增长,产品发行和成立增长迅速,这一阶段规模爆发式的增长持续到年中(见图16)。5月底监管发布资金信托新规,监管层在6月中下旬连续发出通知和窗口指导,要求信托公

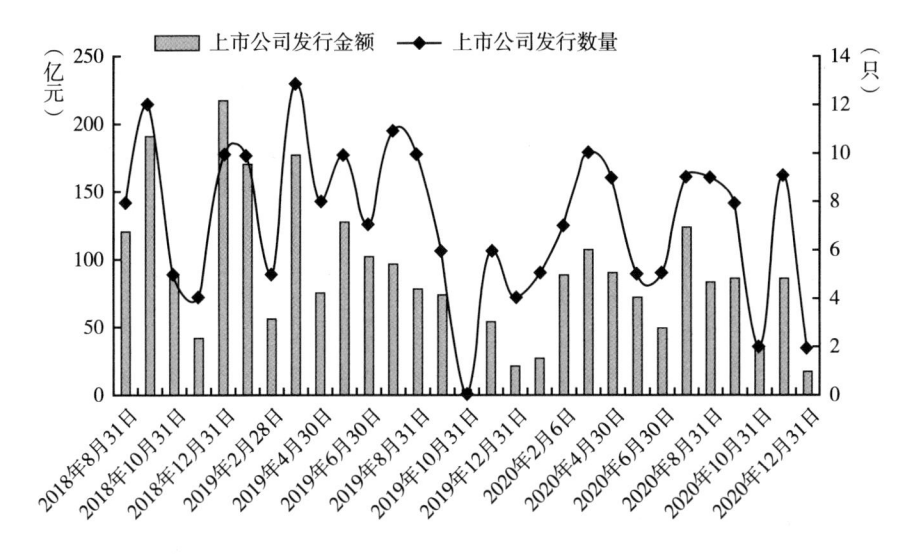

图15　2018年8月~2020年12月上市房企公司债发行规模

资料来源：中信建投。

司严格规范房地产业务，房地产信托的规模基本上"不能增加"，更在8月出台了"三道红线"的房企融资限制。受多重政策限制，房地产信托规模在下半年快速紧缩。融资类信托数量大幅下降的同时，股权投资类信托占比同步提升。

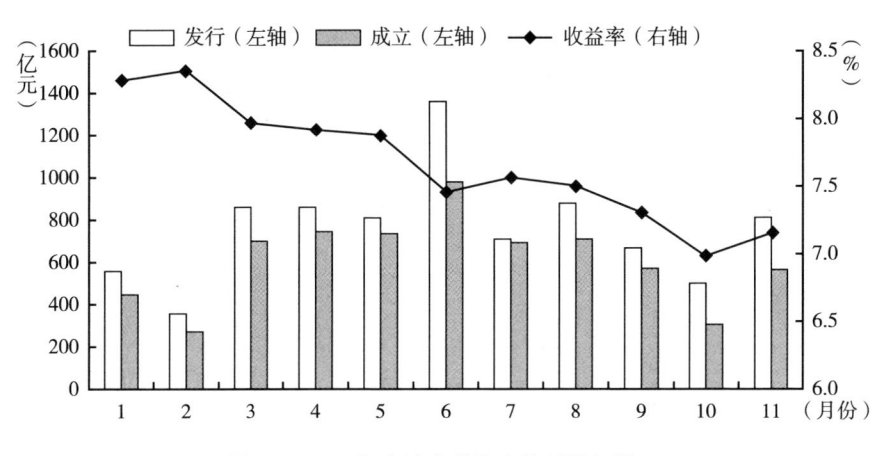

图16　2020年房地产类集合信托发行情况

资料来源：用益信托。

3. 此消彼长：内生回款、股权融资规模上升

在全年房地产投资额、融资总量同 2019 年基本持平的情况下，上述几个融资渠道的缩减就意味着其他途径的增加。2020 年，得益于疫情控制后的销售反弹，房企内生回款（包括定金及预收款、个人贷款等）比例快速增加，增速维持在高位。

在三条红线对于债务规模实行硬上线管控后，房企普遍加强了权益融资（见图 17、图 18），2020 年底出现了权益融资小高峰。A 股市场，特发服务成功实现 IPO 融资。港股市场，碧桂园服务配售 1.73 亿股，净筹资 77.45 亿港元；正商实业、龙湖集团通过配售募资 34.95 亿港元、23.31 亿港元；恒大物业、华润万象生活实现 IPO 融资，融资金额分别为 71.35 亿港元、122.65 亿港元；远洋服务控股、大唐集团控股、领地控股成功实现 IPO 融资，共募集资金 46.86 亿港元；建发物业于 12 月 31 日成功实现 IPO。

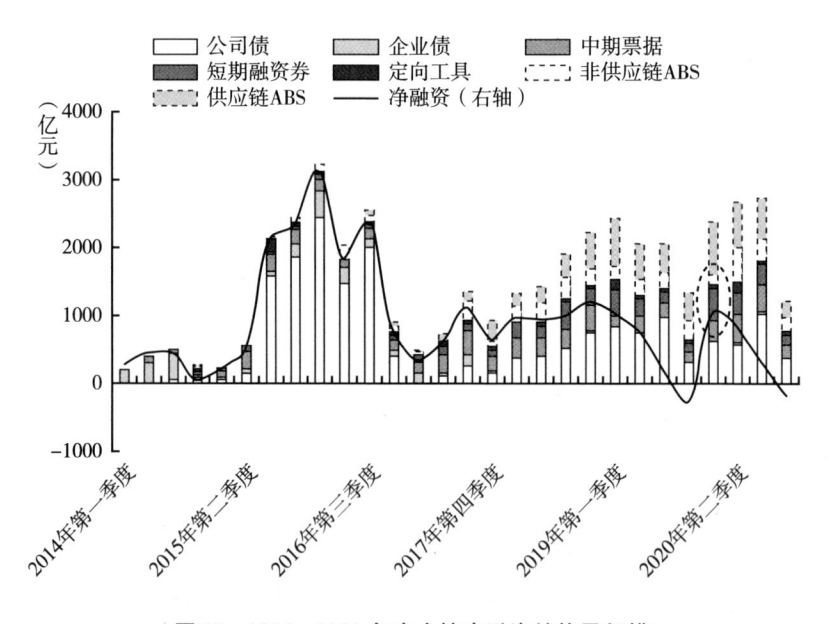

图 17　2014～2020 年房企境内融资结构及规模

资料来源：Wind，安信证券。

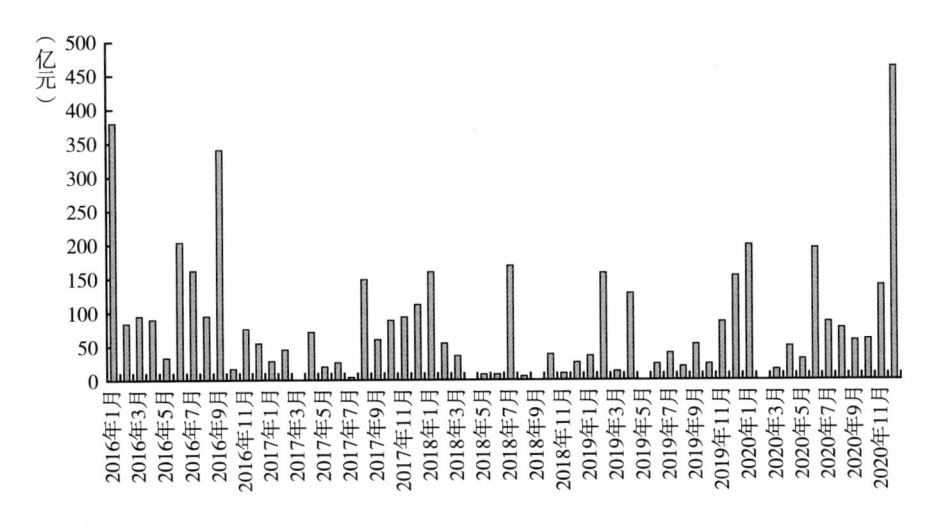

图18　2016年1月~2020年11月房地产企业股权再融资规模（实际募集资金）

资料来源：Wind，中信建投。

房企发行的ABS产品同样受"三条红线"限制。房企的ABS主要有五大类型：购房尾款ABS、物业收费权ABS、房企应付供应商的账款为基础资产的供应链金融ABS、CMBS、以标的物业产权为底层资产的类REITs。其中仅供应链金融ABS不会提升负债指标。目前参与供应链ABS的房企已超过50家，以大中型房企为主，集中效应明显。预计在今后一段时间，供应链金融ABS仍会是大中型房企的重要选择，且占比还会提升。尽管CMBS会推高负债率，但政策支持盘活存量商业地产，投资者比较认可，其未来发行规模也会提高。

（二）居民杠杆情况

据央行公布数据，过去10年来杠杆率增速同房价指数高度正相关（见图19）。杠杆率有多个概念，央行的数据采用住户部门杠杆率的概念，即住户部门贷款余额除以当地GDP，这一定义考虑了外来人口购房的影响。还有一个经常使用的概念是居民资金杠杆率，是住户贷款余额除以存款余额，这个定义的主要问题是外地购房者存款往往不全在本地，会造成杠杆率偏高。

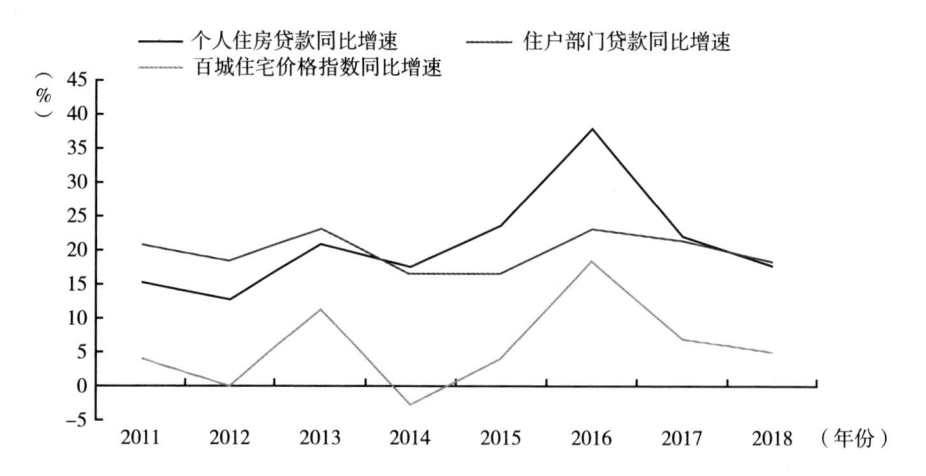

图19 2011～2018年个人住房贷款、住房部门贷款增速与百城住宅价格指数增速对比

资料来源：《中国金融稳定报告（2019）》，中国人民银行。

据不完全统计，2020年全国有7个城市的居民资金杠杆率超过100%，13个城市住户部门杠杆率超过60%（2018年平均值）（见图20）。厦门、杭州、南京、深圳、广州等地两项指标均较高，全部为南方城市。

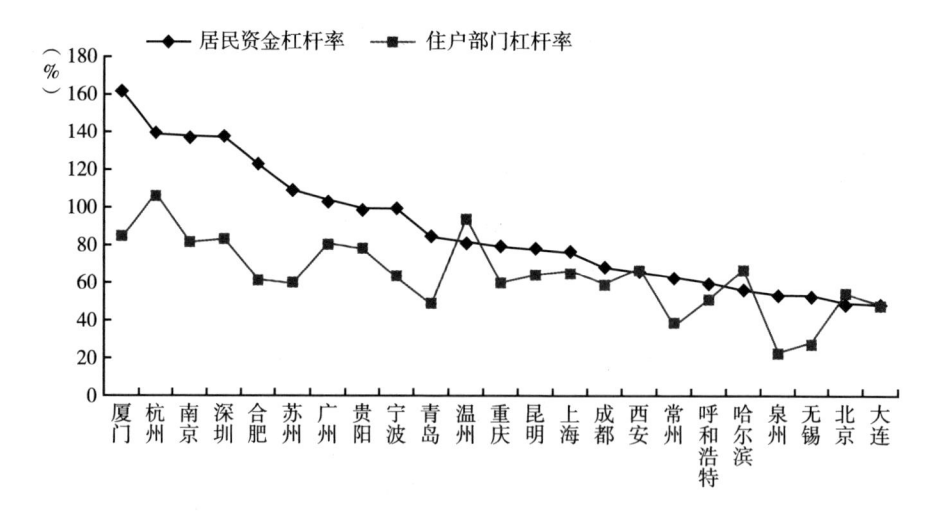

图20 2020年主要城市杠杆率

资料来源：根据第一财经数据制表。

杠杆率较高的问题可从两方面看，一方面，经济发达地区的杠杆率往往较高，因为居民对未来工作岗位收入预期高，经济预期好，敢于借贷。资金杠杆率高、住户部门杠杆率低的（最典型如厦门）则是由非常住人口构成了购房主力军，往往由于当地的综合居住品质或资源等具有稀缺性，同经济发展水平无必然相关性，如厦门人均可支配收入和经济水平并没有很高，其房价却已经超过广州。当然，杠杆率从最根本的定义上讲，必然同风险相挂钩，无论是何种原因，都意味着房屋购买力不同程度地脱离了本地居民购买力。

另一方面，杠杆率较低不只是意味着安全，同时也说明可能经济发展预期不好。除了北京、上海等地是由严厉的限购限贷政策导致的，其余多个杠杆率偏低的城市都面临经济动力不足，人口流失的局面。换言之，京沪这类超一线城市，杠杆率却处于国内相对低位，足见其房地产市场的泡沫度较低，这与房价绝对值无关。

在严控居民杠杆的情况下，限贷政策、房贷集中度管控政策等，都会阻碍杠杆率的提升，从而对房价产生抑制作用。

五 大宗交易市场回顾及展望

（一）主要城市大宗交易情况回顾

受疫情影响，2020年大宗交易额较往年有明显降低，不仅同比下降32%，更创出近5年来新低（见图21）。

上海仍是大宗交易额最活跃城市，北京紧随其后。上海交易额较2019年相比减少832亿元，但其在全国的份额较往年有所扩大，在疫情的不确定性环境下，上海大宗交易市场仍然有较好的流动性（见图22）。

北京的外资投资额首次超过上海，成为最受外资青睐的城市，全年外资投资额达到170亿元，占比34%，在全年严控境外人士入境的情况下，实属不易。

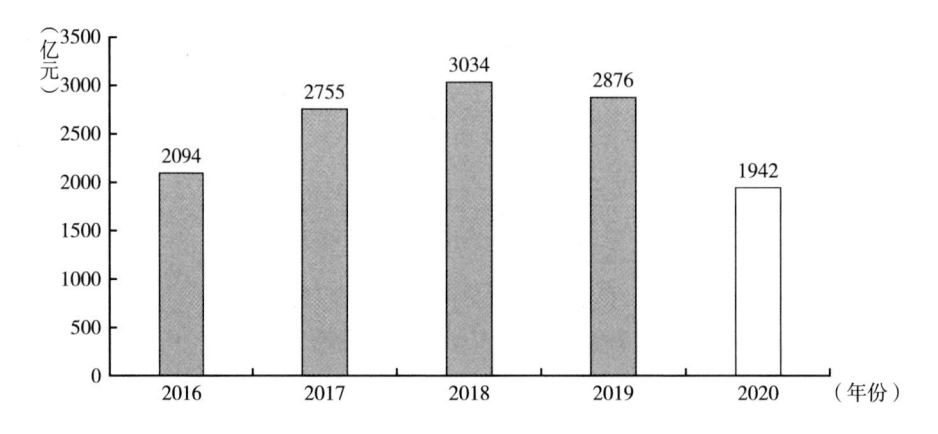

图 21　2016～2020年大宗交易额

资料来源：根据戴德梁行数据整理。

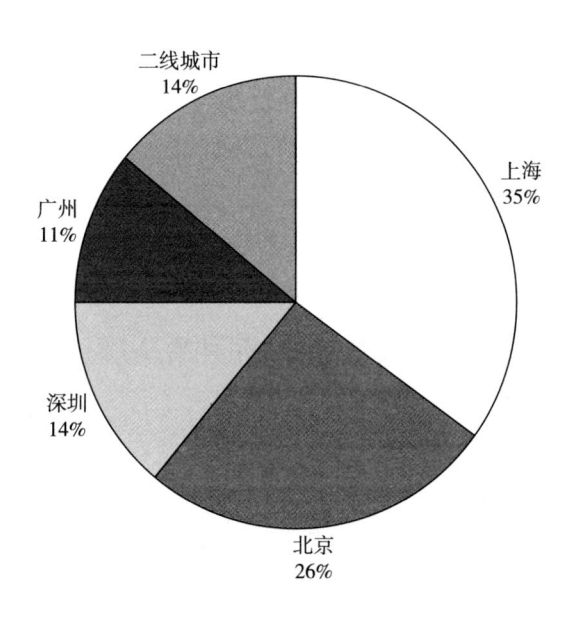

图 22　2020年大宗交易额城市分布情况

资料来源：戴德梁行。

疫情也使得投资性买家锐减，自用型买家占比大幅提升。全年自用型买家占比接近四成，为过往首次（见图23）。

投资物业类型仍以办公、研发类办公为主，其占比超过六成。商业、购

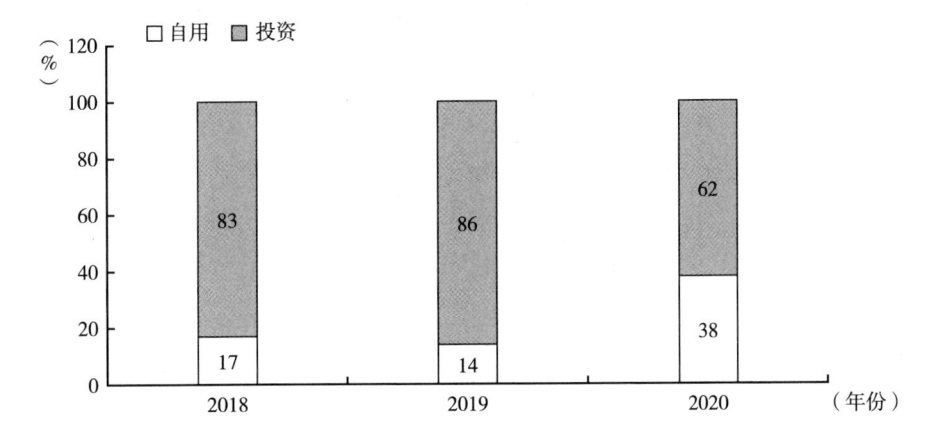

图23 2018~2020年自用及投资类买家占比

资料来源：根据戴德梁行数据整理。

物中心类成交持续下滑，这一点也同疫情无关，商业类项目的投资意愿在近几年都是持续下滑，世界各国这一趋势都十分明显。工业/物流/数据中心类成交明显提升，占比达12%。

资本化率自2018年达到最低点后，连续2年增加。2018年上海的资本化率跌至3.5%~4%，后来随着租金下降空置率升高，风险溢价要求增加，2019~2020年的回报率逐渐走高，到2020年底上海非核心区办公项目资本化率已接近4.5%。

（二）主要城市办公楼租赁市场

2020年第四季度，京沪的办公楼市场都出现了强势的回暖。值得注意的是，尽管租金低迷，空置率偏高，2020年上海甲级写字楼净吸纳量46.32万平方米，环比增长72%，二、三、四季度成交持续回升，尤其是四季度净吸纳量是自2018年初以来单季最高。当前的主要问题是供应量过大，上海市场的吸纳潜力非常大，在疫情之下仍实现了高增长。2021年，上海仍将处于供应高峰，因此租金下降可能还会维持一段时间，但结合2020年四季度呈现的旺盛需求，上海市场的筑底期可能会更短一些，2021~2022年有望开始走出明显的复苏行情。

北京市场从 2020 年第二季度开始逐季回暖，尤其是第四季度表现亮眼，净吸纳量是前三季度总和的 2.6 倍，比过去十年的季度均值高出近一倍；下半年的累计净吸纳量较 2019 年同期有近 50% 的增长，使得全年空置率仅微升至 17%。租金同比下降一成，达到 337 元/（米^2·月）。北京的市场下行期仍较短，预计本轮下行调整仍会贯穿 2021 年全年，复苏仍需要时间。

广州由于供应量小，租金同比下降幅度和空置率上升幅度是一线城市最低，空置率目前仍低于 9%。深圳市场尽管也呈逐季复苏状态，但因供应量过大，租金仍处深度下跌中，同比下降 8.6%，空置率继续攀升。2020 全年净吸纳量达到 2019 年的 60% 左右。

（三）另类不动产市场回顾

数据中心成为 2020 年度最热门的另类不动产投资。3 月，中央政治局会议提出加快 5G、数据中心等新型基础设施建设进度；4 月，证监会、国家发改委联合发布《关于推进基础设施领域不动产投资信托基金 REITs 试点相关工作的通知》，数据中心成为 REITs 基础资产类型之一；京沪都有明确的支持 IDC 发展的规划红头文件。由于属于新兴另类投资，数据中心的投资收益率高于工业、物流等项目，目前在 8%~10%。北京、上海均录得多个数据中心成交。此外，由于数据中心的特性，往往受疫情影响较小，这是相比办公、商业而言的天生优势。重点大宗交易如鹏博士将位于北京、深圳的多个 IDC 出售给险资，万国数据收购在北京的多个数据中心等。尽管投资者已经越来越追捧数据中心，但由于一线城市的能源指标非常紧张，IDC 供应很难呈井喷式发展，且数据类需求多集中在一线城市，因此一线城市在未来很长一段时间内，都将维持供不应求的状态，是投资人提升投资组合收益率的重要配置品类。

物流地产不仅受疫情影响较小，而且在疫情严重时，网络购物需求激增，带动物流行业需求增加。2020 年前三季度，全国 16 座主要城市物流地产净吸纳量超过 100 万平方米，环比增长 5%，同比增长 53%。由于 2017~

2020年是供应高峰,物流地产整体的空置率有所上升。一线城市物流表现更为优异,租金高位坚挺,空置率持续下降。知名大宗交易包括富力地产出售其广州机场附近的空港物流园70%的股权给黑石。预计一线城市的物流市场仍将维持稀缺性和较高的投资价值,同时也是疫情不确定性下的一个确定性较强的投资配置品类。

参考文献

CRIC:《2020年中国房地产总结与展望》,克尔瑞研究中心,2020年第12期。

贝壳市场研究部:《二手房供给年报》,贝壳研究院,2021年1月7日。

朝云:《2020年房地产市场表现回顾》,洪泰财富,2020年11月22日。

戴德梁行研究部:《2020中国内地大宗交易市场回顾与展望》,戴德梁行,2020年12月30日。

潘玮、王秋蘅:《全年销售表现靓丽,长效机制逐步成形,12月房地产行业动态报告》,银河证券,2021年1月7日。

王小勇、吴胤翔:《2021年房地产行业投资策略:莫听穿林打叶声,何妨吟啸且徐行》,东北证券,2021年1月4日。

赵翔:《开发看修复,物业看反转——房地产行业2021年度策略报告》,民生证券,2021年1月7日。

中指研究:《2020年中国房地产行业融资总结》,中指研究院,2021年1月2日。

中指研究院大数据中心:《2020年中国主要城市房地产市场交易情报》,中指研究院,2021年1月4日。

竺劲:《2020年12月房企销售融资点评》,中信建投,2021年1月4日。

B.6
2020年中国私募股权市场回顾与2021年展望

邹继征　王申[*]

摘　要： 2020年，私募股权基金募资总额3万亿元，投资总额1.9万亿元，并购交易总额2.2万亿元，同比都出现了大幅增长。此外，受益于注册制和创业板，2020年退出案例数量出现井喷，共有4600多个退出案例，比2019年增加了七成以上，投资回报倍数也有所上升，其中绝大部分退出案例是通过IPO。展望2021年，私募股权投资将进一步复苏，行业结构持续分化，竞争加快转型与集中，反垄断规范CVC投资。2021年重点关注的行业包括疫情直接受益行业、科技创新行业、清洁技术和消费升级相关行业等。

关键词： 私募股权投资　注册制　资本市场

一　私募股权投资行业发展概况

（一）2020年私募股权市场概况

1. 募资依旧困难重重

从近几年数据来看，2016～2017年对于机构募资来说是一个分水岭，

---

[*] 邹继征，高级经济师，现供职于中国建投投资研究院，业务总监；王申，会计学博士，现供职于中国建投投资研究院，长期从事产业研究工作。

2017年募集基金7754只，认缴总规模高达5.12万亿元，达到历史顶峰。2017年资管新规实施以来，监管限制了各类资金的入场通道，VC/PE行业进入募资困难期。从2018~2019年数据来看，完成募集基金数量大幅下降，每年募资额降至3万亿元左右。

2020年上半年突如其来的新冠肺炎疫情，让募资难的问题雪上加霜，比2019年同比下滑一半，不过随着下半年国内复工复产的快速推进，基金募集数量开始回升，全年基金募集金额同比略有增长（见表1）。

表1 2015~2020年基金募集情况统计

募集完成年份	数量(只)	募集金额(亿元)	平均募资额(亿元)
2015	4402	18814.37	6.24
2016	4332	48643.16	14.49
2017	7754	51192.49	7.68
2018	7062	30759.55	5.23
2019	5610	28103.13	5.25
2020	5454	30304.19	5.63

资料来源：私募通。

不过，总体来看，投资机构过度饱和，正面临激烈的淘汰赛。投中集团的问卷调查显示，国内外宏观经济金融环境、资管新规等政策因素、国有资本投资限制、募资渠道欠缺及经验不足等都在一定程度上影响了机构募资。

首先，中美贸易摩擦、国际政治动荡和我国经济下行压力，给多数机构募资造成压力，2020年的疫情带来了进一步的冲击。

其次，资管新规等政策因素影响募资进度，以银行等金融机构为主要资金来源的股权投资基金阶段性断粮，机构源头资金大幅缩水。

再次，在大力整治部分央企参股投资决策不规范、国有股权管控不到位等问题的大背景下，国有资本投资和退出均面临较长的审批流程。基金及管理机构难以平衡国有资本投资限制、强监管下的低效率与投资收益间的矛盾，这成为制约其募资的关键。

最后，部分中小型机构受限于自身规模、业内资源和策略定位，募资渠

道相对单一，同时，部分机构人才梯队不尽完善，缺乏专业人才培养及引进机制，现有从业人员行业经验匮乏，也是制约机构募资及整体发展的重要因素。

2. 投资节奏稍有回升

2020年投资节奏同比有所加快，全年投资案例2.6万例，投资总额1.92万亿元，比2019年提高了10.47%（见表2）。其中，人民币基金2.19万例，总投资额1.07万亿元，美元基金3800例，总投资额0.74万亿元，说明外资依旧看好中国投资市场。

表2　2015～2020年PE/VC投资情况统计

投资年份	数量（例）	金额（亿元）	平均金额（亿元）
2015	24506	13479.05	0.66
2016	24822	16305.04	0.77
2017	39205	24936.69	0.70
2018	28984	18670.68	0.80
2019	21061	17398.61	1.06
2020	25956	19219.63	0.88

资料来源：私募通。

从投资阶段来看，2020年投资机构更加谨慎，成熟期项目最多，占45.32%，其次是扩张期项目，占34.52%（见表3）。而在2019年，则是扩张期项目最多，占四成，成熟期项目只有三成。

表3　2020年分投资阶段统计

投资阶段	数量（例）	数量占比（%）	金额（亿元）	金额占比（%）	平均金额（亿元）
成熟期	11764	45.32	8832.80	45.96	0.80
扩张期	8961	34.52	7360.12	38.29	1.06
初创期	3278	12.63	1471.34	7.66	0.59
种子期	1502	5.79	786.44	4.09	0.71
其他	451	1.74	768.94	4.00	2.30

资料来源：私募通。

从投资区域看，国内投资侧重沿海发达地区，2020年前五大热点投资地区分别是北京、广东、上海、江苏、浙江，排名与2019年相同。2020年海外投资前五大区域分别是美国、印度、英国、新加坡、以色列，美国虽然排名第一，但是投资额比重相对2019年大幅下滑约10个百分点，反映了美国对中国采取科技封锁和敌视态度后，严重影响了我国对美国的投资。2020年投资额占比变化较大的是印度，从2019年不到3%上升到了2020年的7.33%（见表4）。

表4 2020年热点投资区域

类别	地区/国家	数量（例）	数量占比（%）	金额（亿元）	金额占比（%）
国内前五	北京市	4508	17.37	3239.44	16.85
	广东省	3719	14.33	2677.86	13.93
	上海市	3545	13.66	2763.72	14.38
	江苏省	3040	11.71	1349.67	7.02
	浙江省	2705	10.42	1525.40	7.94
海外前五	美国	721	2.78	1540.25	8.01
	印度	201	0.77	1409.58	7.33
	英国	94	0.36	448.10	2.33
	新加坡	93	0.36	332.27	1.73
	以色列	54	0.21	24.64	0.13

资料来源：私募通。

从投资行业看，最热门的还是信息技术行业，IT行业、互联网行业占了总投资额的近20%，新冠肺炎疫情也促进了健康领域的投资，生物技术/医疗健康行业的投资金额比上年增加了约380亿元。此外，美国对中国芯片行业的打压，促使半导体及电子设备行业的投资活动极其活跃，其投资数量占11.99%，投资额占10.78%（见表5）。

3. 并购交易趋于活跃

随着疫情得到持续有力的防控，整个并购市场进入复苏的轨道，逐渐活跃起来的大型企业开始通过并购重组达到完善资源整合的目的。

表5 2020年投资行业分布

行业	数量(例)	数量占比(%)	金额(亿元)	金额占比(%)
IT	4843	18.66	1759.77	9.16
生物技术/医疗健康	4797	18.48	2385.67	12.41
半导体及电子设备	3111	11.99	2071.40	10.78
机械制造	2711	10.44	833.37	4.34
互联网	2446	9.42	2081.79	10.83
化工原料及加工	1254	4.83	554.04	2.88
金融	830	3.20	1504.64	7.83
建筑/工程	822	3.17	311.80	1.62
清洁技术	767	2.96	932.95	4.85
汽车	666	2.57	1121.84	5.84
其他行业	3709	14.30	5662.36	29.47

资料来源：私募通。

2020年的并购案例数比2019年略高，并购总规模显著高于2019年，单个项目的金额也比2019年提高了83.7%（见表6）。

表6 2013~2020年并购案例统计

并购结束年份	数量(例)	金额(亿元)	平均金额(亿元)
2013	2061	8372.00	4.62
2014	2712	12367.82	4.88
2015	2734	10456.02	4.53
2016	3192	15747.91	6.13
2017	3567	17547.38	5.58
2018	3128	22017.20	8.32
2019	2231	11366.17	5.78
2020	2453	21673.80	10.62

资料来源：私募通。

从2020年的并购类型来看，国内交易占绝大多数，超过95%，但是项目体量偏小，平均单个项目规模只有7.97亿元；海外交易占2.32%，单个项目规模9.36亿元；外资交易虽然案例数少，但是体量很大，单个项目规模127.53亿元，总并购额占全部并购交易的1/4（见表7）。

表7　2020年并购类型统计

并购类型	数量(例)	数量占比(%)	金额(亿元)	金额占比(%)	平均金额(亿元)
国内交易	2337	95.27	15436.12	71.22	7.97
海外交易	57	2.32	383.85	1.77	9.36
外资交易	38	1.55	5738.80	26.48	127.53
其他	21	0.86	115.03	0.53	6.77

资料来源：私募通。

在并购交易的行业方面，传统行业居多。从并购金额占比看，金融、能源及矿产、机械制造分列前三名。机械制造、IT、半导体及电子设备行业数量占比大，比较活跃（见表8）。

表8　2020年并购行业分布

行业	数量(例)	数量占比(%)	金额(亿元)	金额占比(%)	平均金额(亿元)
机械制造	278	11.33	1240.52	5.72	5.26
IT	264	10.76	379.36	1.75	2.11
半导体及电子设备	191	7.79	845.19	3.90	4.43
化工原料及加工	187	7.62	659.23	3.04	3.95
生物技术/医疗健康	187	7.62	841.20	3.88	5.36
能源及矿产	172	7.01	1732.75	7.99	11.71
金融	154	6.28	7529.58	34.74	51.93
清洁技术	142	5.79	405.48	1.87	3.44
建筑/工程	120	4.89	523.28	2.41	4.94
连锁及零售	110	4.48	552.40	2.55	6.28
其他	648	26.42	6964.84	32.14	10.75

资料来源：私募通。

4.科创板与注册制拓宽机构退出渠道

2020年，退出数量出现井喷，共有4658例，比2019年增加了74.20%，投资回报倍数也有所上升（见表9）。

表9 2016~2020年退出案例统计

退出年份	数量(例)	平均退出年限(年)	平均回报倍数	与总平均回报倍数相比(%)
2016	1695	6.98	3.75	116.81
2017	2934	12.09	3.31	103.10
2018	2565	10.57	3.01	93.79
2019	2674	11.02	2.93	91.28
2020	4658	19.19	3.56	110.97

资料来源：私募通。

从退出方式看，2020年IPO占77.69%，显著高于往年，其中科创板上市最多，占退出总案例数的三成。科创板、新三板、创业板注册制等多项改革举措拓宽了投资机构的退出渠道，为私募股权市场注入了新的活力（见表10）。

表10 2020年退出方式统计

退出方式	数量(例)	数量占比(%)	平均退出年限(年)	平均回报倍数
IPO	3619	77.69	3.5	5.05
并购	430	9.23	3.31	4.92
股权转让	235	5.05	3.85	3.73
回购	125	2.68	4.17	2.18
上市后减持	80	1.72	6.11	191.96
并购减持	44	0.94	4.43	2.33
分红	43	0.92	3.54	0.51
借壳	37	0.79	2.36	0.81
清算	12	0.26	5.74	0.74
其他	33	0.71	5.78	1.54

资料来源：私募通。

（二）市场竞争格局

1. 市场结构加速调整分化

中国股权投资市场发展近30年，活跃机构数量和市场规模增长了几百倍，如今登记机构总数近1.5万家，累计管理资本总量超过11万亿元，活跃机构类型也更加多元。而市场由初级阶段向成熟市场进化的过程中，竞争加速和优胜劣汰不可避免，头部效应、强者恒强的局面也已然显现。清科研究中心统计显示，2019年中国股权投资市场1%的基金总规模占全市场募资总量的25.5%；1%的企业融资金额占全市场投资总量的41.3%，"二八"效应凸显，市场加速分化。

目前，市场已形成两类特色鲜明的机构，一类是以高瓴、鼎晖、红杉、IDG等为代表的综合性头部机构，为加固"护城河"，管理规模和边界逐渐扩大，投资赛道广、行业多，可能横跨多个投资阶段，甚至涉猎多个投资品类，形成"大资管"式策略；另一类则是以真格基金、启赋资本、元生创投、璞华资本等为代表的聚焦化投资机构，通过布局特定投资阶段或深耕某一赛道、挖掘价值，形成专业化投资风格、树立特色品牌。

2. CVC将持续深度参与中国股权投资市场

随着中国股权投资市场不断发展，公司创业投资/战略投资者（CVC）也开始利用股权投资方式达到战略驱动、核心业务赋能、新兴行业布局等目的。对于整个创业生态来说，战略投资者的加入有助于行业内的兼并重组，促进产业整合升级、提升运作效率。

从投资阶段和轮次来看，CVC投资往往更具灵活性，以实现集团或母公司战略为目的，进行全阶段、全产业链投资。2010年，我国CVC投资仅84起案例，投资金额45.08亿元，约占中国股权投资市场的4.3%，而2019年，中国CVC投资共705起，投资金额共1139.13亿元，CVC投资已在我国股权投资市场占据一席之地。

3. GP更加注重退出管理

随着我国股权投资市场发展，部分基金管理人已经历募、投、管、退全周期，退出更加理性与务实，注重现金回流，退出项目的评价标准也逐渐由IRR转向DPI。在存量项目增多以及基金管理人现金管理意识增强的影响下，VC/PE机构的退出策略由被动向主动转变。

未来，退出策略主动化表现在两方面。一方面，机构积极优化投后管理，帮助企业实现目标。例如，为有意上市的企业提供上市辅导，为企业定制融资计划对接机构投资者等。另一方面，通过分层管理方式，主动挖掘退出机会：甄别高风险项目，积极处理正常项目，努力推进优质项目，提高退出率。

4. LP 趋于机构化和专业化

我国股权投资市场 LP 类型（按出资金额）主要为非上市公司、私募基金管理人、政府机构/政府出资平台和政府引导基金，富有家族及个人作为原始投资者占据绝对数量优势。全国社保基金、清华大学教育基金会在国内股权投资市场的成功实践或将带动养老基金、基金会等成熟股权投资市场的主要类型 LP 在中国市场萌芽、发展。另外，险资、银行资金在政策上已松绑，市场中长期资金有望开源，政府引导基金更加规范化和市场化，也将为行业持续输血，机构 LP 在基金中的占比将继续升高。

另外，家族办公室和个人 LP 的投资需求日益凸显，随着新一代企业家、创业者对投资的认知专业度、持续投资和风险承受能力提升，其在股权投资市场的活跃度和影响力将会进一步提高。

二 2021年私募股权投资行业展望

（一）私募股权投资将进一步复苏

2020 年 10 月，国务院副总理刘鹤提出，A 股要全面实行注册制，提高直接融资比重，建立常态化退市机制。11 月，银保监会发布了《关于保险资金财务性股权投资有关事项的通知》，VC/PE 翘首以盼的险资，终于阔步迈入股权投资行业。12 月，证监会主席易会满指出，"十四五"时期，提高直接融资比重，对私募股权基金加大支持力度，积极拓宽资金来源。

一系列重磅政策组合出台，体现了政策的一致性，表现了监管层希望加强直接融资的决心，退出渠道更加通畅，也进一步鼓励了长期投资和价值投资，一级市场将成为企业长期价值的试金石。

此外，虽然新冠肺炎疫情在 2020 年上半年打断了私募股权行业的投融资节奏，但是随着复工复产的稳步推进，需求和供给的快速复苏，中国经济的韧劲超出大家的预料，中国经济的发展前景更加明朗，将进一步增强私募股权投资者在国内投资的信心。

因此，我们预计，2021 年 PE/VC 行业的活跃度将继续提升，基金募资额会有所回暖，投资节奏加快，投后管理将更加专业化，退出渠道将更加通畅。

（二）行业结构持续分化

1. 竞争加快转型与集中

随着资本市场监管更加规范，股权投资行业逐渐理性和成熟，市场会加速向专业化和赛道多元化发展，对机构管理人既是机遇更是挑战，投资机构走向差异化竞争也必然成为市场趋势。

另外，私募股权行业的竞争将导致资源向头部企业集中。在募资和投资方面，头部管理机构投资更加活跃，对外投资规模占全市场投资规模比重的一半；同时，头部直投机构普遍更受母基金和 LP 的青睐，接受投资的可能性更高，融资规模更大。这次疫情也给投资人敲了警钟，被投公司本身的能力和现金流将更被看重，其抗压性也是投资者未来更加关注的因素。私募投资者普遍缺乏帮助企业增值或者帮助企业抗压的能力，因此遇到一定突发风险后，情况就非常不乐观。所以私募投资者以后在做尽调和投资决策的过程中，也会更加关注企业本身的抗风险能力。

此外，注册制的快速推进，短期内缓解了所有投资机构的退出压力，提高了项目的估值水平。从长期看，对于投资者筛选项目、投资项目、投后管理的能力要求更高，因为注册制必然要求上市公司能上也能下，对于投资者把握项目核心竞争力的要求更高，对投后管理和战略支持的要求更多。中小机构由于缺少人才储备、项目经验、咨询管理等方面的能力，再加上融资难度更大，面临或被淘汰，或转型升级的生存压力。

展望未来，僧多粥少，私募股权投资行业竞争将越来越激烈，市场集中度将会越来越高。一方面，头部机构将越来越强，全产业链布局，资金充

沛、被投资公司认可；另一方面，中小型机构将走向差异化竞争道路，而更多的中小机构将会逐渐销声匿迹。

2. GP 管理将更加规范

由于市场不断分化、加速出清，投资机构意识到生存环境变化，将更加注重内部管理机制的优化和运营效率的提升，投资机构管理将更加规范。

（1）募资规范化。通过系统梳理募资渠道形成健康的投资者关系网，募资团队将更加专业、募资活动也将更有章法。

（2）投资专业化。随着互联网和人口红利的消失，投资人必须对细分赛道、行业趋势把握更加精准，同时形成团队内部的分享和传承机制，通过复盘不断优化投资逻辑、提升投资团队整体专业水平。

（3）管理制度化。"作坊"式管理已成历史，诸多机构面对监管升级、发展需要，内部流程化管理更严谨，内部风险控制和管理制度也需不断完善。

（4）运营信息化。信息系统的建立既能满足机构内部资料沉淀、信息共享、信息隔离等需求，也提高了运营效率、人员协同、项目跟进水平，因此"信息化""数字化"将是未来机构管理升级的重要手段。

（5）投后服务产品化。机构可开发多种标准化产品，形成定期、常规活动，减轻投后服务压力的同时，惠及更多被投企业；同时，对项目管理中的重点难点提供更有针对性的投后服务，用"差异化"服务完善"常规化"产品，实现投后工作的动态平衡。

（6）退出主动化。依赖企业自身或其他投资方介入完成项目的清退转让已无法满足基金管理需求，尤其针对非明星项目、问题项目，投资机构应更加主动策划退出，如内部成立专门的退出决策团队、清算小组，针对特殊项目退出进行合理处置。

3. 反垄断规范 CVC 投资

CVC 投资将继续深度参与中国股权投资市场，促进产业发展，并将呈现以下几大发展趋势：参与形式多样化，包括设立直投部门、成立独立投资机构、设立孵化器等方式；投资模式多元化，包括前瞻性投资布局新兴技术、互补性投资扩展业务领域、圈层投资打造业务自身生态、全产业链投占据成本优势以及多元化投资扩充赛道对冲主营业务的周期性风险等；随着资源配置的不断深化，不同产业背景的CVC有望产生交叉协作机会，加速产业整合和创新。

不过，产业集团CVC在扩展自身边界的同时，也应平衡好投资与企业核心业务发展的关系，避免过度扩张。近期，对反垄断法的修订和对平台企业的监管趋严，说明未来反垄断监督将会不断加强，监管的天平将进一步从效率向公平倾斜，为中小企业、居民等议价能力相对较弱的部门留出空间。

未来互联网领域的并购业务将会得到更多的关注和监管，不排除会被否决的可能性。CVC的投资一方面要符合公司战略需求；另一方面，也要遵守国家法律法规，其投资要能够促进竞争、鼓励创新。

4. 中国S份额交易增长空间巨大

经过近10年的增长，中国的股权投资市场募资总规模正在逐渐逼近美国，成为全球第二大VC/PE市场。随着我国股权投资市场的发展，机构在管项目数量增多，大量基金处于退出期，退出压力增大，未来S基金规模与二手份额交易将迎来爆发期。

据清科研究中心统计，2014~2018年，中国人民币基金的二手份额交易总金额仅375亿美元，同期美国交易额为3410亿美元；S基金募集总金额43亿美元，同期美国募集总金额2139亿美元。国内私募二级市场规模与美国存在数量级之差，发展空间极大。而根据2019年12月8日母基金研究中心发布的《中国S基金全景报告》不完全统计，中国S基金全名单机构共17家，而包括已投和未投的中国S基金到账规模共计约310亿元。[1]

因此，未来中国的S基金还有很大的发展空间。

（三）2021年重点关注行业

1. 疫情直接受益行业

从这次新冠肺炎疫情的直接影响来看，抗疫用品、医疗器械、生物医

---

[1] 母基金研究中心：《中国S基金全景报告》，http://www.china-fof.com/index.php/Home/Index/articleDetail/article_id/2416，2019年12月8日。

药、在线诊疗、疫苗等方面的需求增多，带动了投资者在这些领域的投资热情。虽然疫苗已经开始逐步推广，但是疫苗的使用效果还有不确定性，暂时还存在供不应求，再加上此轮疫情还在海外蔓延，两三年后全球才能基本控制住疫情，所以疫情直接相关用品还将有一个稳定增长的需求。

此外，疫情令人们对生命和健康有了进一步的认识，在生物技术/医疗健康领域的需求还将继续增加，这一领域具备长期增长潜力，是未来一段时间私募股权行业投资的重点领域。

疫情导致社交距离延长，在线教育、在线办公、数据中心、在线消费等领域需求爆发，这些领域的项目受到资本的追捧。疫情也进一步提升了数字化在人们工作和生活中的渗透率，预计2021年资本在这一领域的投资仍会增加。

2. 科技创新行业

数字化转型方兴未艾，半导体、电子等硬科技将继续受投资者青睐。2020年的疫情加速了全球数字化转型，叠加中国产业自主的努力，电子等科技硬件领域仍是2021年私募股权机构关注和投资的重点。

在互联网领域，尽管有反垄断等因素，中美作为大市场仍将继续引领全球数字化浪潮。反垄断是为了保护创新，互联网项目创业热情仍将延续，资本将继续在这些领域布局。

此外，在制造业的装备、零部件、工控软件等领域，国内存在大量需要突破的领域，所以资本在生产线设备（工业软件、工控机器人、功率半导体）、新材料、零部件、元器件等领域仍会大力布局。

3. 清洁技术

主要经济体普遍把绿色经济作为疫情防控常态化阶段经济复苏的关键动力。2020年7月欧盟委员会公布的7500亿欧元的经济复苏财政预算中，有1/4用于环保、清洁基础设施和电动汽车投资。美国总统拜登就职后宣布重返《巴黎气候协定》，承诺将在四年任期内投入两万亿美元用于气候行动等。中国也在加大对电动汽车和新能源等绿色经济领域的投资。

因此，为了应对气候变化，清洁技术已成为各国重点关注领域和长期投资方向，也值得投资者在2021年重点关注。

4. 消费升级

2020年底的中央经济工作会议提出,"要紧紧扭住供给侧结构性改革这条主线,注重需求侧管理"。未来几年,扩大有效消费、促进消费升级是畅通国内大循环的重要推动力之一。一方面,消费类企业中出现了很多有竞争力的新兴品牌和新兴消费方式;另一方面,线上线下消费融合,互联网与传统产业融合,都会带来长期的投资机会。

参考文献

清科研究中心:《2020年中国LP市场发展研究报告》,2020年6月。
投中信息:《投中统计:2020年1~11月中国VCPE市场数据报告》,2020年12月。

B.7 2020年中国不良资产市场回顾与2021年展望

张英广 石宝华*

摘 要： 2020年，受疫情冲击和外部环境不确定性等因素影响，不良资产规模持续增长。商业银行不良贷款规模持续攀升，不良贷款率仍然处在高位；非银行金融机构和非金融企业都成为不良资产供给重要来源。面对巨大供给，不良资产市场参与主体呈现多元化格局，市场竞争加剧，资产包成交规模增长，价格下行趋势明显。从供给视角来看，2021年，由于整体市场环境的变化等因素，不良资产规模呈扩大趋势；从处置视角来看，需要多方发力加大不良处置力度，探索风险化解新路径；从市场视角来看，不良资产管理行业机遇与挑战并存，需要在变局中把握投资机会。

关键词： 不良资产 不良资产市场 资本市场监管

2020年，突发疫情给中国和全球经济带来了前所未有的冲击，尤其当前我国正处在转变发展方式、优化经济结构过程中，叠加疫情影响，部分企业债务违约风险加大，在金融和非金融领域的风险有所积聚，增加了许多新的风险和挑战。金融管理部门推出一系列政策，在助力实体经济发展

---

* 张英广，中国建投投资研究院高级业务总监，主要研究方向为不良资产；石宝华，高级经济师，中国建投投资研究院高级业务经理，主要研究方向为国企改革、不良资产。

中防范和化解金融风险,其中不良资产的处置是化解金融风险的重要组成部分。

一 2020年不良资产规模情况分析

(一)商业银行不良资产规模分析

1. 商业银行不良贷款规模持续攀升,不良贷款率仍然处在高位

银保监会数据显示,2020年三季度末,银行业不良贷款余额为3.7万亿元,不良贷款率为2.06%。其中,商业银行不良贷款余额2.84万亿元,较上季末增加987亿元;商业银行不良贷款率为1.96%,较上季末提高0.02个百分点。四季度末,商业银行不良贷款余额为2.7万亿元,较上季末减少1336亿元;商业银行不良贷款率为1.84%,较上季末下降0.12个百分点。2020年全年,商业银行不良贷款率和不良贷款余额均呈现先升后降的趋势。(见图1)。

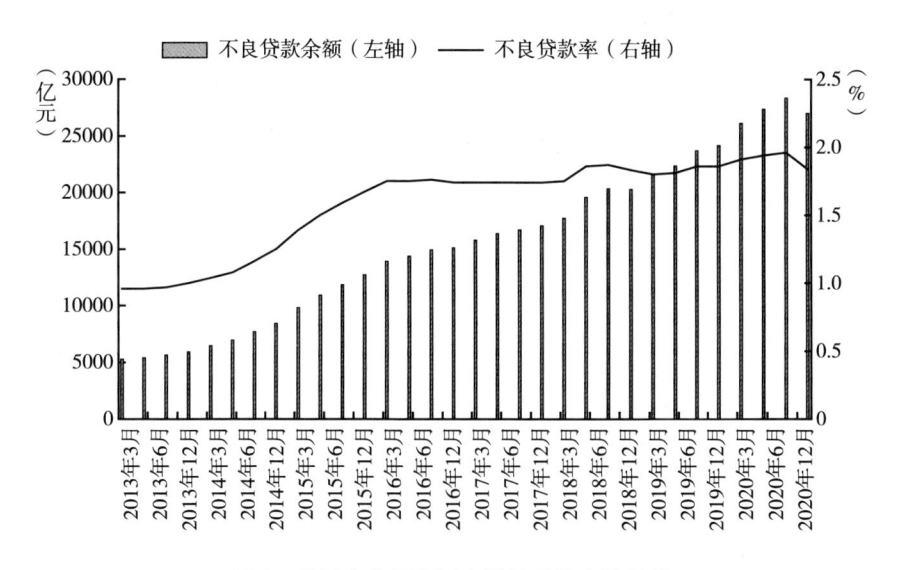

图1 我国商业银行不良贷款总体变化趋势

资料来源:银保监会官网,建投研究院整理。

121

根据2021年1月22日国新办发布会上银保监会公布的数据,截至2020年末,银行业不良贷款余额为3.5万亿元,较年初增加2816亿元;不良贷款率为1.92%,较年初下降0.06个百分点。2020年银行业共处置不良资产3.02万亿元。从目前看,银行业通过补充资本、增提拨备,金融机构风险总体可控,比年初预计好很多。

2. 各类商业银行不良资产规模情况

2020年以来,银行业风险防控水平以及资产质量等核心指标备受业内关注。在六大类商业银行中,国有大型商业银行、农村商业银行和股份制商业银行的不良贷款余额分别排在前三位(见图2);农村商业银行、城市商业银行的不良贷款率分别排在前两位(见图3)。农村商业银行的不良贷款率长期处于高位,城市商业银行不良贷款率在四季度下降比较明显。民营银行规模体量小,不良资产规模仍然处于相对低位;外资银行经营比较稳健,不良贷款率最低。

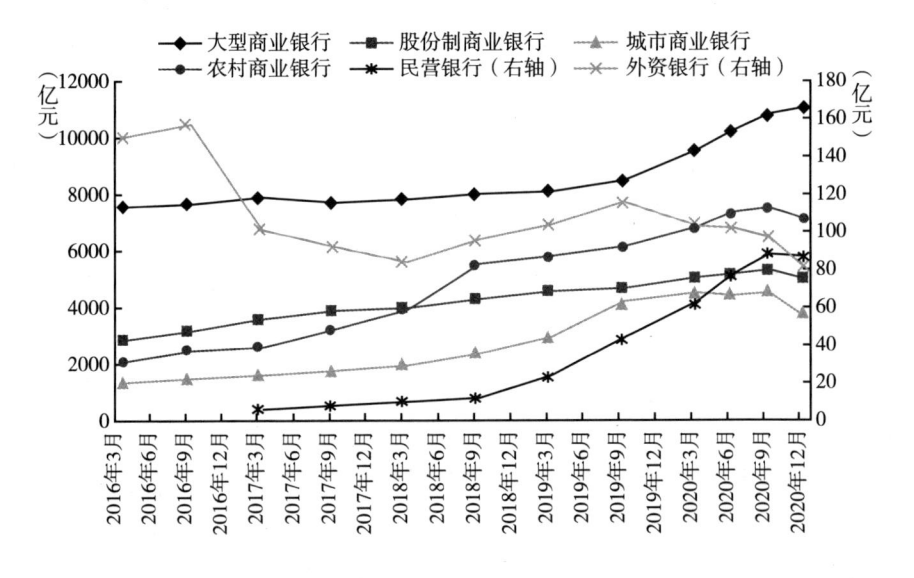

图2 各类商业银行不良贷款余额趋势

资料来源:银保监会官网,建投研究院整理。

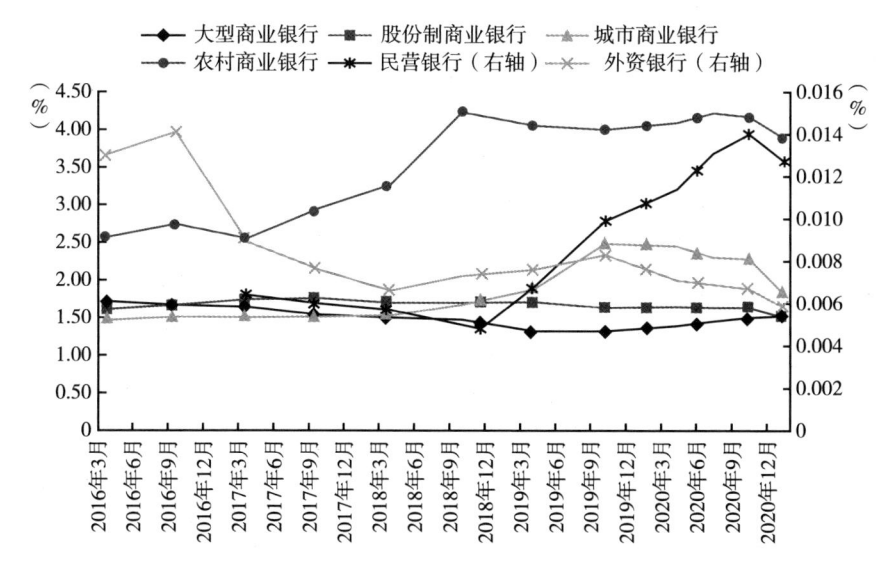

图 3　各类商业银行不良贷款率

资料来源：银保监会官网，建投研究院整理。

德勤发布的《2019～2020中国银行业研究报告》显示，疫情对金融机构业务造成一定影响，但总体影响可控。国有大行和股份制银行布局范围广、涉及行业多，资产质量负面扰动不大，但城商行及农商行网点少，布局集中，受影响比较大。城商行不良贷款率迅速攀升，2019年峰值曾达到2.48%，2020年三季度末，城商行不良贷款率为2.28%。农商行和城商行这两类银行仍将是市场上不良资产增量供给的重要来源。

截至2020年三季度末，国有四大行不良贷款余额为9765亿元，较年初增加了1584亿元，增幅为19.4%；平均不良贷款率为1.52%，较年初上升0.12个百分点（见图4）。前三季度，国有四大行共处置不良资产4507亿元，同比增加242亿元。

3. 中小银行风险问题值得关注

2020年受疫情影响，企业外部经营环境发生了巨大变化，尤其是大量的小微企业、民营企业效益大幅下滑，经营压力明显加大，部分风险会加速暴露并传导至中小银行。在2020年上半年的地方审计中，多个省市审计报

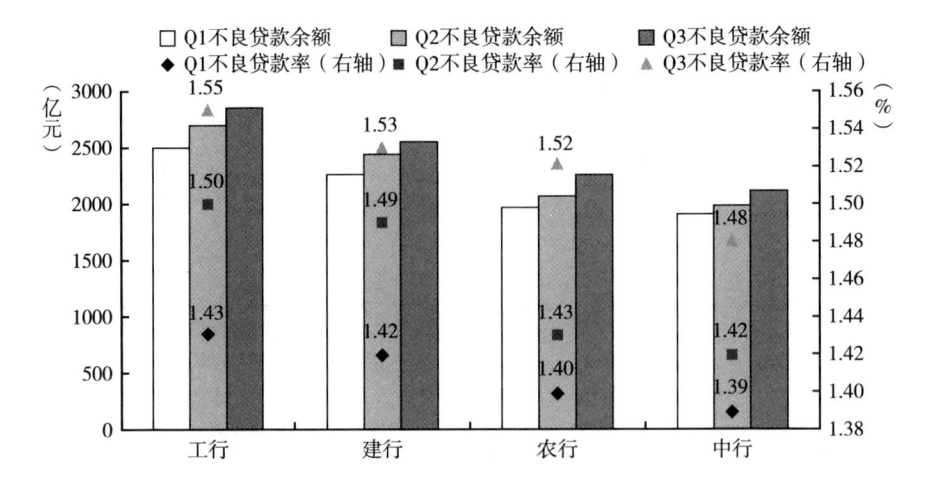

图4　2020年前三季度国有四大行不良资产情况

资料来源：银保监会官网，建投研究院整理。

告提到了中小银行不容忽视的风险隐患问题，包括部分中小银行不良贷款率偏高甚至突破5%的"监管红线"、贷款投放不合规等问题。

根据银行业三季报数据统计，截至三季度末，36家A股上市银行中有15家银行的资本充足率出现下降，部分中小银行下降幅度较为明显。国家金融与发展实验室发布的三季度银行业运行报告显示，中小银行流动性风险面临较大挑战，众多城商行净利润下滑，这主要与城商行加大不良拨备计提有关，反映出疫情对宏观经济冲击较为严重，企业经营压力上升。

（二）非银行金融机构成为不良资产供给重要来源

2020年，由于疫情导致的金融风险具有滞后性，部分金融机构风险有进一步恶化的趋势，非银行金融机构成为不良资产供给重要来源。

1. 信托业的风险资产规模及不良率持续攀升

根据信托业协会发布的《2020年1季度中国信托业发展评析》，信托业风险项目规模及资产风险率趋势见图5。2020年一季度末，信托业资产风险率为3.02%，较2019年末提升0.35个百分点；但环比增幅较2019年末的

0.57%下降了0.22个百分点。从风险项目数量和风险资产规模的环比变动来看，2020年一季度末，信托业风险项目个数为1626个，环比增加79个，增幅为5.11%。2020年一季度末，信托行业风险资产规模为6431.03亿元，环比增加660.56亿元，增幅为11.45%。从同比来看，2020年一季度末信托业风险项目数量和风险资产规模增幅分别为61.63%和127.20%。

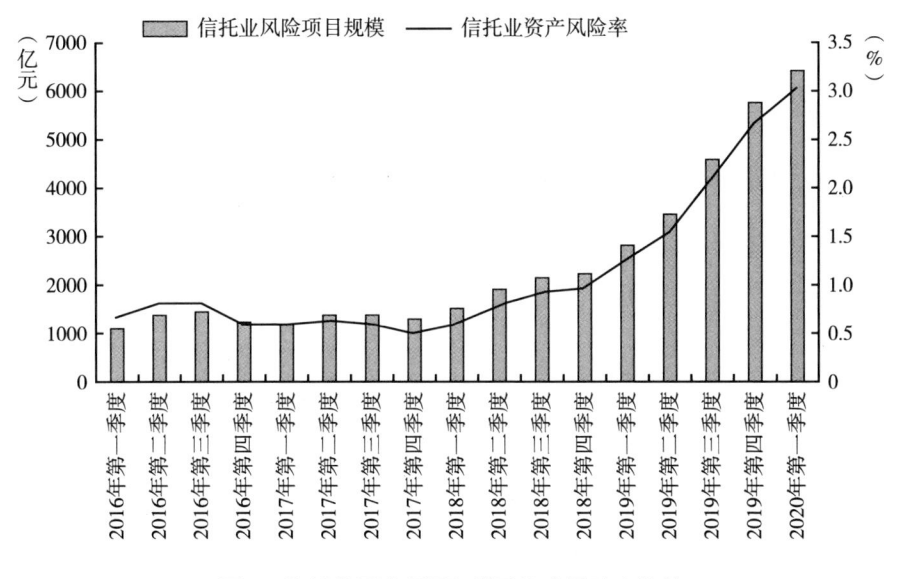

图5 信托业风险项目规模及资产风险率趋势

资料来源：信托业协会官网。

信托业协会数据显示，截至2020年二季度末，信托业资产规模为21.28万亿元，同比下降5.56%，比年初减少3250.48亿元，这是自2017年四季度以来信托业管理资产规模连续10个季度下降。虽然从2020年二季度开始，信托业协会不再公布信托业风险资产规模和风险率，在金融去杠杆、强监管的宏观政策背景下，信托公司前期高速发展积聚的风险开始加速释放，导致信托计划逾期甚至违约事件增多，可以判断2020年信托公司风险资产规模和风险率或将持续高企。根据信托业协会数据，2020年预计到期规模合计为53952亿元，在不良率不变的情况下，预计年末信托不良将再增加1440.52亿元，整体达到7210.99亿元。

2.融资租赁公司不良资产压力逐渐增大

在资金流动性整体较为宽松的背景下,银行及银行系金融租赁公司依托资金成本优势对优质资产的争夺加剧,优质项目价格下行,"资产荒"现象持续,租赁企业竞争压力加大,项目投放质量下降。此外,由于疫情影响,实体经济信用风险上升,导致租赁企业资产不良率提高。随着统一监管的逐步实施,部分融资租赁公司面临整顿,行业加快对非正常经营公司的排查清洗。据有关机构统计,全国累计或超过6000家融资租赁公司被列入过非正常经营融资租赁公司名录。

(三)非金融企业不良资产规模较大

1.债券市场债券违约金额大幅上升

2020年企业违约债券规模上升,中小企业困难凸显,不良贷款增加、大型企业违约事件频发。四季度,我国信用债市场更是陆续迎来"黑天鹅"事件,华晨集团、紫光集团及永城煤电信用债相继发生违约,引发了信用债市场的大地震,部分行业、地区债券随之急跌。

据Wind数据,截至2020年12月30日共有142只债券违约,发生金额共计1626.94亿元。相比2019年全年的1494.89亿元,再度增加132.05亿元。按企业性质划分,2020年地方国企违约债券金额上升明显,民企违约金额反而有所下降。国企累计违约金额从2019年的457亿元增至1004亿元,累计违约率从0.21%增至0.38%,截至2020年12月30日共有27家新增违约主体,其中央企和地方国企共有7家,民营企业有20家。此外,高评级企业的违约规模也在上升,2020年A类评级企业信用债违约规模已达566亿元,超过了低评级企业违约规模,打破了投资者"评级信仰"。

2.企业应收账款回收期拉长,流动性压力增大

2020年疫情冲击叠加供给侧结构性改革等因素,企业经营压力增大,随之偿债压力较大,问题企业和问题资产呈现增长趋势,应收账款回收难度上升。根据国家统计局数据,截至11月末,规模以上工业企业应收账款

17.28万亿元，同比增长16.5%；产成品存货4.64万亿元，增长7.3%。按不超过5%的坏账率估算，应收账款不良资产规模约8000亿元。

二 2020年不良资产市场主体及特点分析

根据浙商资产研究院统计的相关数据，2020年银行转出债权约为3428亿元，同比有所下降。其中，四大AMC购入的规模约为2250亿元，占比65.6%，地方AMC购入约933亿元，占比27.2%，其他非持牌机构购入约245亿元，占比7.2%。2020年持牌AMC的招标规模约为22397亿元，相比2019年有所上升。其中信达招标占比34.2%，长城招标占比20.8%，华融招标占比17.9%，东方招标占比14.5%，地方AMC招标合计占比12.6%。可以看出，四大AMC依然是金融不良债权收购和处置的主力军。

（一）不良资产处置主体情况分析

1. 四大资产管理公司（AMC）情况分析

2020年，受疫情冲击不良资产交易环境受到很大影响，交易市场活跃度下降，尤其是一季度绝大多数经济活动陷于停滞。同时，受剥离非主业板块、资本市场震荡等多重因素影响，四大资产管理公司上半年净利润全部下滑（见表1）。根据信达、华融年中业绩报告披露，其业务包括不良资产经营、金融服务、资产管理与投资。其中，不良资产经营仍为各公司营业收入、营业利润的主要来源。

表1 四大资产管理公司2020年上半年经营业绩情况

名称	营业收入（亿元）	营业收入与去年同期相比(%)	净利润（归属母公司股东）(亿元)	净利润与去年同期相比（归属母公司股东）(%)	不良资产业务收入（亿元）	不良资产业务收入占比(%)
信达	458.2	+0.8	63.41	-27	297.83	65
华融	456.88	-19.58	2.1	-90	280.15	57

续表

名称	营业收入（亿元）	营业收入与去年同期相比（%）	净利润（归属母公司股东）（亿元）	净利润与去年同期相比（归属母公司股东）（%）	不良资产业务收入（亿元）	不良资产业务收入占比（%）
东方	433.14	-9.95	25.7	-28.1		
长城	115.37	-42	6.26	-63		

资料来源：根据企业公开的年中业绩报告，建投研究院整理。

业务开展方面，四大AMC积极回归主业，都在加大不良资产业务投放力度：

信达上半年从银行业收购的不良资产金额为99.27亿元，其中大型商业银行55.93亿元，同比增长47.92%。而股份制商业银行、城市和农村商业银行、政策性银行、外资银行等金融机构的收购金额则均有大幅下降。

华融上半年从银行收购的资产包金额为128.28亿元，收购占比达54%，其中从大型商业银行收购金额为39.53亿元，占比18%，而股份制商业银行是其收购主要来源，达到79.3亿元，占比36%。

东方上半年新增不良资产业务投放302.84亿元。成功落地19个"总对总"不良资产包项目，累计收购债权本金79亿元。2020年全年，东方不良资产投放952亿元，年末不良主业规模2824亿元，较年初增长11%。

长城上半年累计收购金融不良资产本金383.84亿元，非金融类不良资产135.13亿元。2020年长城累计收购不良资产超过1400亿元。

2. 地方资产管理公司（AMC）情况分析

截至2020年10月底，全国有57家地方AMC得到银保监会批复。地方AMC处置不良资产包的主要渠道为债权转让和司法途径，债务清收和重组等核心业务能力相比上述四大资产管理公司较弱。

2019年，全国地方AMC受让债权次数共621次、户数共10711户，披露的总金额为1909.48亿元。从受让总次数来看，浙江的地方AMC表现得最为活跃。从受让总金额来看，浙江的地方AMC远远超出其他地方AMC，除浙江外，福建、河南和广东的地方AMC的受让债权规模相对较大。

根据《中国地方资产管理行业白皮书（2019）》数据，银行贷款、公司发债仍是地方 AMC 主要的外部融资渠道。地方 AMC 不良资产收包数量见图 6，其中一半地方 AMC 整年收购不超过 10 个。在不良资产收购投入本金方面，各个公司投入规模较为均匀，但主要还是集中在 20 亿~50 亿元。

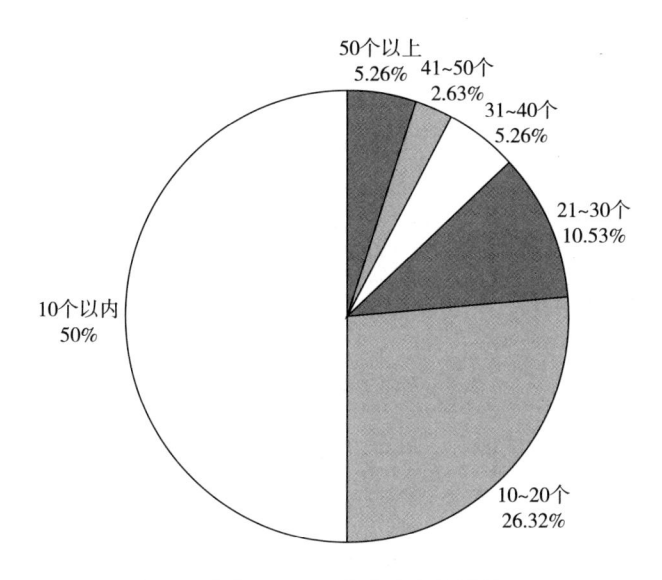

图 6　地方 AMC 不良资产包数量情况

2020 年金融监管环境趋严，国家经济政策要求地方 AMC 行业支持小微企业，部分地方 AMC 成功进入交易商协会发行债券募资，融资成本问题得到一定缓解，有利于地方 AMC 快速发展。

3. 金融资产投资公司（AIC）情况分析

根据 2020 年三季度金融统计数据新闻发布会，预计银行业 2020 年通过减免服务费、支持企业重组、债转股等方式为实体经济实现减负 1.5 万亿元既定目标，充分说明银行系 AIC 具有广阔的发展空间。从最新披露数据看，相比 2018 年总量，除交银 AIC 外，其他四家 AIC 资产规模均已增长 200% 以上。净利润方面，2020 年上半年，农银 AIC 实现净利润 3.25 亿元，同比增长 20%，其余四家 AIC 在 2020 年上半年创造的利润已超 2019 年全年。

在"工、农、中、建、交"这五家国有大行控股 AIC 的基础上（见表2），还有四家银行拟设立 AIC，分别是平安银行、兴业银行、广州农商行和浦发银行（见表3）。

表2　五大行 AIC 设立情况

序号	银行	AIC 名称	成立时间	注册资本（亿元）
1	建设银行	建信金融资产投资有限公司	2017年8月	120
2	农业银行	农银金融资产投资有限公司	2017年8月	100
3	工商银行	工银金融资产投资有限公司	2017年9月	120
4	中国银行	中银金融资产投资有限公司	2017年11月	100
5	交通银行	交银金融资产投资有限公司	2018年2月	100

资料来源：根据公开资料，建投研究院整理。

表3　其他银行 AIC 设立情况

序号	银行	公告时间	公告内容
1	兴业银行	2018年12月	拟设立全资金融资产投资公司
2	平安银行	2018年8月	拟以自有资金50亿元设立债转股金融投资子公司
3	广州农商行	2018年12月	拟发起设立金融资产投资公司（珠江金融资产投资），作为第一大股东持股不低于35%，引入境外法人机构作为战略投资者
4	浦发银行	2020年5月	董事会表决通过了设立金融资产投资公司的议案，同意该行出资100亿元发起设立金融资产投资公司

资料来源：根据公开资料，建投研究院整理。

2020年2月以来，"工、农、中、建、交"五家开业的 AIC 陆续通过银保监会审批，可以通过附属机构在上海开展不以债转股为目的的股权投资业务。这意味着专营债转股业务的银行系 AIC 可以从事非债转股业务。2020年5月，银保监会发布《关于金融资产投资公司开展资产管理业务有关事项的通知》，允许 AIC 开展资管业务，债转股募资渠道拓宽，可以面向特定社会公众募资开展债转股投资计划。

按照最新监管要求，大部分 AIC 到2020年底的资本充足率要达到5%，2021年底达到6%，2022年底达到8%。为了有效提高抗风险能力和经营稳健性，继续落实债转股业务增量、扩面、提质的国家政策要求，金融资产投资有限公司都陆续采取发债或增资的方式获取资金。根据 Wind 统计，截至 2020 年 9 月 30 日，五大 AIC 共发行 17 只债券，累计金额 830 亿元，期限主要为 3 年和 5 年，债券品种都为银行间金融债，暂时未在交易所发行。在众多政策支持下，未来五大 AIC 金融债发行规模会不断扩大。

（二）不良资产业务主要处置模式情况分析

随着不良资产管理行业竞争日益加剧，仅仅依靠现金催收、贷款重组、核销和批量转让等传统处置方式已不足以维持业务的长远发展，要通过传统与创新处置模式相融合来加大不良资产处置力度。当前不良资产业务的主要处置模式发展情况如下。

1. 不良资产包批量转让

2019 年，商业银行面向 AMC 不良资产招标累计规模为 1893 亿元。其中，股份制商业银行占比 45.8%；农商行占比 26.9%；国有五大行占比 15.1%；城商行占比 11.5%；其他银行占比 0.7%。2019 年，银行批量转出不良资产约为 4208 亿元，四大金融 AMC 购入的不良资产规模约 2791 亿元，占比为 66.3%，占据了市场主要份额；地方 AMC 与其他非持牌机构市场份额有所增加，但占比仍然较低。

2. 破产重整

破产重整业务是资产管理公司不良资产主营业务的重要组成部分，能够充分发挥 AMC 的专业优势、协同优势、资源优势和整合优势，是 AMC 核心竞争力的集中体现。AMC 可以以债权人身份或投资人身份参与破产重整。2020 年 3 月新修订《证券法》落地，加大了对违法违规上市公司的追责强度和惩罚力度，将有更多上市公司退市或面临重组，上市公司破产重整与资产重组将成为 AMC 的业务机会。

3. 市场化债转股

根据《中国特殊资产行业报告（2020 年）》数据，截至 2019 年底，市场化债转股签约总金额约为 2.9 万亿元，落地总金额为 1.5 万亿元。在业务模式上,发股还债、收债转股、以股抵债(司法重整)是债转股最主要的业务模式,三种业务模式的落地金额均占签约总金额的90%以上。目前,金融AIC是市场化债转股的主体,签约金额占比75%,落地金额占比约为55%。

4. 不良资产证券化(ABS)

在第三轮试点大范围启动的背景下(见表4),2020年,不良ABS共发行55单,发行规模282.60亿元,在其他类型产品发行不及预期的情况下逆势增长,助力不良资产处置超1500亿元。

表4 不良资产证券化三轮试点

内容	第一轮试点 (2016年2月)	第二轮试点 (2017年4月)	第三轮试点 (2019年11月)
机构	工行、农行、中行、建行、交行、招行	国开行、中信银行、光大银行、华夏银行、民生银行、兴业银行、平安银行、浦发银行、浙商银行、北京银行	四大AMC、六家农商行、渣打银行、邮储银行、部分城商行
发行额度	500亿元	500亿元	1000亿元

资料来源:根据公开资料,建投研究院整理。

从发起机构来看,2020年参与数量为15家,参与机构类型包括国有银行、股份制银行和资产管理公司。其中,国有银行仍占据主要地位,中国建设银行的发行规模居第一位,发起9单,规模达104.29亿元;其次为中国工商银行,发起8单,规模为54.42亿元。

随着第三轮不良ABS试点扩容,发行主体愈加丰富,东方及华融首次加入该市场。2020年12月,东方成功发行"东元2020年第一期不良资产支持证券",发行规模共计9亿元,该产品为新一轮不良资产证券化试点以来,金融资产管理公司行业首单不良资产证券。

(三)2020年不良资产市场特点分析

1. 不良资产市场参与主体呈现多元化格局,市场竞争加剧

2020年1月,中美双方签署第一阶段《中美贸易协议》,对"金融资

管理（不良债务）服务"做出专项约定，标志着我国不良资产处置业务领域将正式向外资打开。2020年2月，橡树资本全资子公司在北京完成工商注册，注册资本542亿元，开始布局不良资产经营业务。2020年3月，银保监会批复同意建投中信资产管理有限公司（简称"建投中信"）转型为金融资产管理公司，并更名为中国银河资产管理有限责任公司（简称"银河资产"）。2020年12月16日，银河资产获准开业，作为第一家以券商为股东背景的全国性AMC，未来深耕领域或将主要集中在资本市场。

当前非持牌机构也在大量进入不良资产行业，截至2020年底，涉及不良资产处置的注册公司有1.3万家，过去一年中新增的不良资产处置公司超过3000家，一年内的新增数量占比接近25%。不良资产市场格局由原来的"四大AMC"垄断市场逐步分化为"5＋2＋银行系＋外资系＋N"的多元化格局，推动行业朝着更加专业化、多元化方向发展。

2. 监管政策对于不良资产市场的规范引导作用持续加强

2020年1月，银保监会正式发布《关于推动银行业和保险业高质量发展的指导意见》，引导资产管理公司进一步回归主业，提升不良资产处置能力，促进金融风险防范化解。

从银行层面，银保监会领导多次发声，要求银行机构未雨绸缪持续加大不良贷款处置力度，采取多种方法补足资本，加大拨备提取，提高风险抵御能力；督促银行加强内部控制和风险管理，在化解存量不良的同时，防止新增不良过快上升，减少贷款损失。

从企业层面，2020年初，银保监会发布《关于加强银行业保险业金融服务配合做好新型冠状病毒感染的肺炎疫情防控工作的通知》，对中小企业违约给予政策上优惠，地方金融监管局要求地方AMC开展因疫情受困企业的不良资产收购业务，加强优惠融资支持。

从业务层面，2021年1月11日，银保监会发布《关于开展不良贷款转让试点工作的通知》，正式批准单户对公不良贷款转让和个人不良贷款批量转让，金融AMC、金融AIC及符合条件地方AMC都参与试点，拓宽了银行不良出表渠道，加快了银行不良贷款处置效率。

3. 不良资产供给增加，资产包成交规模增长，价格下行趋势明显

随着不良资产供给的不断增大，据业内人士公布，截至2020年10月末，不良资产公开市场推包成交规模较2019年同期增长约17%，增长趋势比较明显。面对巨大供给压力，2020年以来不良资产一级市场的资产包价格都相对比较低，成交普遍在不良资产账面价值的二三折，下行趋势明显。

三 2021年不良资产市场分析与展望

2021年作为"十四五"规划的开局之年，我国面临的经济形势仍然复杂严峻，疫情冲击导致的各类衍生风险不容忽视，在双循环新发展格局下，如何把握稳增长与防风险的动态平衡，守住不发生系统性风险的底线成为下一阶段的工作重点。本篇报告从供给视角、处置视角和市场视角三个方面对2021年不良资产市场进行分析与展望。

（一）供给视角：不良资产总量规模呈扩大趋势

无论是金融机构还是非金融机构，不良资产规模近年来保持一定的增长。2021年，随着整体市场环境的变化、资产结构的调整以及风险偏好的变化，不良资产会出现激增。

1. 金融市场加速出清，以存量不良资产化解为主导

在疫情冲击下，2021年金融市场或将加速出清，并逐渐形成以疫情期间新增的存量不良资产化解为主导的格局。2020年受疫情影响，货币政策持续宽松，且陆续推出无还本续贷、延期还本付息等措施，根据银保监会披露，银行已累计完成对6万多亿元贷款的延期还本付息。预计有相当规模贷款的风险会延后暴露，未来银行业不良贷款上升压力较大，随之面临更大规模的不良贷款处置压力。

中信建投最新报告指出，如果不考虑核销等处置方式和回收率，此前银行业实施的延期贷款政策退出后风险敞口暴露，将提高银行业整体不良率16~32个BP，不良贷款将增加3000亿~7000亿元。报告指出，延期贷款不良最终将在上市银行2021年半年报、三季报、年报中会有体现。预计实际政策到期时，由于银行对这部分贷款加大核销或者还款率提高，延期贷款的风险敞口低于以上的预测值，但是最乐观估计，带来的不良率提升也在8~10个BP，不良贷款新增额在1500亿~3000亿元。

2. 不良资产爆发行业越发集中，区域分布差距拉大

受疫情及产业转型压力影响，不良资产在产能过剩行业积累较为集中，比如制造业、批发零售业、建筑和房地产业等行业的不良贷款率较高。以房地产行业为例，2020年房企破产数量超470家。2021年随着融资政策收紧，房地产企业面临保现金流、降低负债的双重压力，有更多房企因为资金运转问题走向破产的可能性较大。

2021年不良资产分布将会延续近年来的基本趋势：长三角、珠三角地区作为国内经济发达区域，不良资产总量规模大，但伴随着疫情冲击逐渐减弱，该区域不良资产规模增速将会局部趋缓，不良资产将会加速出清；环渤海区域和中西部地区经济实力逊于长三角、珠三角地区，不良资产规模在2018~2020年持续增加，显示该地区不良资产正在加速暴露，未来或许依然延续这一趋势；东北地区不良资产规模或将持续走高，主要是因为落后产能积聚及新旧动能转换速度较慢，导致资产质量持续下滑，各类不良资产化解依然是重中之重。

（二）处置视角:多方发力加大不良处置力度，探索风险化解新路径

面对不良资产市场供给规模进一步扩大的压力，2021年的不良资产收购与处置都将面临更加严峻的态势，加大不良资产处置力度，探索处置路径成为重点方向。

1. 加大不良资产处置力度仍然是商业银行重点工作

根据中国银行发布的《2021年度经济金融展望报告》，2021年前期积累的风险将不断释放，商业银行不良贷款率上升的概率较大，预计在年底将达到2.0%~2.2%。据预计，2021年我国商业银行的不良贷款处置规模将继续保持40%左右的增速，达4.8万亿元。按照监管要求银行业加快不良

资产暴露，为了减少未来潜在风险，加大不良资产核销、批量转让处置力度仍然成为商业银行重点工作。

2. 资产管理公司将顺应不良资产投行化趋势提升核心竞争力

从长远看，投行化处置能力以及储备长期性资金成为不良资产市场赢家的关键。资产管理公司要把握好"双循环"格局下的新变化所带来的业务机会，顺应不良资产投行化的趋势，充分发挥资产重组、产业重组、债务重组等资源整合能力，围绕"资产管理"培育投资银行、财务顾问等专业能力，有效拓展与企业结构调整相关的兼并重组、破产重整、夹层投资等投行业务，运用"产业+金融"的业务模式、"投资+投行"等手段，聚焦问题企业和问题资产，积极推动并购重组和企业转型升级，持续提升核心竞争力。

（三）市场视角：不良资产管理行业机遇与挑战并存

1. 市场环境的变化极大地考验了不良资产处置主体的经营管理能力

当前不良资产定价环境相应发生变化，不良资产大部分抵押物、质押物以不动产居多，占比近70%。随着2021年经济政策趋于正常化，货币、信贷逐步收缩，房地产行业在"房住不炒"的政策基调下，预计房地产市场景气度下降，房价基本保持平稳态势。在土地成交价和土地成交数量方面也将趋于稳定，导致交易活跃度不高；在商业不动产方面预计2021年商业写字楼的空置率持续高企，写字楼待售面积增加，租金继续呈下降趋势。对于持有大量土地或商业不动产的不良资产处置主体而言，如何根据市场变化盘活这部分资产并实现收益是一个巨大考验。

2. 不良资产行业交易平台的建设将有利于市场良性发展

随着市场上不良资产处置主体和处置方式的多元化，机构间跨行业合作会成为趋势，迫切需要建立全国不良资产行业交易平台。通过对现有交易所和交易平台的整合，建立全国性不良资产交易平台的工作会提上日程，通过交易平台实现行业上中下游多方交易主体的整合、金融机构交易服务能力的整合。交易平台还将是一个交易信息和交易数据的汇总中心，通过基础信息的准确及时共享在很大程度上降低对中介服务的过度需求和浪费，同时能较大程度地提升资产交易的效率。通过建立规范的交易机制，打造成为集资产尽调、推介、包装、经营、交易于一体的综合平台，从而提高整体效率，促进市场良性发展。

3. 不良资产包"量升价跌收益逐步收窄"，需要在变局中把握投资机会

随着不良资产市场供给规模进一步扩大，预计2021年银行出包规模持续放量。一方面买方对不良资产收购趋于理性，另一方面很多机构受制于资金，供需上的不平衡会持续压制成交价格，预计2021年不良资产包的市场收包价格持续下行趋势，对于拥有专业团队且资金实力充足的机构来说，更要在变局中把握不良资产逆周期收购的机遇期，只有具备精准定价、价值提升和终极处置能力的投资者才能不断挖掘具有真正价值空间的投资机会并最终获利。

参考文献

何德旭：《强化中小银行治理是防控风险的根本》，《银行家杂志》2020年10月3日。

李扬、曾刚主编《中国特殊资产行业报告（2020）》，社会科学文献出版社，2020。

普华永道：《中国不良资产管理行业改革与发展研究的白皮书》，2012年12月14日。

孙璐璐：《中国东方去年不良资产主业增长11%　中标存保基金1700亿资产包》，《证券时报》2021年1月21日。

中国地方AMC论坛：《中国地方资产管理行业白皮书（2019）》，社会科学文献出版社，2020年8月28日。

中国银行：《2021年度经济金融展望报告》，社会科学文献出版社，2020年11月30日。

中债资信：《2020年不良类ABS市场总结》，社会科学文献出版社，2021年1月9日。

周礼耀：《"双循环"格局下资产公司防控金融风险的另类投行策略》，《当代金融家》2020年9月。

浙商资产研究院：《2020年不良资产行业发展报告》，2021年3月。

德勤中国：《砥砺前行，智启新章：2019—2020中国银行业发展回顾与展望》，2020年5月。

B.8 2020年中国资管市场回顾和2021年展望

龚先念 袁路 陆筱薇[*]

摘 要： 2020年的资管市场监管政策主要体现了疫情冲击下稳金融、防范系统性金融风险的监管思路。由于资本市场景气度较高，各项资管产品规模较快提升，远超2019年增长水平。资管产品业绩在去通道、去嵌套、严禁资金池的要求下从前期畸高逐步下降。展望2021年，产品净值化仍是资管行业发展的主流方向；互联网将是渠道建设的重要内容；科技将贯穿前中后台各项业务的发展，持续赋能资管行业；国内资管行业与全球先进资管机构开展竞合，既有竞争，又有发展机遇。

关键词： 资管市场 资管产品 投资机遇

一 2020年资管市场发展回顾

（一）监管政策

对于大资管行业而言，2020年的监管政策主要体现了疫情冲击下稳金

---

[*] 龚先念，经济学博士，现供职于中国建投投资研究院，主要研究方向为信托、资产管理、老年文娱；袁路，中国社会科学院经济学博士，现任中建投信托股份有限公司研究创新部总经理，中国信托业协会行业专家库成员，主要从事宏观经济与资管行业研究；陆筱薇，中国人民大学金融学学士，北京大学法律硕士，现任国泰基金研究部研究员，主要从事金融行业研究。

融、防范系统性金融风险的监管思路。一是资管新规下行业去嵌套、净值化转型的政策方向不变,但原定于2020年结束的过渡期延长一年,既体现了政策定力,也为资管新规平稳落地留足缓冲;二是继续推进对外开放,外资机构加速进入国内市场,为行业发展带来新的机遇和挑战。

1. 资管新规整体延期,细分领域规范仍在推进

资管新规过渡期延长一年。2020年以来,受新冠肺炎疫情影响,企业停工停产,经济金融环境受到了很大冲击,金融机构资管业务的转型也面临着较大压力。2020年7月31日,央行宣布《关于规范金融机构资产管理业务的指导意见》(简称"资管新规")过渡期延长至2021年底。延长过渡期,一方面能够给予底层资产对应的实体企业一定缓冲;另一方面也能够缓解金融机构的经营压力,有利于维护金融体系的稳定性。但延期并不意味着监管标准的变动和调整,细分领域各项细则仍在持续推进。

以《非标认定准则》为例,7月4日央行发布《标准化债权类资产认定规则》,明确了"非标资产"的认定范围。将此前认定上有一定分歧的部分"非非标"明确为非标产品,共计约1.8万亿元,包括:

(1) 理财登记托管中心的理财直接融资工具(约2500亿元);

(2) 银登中心的信贷资产流转和收益权转让相关产品(粗略估计约7500亿元);

(3) 北金所的债权融资计划(无公开规模数据);

(4) 中证报价系统的收益凭证(约5000亿元);

(5) 保交所的债权投资计划、资产支持计划(约3000亿元以内)。

压降非标、"开正门堵偏门"是资管新规推进的重要内容,明确非标定义,有利于资管新规的切实落地。尤其是对银行理财等非标主要资金来源而言,划清了整改界限,进而倒逼非标市场规范发展。

资管新规推进的另一重点是保险资管配套细则。9月11日,银保监会发布《保险资产管理产品管理暂行办法》的3个配套规则,包括《组合类保险资产管理产品实施细则》、《债权投资计划实施细则》和《股权投资计划实施细则》,分别对组合类保险资管产品、债权投资计划、股权投资计划

做了进一步规定。

组合类保险资管产品、债权投资计划和股权投资计划三类产品,在交易结构、资金投向等方面各有特点。其中,组合类产品可以面向合格自然人发售,这也是一直面向机构的保险资管产品首次被允许面向自然人销售。此外,配套细则也对债权计划和股权计划的资金投向做了调整,债权投资计划范围新增"用于补充融资方的运营资金",股权投资计划范围新增定增、大宗交易、协议转让的股票以及优先股、可转债。

本次配套细则是对资管新规监管标准的补充和细化,将保险资管产品纳入资管新规监管体系,对不同产品做出差异化的监管要求(见表1)。

表1 2020年以来我国资管领域重点政策梳理

时间	部门	监管文件
3月	银保监会	《保险资产管理产品管理暂行办法》(母办法)
5月	银保监会	《信托公司资金信托管理暂行办法(征求意见稿)》
7月	央行	《标准化债权类资产认定规则》
9月	银保监会	《组合类保险资产管理产品实施细则》、《债权投资计划实施细则》和《股权投资计划实施细则》
10月	证监会	《关于修改〈证券期货经营机构私募资产管理业务管理办法〉的决定》(征求意见稿)、《关于修改〈证券期货经营机构私募资产管理计划运作管理规定〉的决定》(征求意见稿)

资料来源:银保监会,证监会,中国人民银行。

2. 对外开放背景下,外资机构加速进入中国市场

2020年4月1日起,我国正式取消对证券公司、公募基金管理公司的外资持股比例限制。8月21日,管理规模超过7万亿美元的资管巨头贝莱德集团在境内设立独资公募基金管理公司获批,路博迈和富达两家公司也已经提交相关申请,资管行业迎来全球机构同台竞技的新阶段。

由于投资者偏好和投资环境不同,短期冲击有限。但海外资本市场发展较为成熟,外资机构在专业性和产品丰富性上具有一定优势,例如贝莱德、路博迈等作为海外老牌大资管公司,具备成熟的管理体系和多样化的投资策

略，它们的进入也将提升我国资管机构全球化配置能力，长期来看有利于资本市场朝着更加规范化的方向发展。

（二）资管发行

总量方面，随着资管新规的推进，2018年资管行业管理规模触底，随后回升。

2020年以来，由于银行理财数据未更新，剔除后，其他资管规模（包括信托资产、公募基金、基金及子公司专户、券商资管、私募基金、期货）上半年增长2.2万亿元（见图1），而2019年全年仅增长7000亿元，或因2020年资本市场景气度较高，部分资管产品规模较快提升。

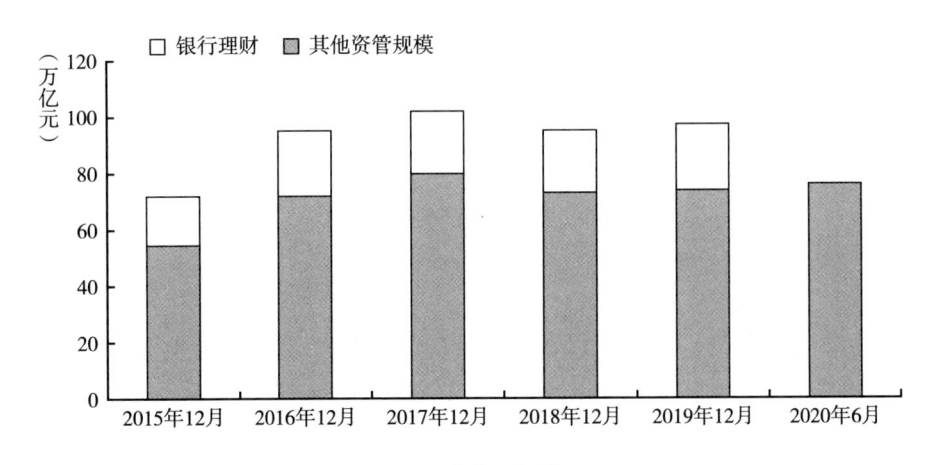

图1 资管总规模

资料来源：Wind。

具体拆分来看，各类资管业务在资管新规逐步落实的过程中继续差异化表现（见图2）。2020年上半年，公募基金增速在所有业务中最高，为26%，这一方面来自股票市场向好提升带来的净值增长，另一方面也来自份额提升。私募基金增速自2016年以来明显放缓，2020年上半年仅为8%，但仍然保持正增长。

券商资管、基金及子公司专户、信托资产业务规模进一步收缩，降幅分别为18%、9%和6%，资管新规过渡期继续去通道、去嵌套，冲击仍未完全消除。

银行理财业务规模在2020年以来并未更新数据，2019年末的增速为6%。预计净值型理财增长，老产品仍在压降过程中。

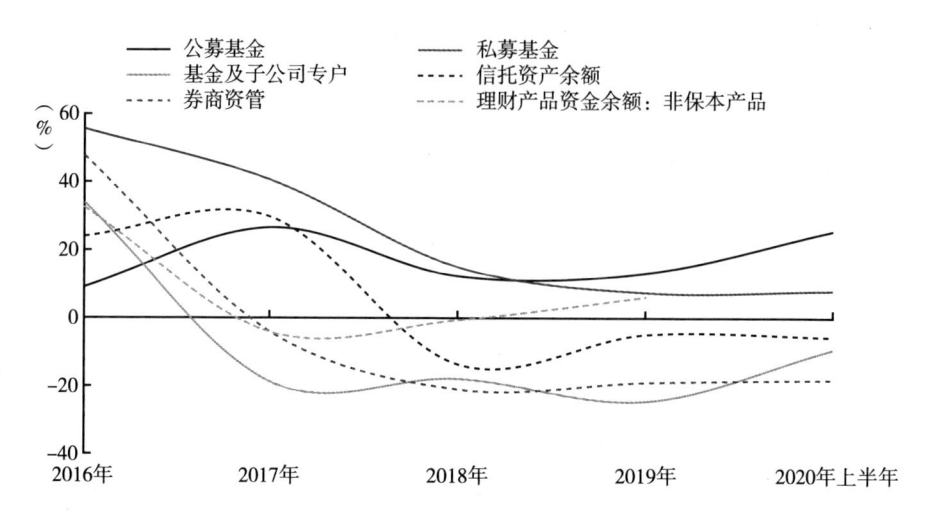

图2　各类资管产品规模增速

资料来源：银保监会，证监会，中国人民银行。

公募基金方面，得益于资本市场景气度提升，2020年行业管理规模增长较快。管理规模的增长由净值和份额共同贡献，其中份额增长很大程度上来自基金新发。

2020年前三季度，公募基金新发规模为2.37万亿元，同比增速高达172%，整体发行规模再创新高（见图3）。分产品来看，2020年前三季度混合型基金成立规模为1.22万亿元，同比增长579%；股票型基金和债券型基金的成立规模增速也均超过了50%。QDII基金成立规模同比下降29%，主要仍受限于QDII额度；另类投资基金同比大幅增长954%，但基数较低，新增规模贡献153.37亿元。

进一步观察单只基金的发行规模，2020年发行火爆、"百亿基金"频现。截至11月29日，2020年新发规模超百亿元的公募基金共有35只，其

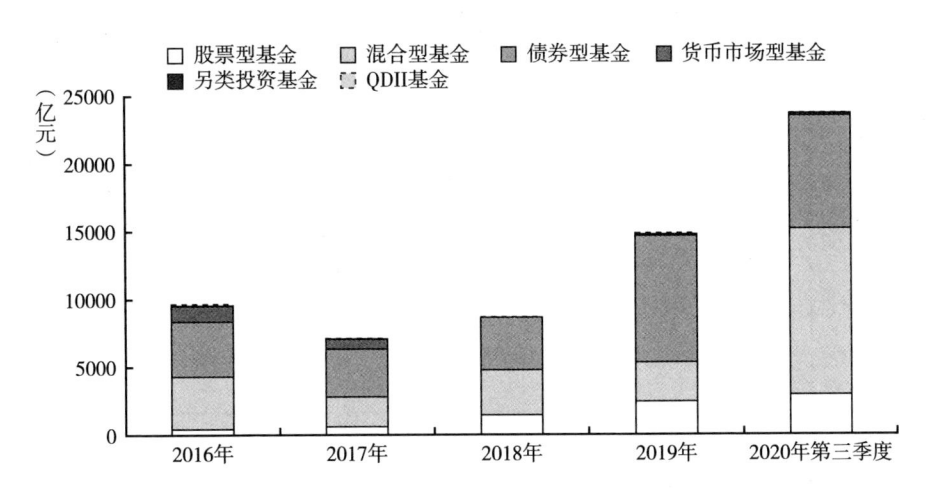

图3 新公募基金成立规模情况

资料来源：Wind。

中34只为权益类产品。此外，前期火热的蚂蚁战略配售基金，凭借战略配售10%的蚂蚁新股以及优秀基金经理掌管引起投资者热捧，上线仅4个交易日即提前售罄，募资规模600亿元；但随着蚂蚁金融上市暂缓，上述战略配售基金做出了相应的可赎回安排，规模有所下降。

信托方面，根据用益信托网数据，2020年前三季度新成立的信托产品规模为2.31万亿元，同比增长16%。

从细分领域来看，工商企业、金融投向有力地推动了集合信托的增长，增速分别为54%和47%，基础产业成立规模同比增长9%。

近年来房地产融资压缩，虽然房地产类信托发行规模自2016年以来保持了持续增长，但增速逐渐放缓，2020年前三季度首次出现负增长，同比下降9%。目前，金融领域的发行规模（8147.42亿元）已超过房地产（7085.36亿元），成为2020年前三季度集合信托投向规模最大的领域（见图4）。

银行理财方面，自2018年以来发行数量逐步下降，2020年前三季度银行发行量为45003个（见图5），同比下降33%（2019年发行量同比下降20%）。这一方面由于资管新规推进，去嵌套、去资金池、破刚兑使得

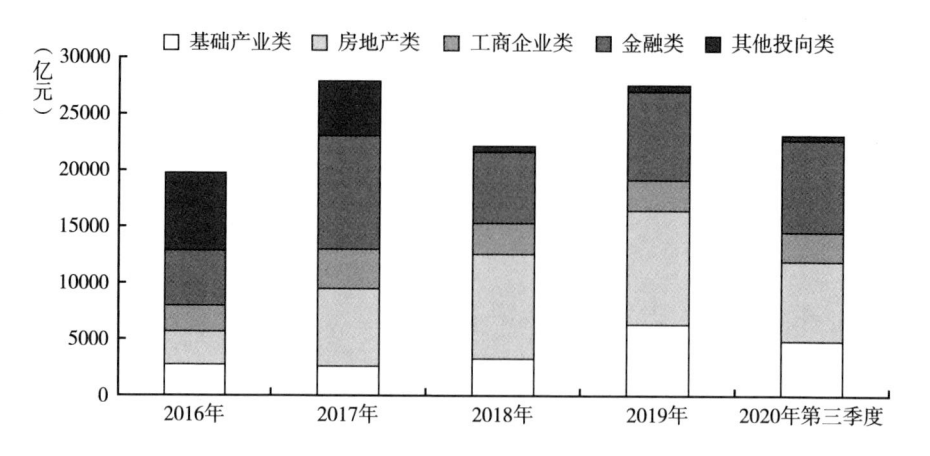

图 4 新增集合信托情况

资料来源：Wind。

理财收益率下行、对稳健资金的吸引力有所下降；另一方面也是由于2020年资本市场活跃度提升、权益市场表现较好，对银行理财的发行产生一定影响。

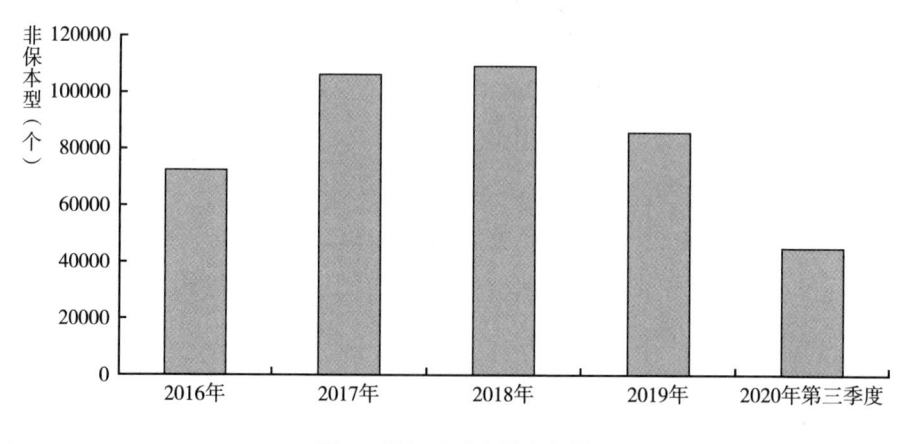

图 5 银行理财产品发行量

资料来源：Wind。

券商资管方面，2020年前三季度，券商资管合计发行规模为752.11亿元，同比下降32%。

从各类产品发行来看，五类产品中仅有股票型产品同比正增长，前三季度发行规模为42.19亿元，同比增长28%，主要是受资本市场景气度向上的提振。而券商资管主力的债券型产品发行规模进一步缩减至526.78亿元，同比下降32%，预计与券商资管转型、客户有所流失相关（见图6）。

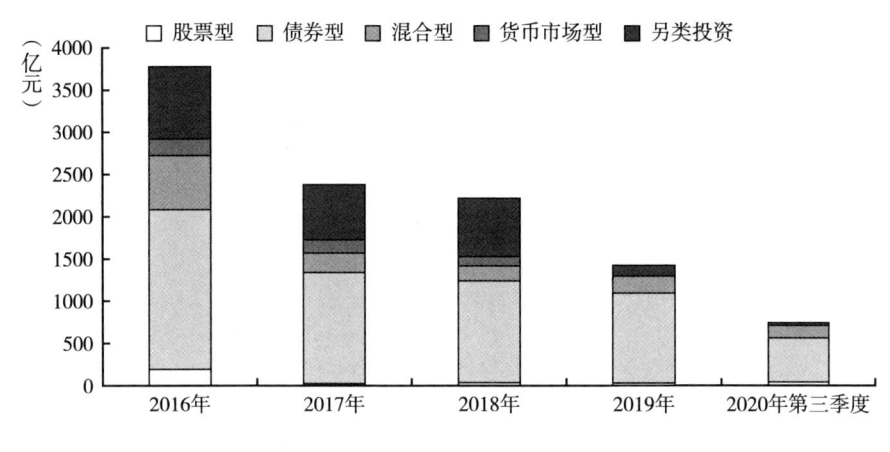

图6 券商资管发行情况

资料来源：Wind。

私募基金方面，2020年前三季度私募基金发行规模为349.13亿元，同比下降15%，发行规模仍在下降，但降幅有所收窄（见图7）。

拆分产品来看，股票型产品和混合型产品发行规模有所增加。其中，股票型产品发行规模为144.79亿元，同比上升17%。债券型产品发行规模自2017年以来持续下降，前三季度为198.70亿元，同比下降27%。货币市场型产品、另类投资和混合型产品整体规模较小，影响不大。

（三）资管产品业绩

去通道、去嵌套、严禁资金池的要求，引导着银行理财和信托的收益率从前期畸高逐步下降。截至2020年9月，1个月、3个月和6个月的银行理财产品收益率较年初分别下降了34个、45个和39个BP。信托产品收益率波动幅度相对较大，9月末预期年收益率为7%，较年初下降43个BP（见图8）。

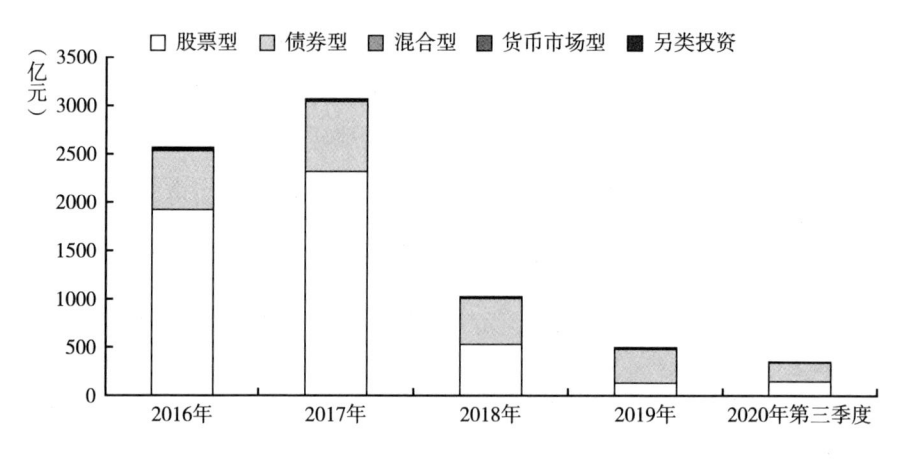

图 7 私募基金发行情况

资料来源：Wind。

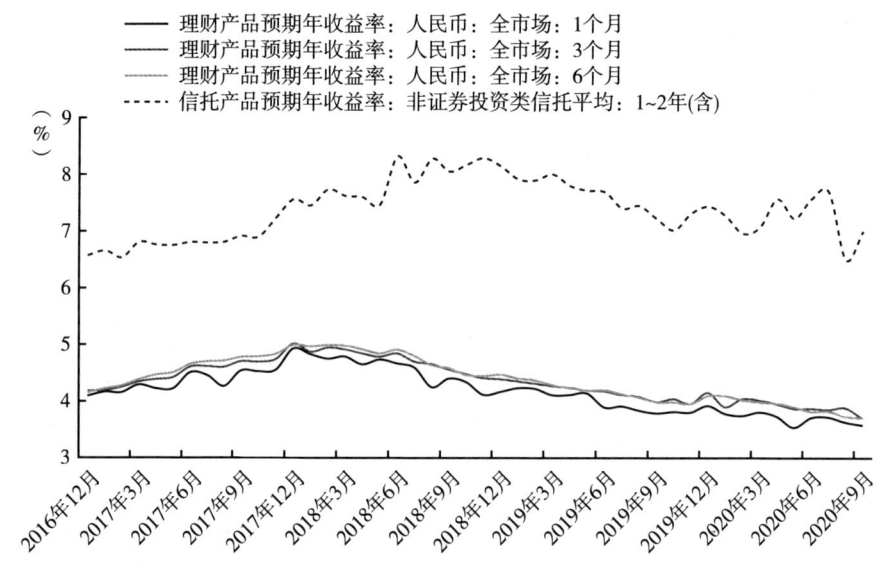

图 8 银行理财和信托产品预期年收益率走势

资料来源：Wind。

而从公募基金的投资收益率来看，年初暴发的新冠肺炎疫情短期内对基金业绩有一定冲击，2020年一季度，股票型基金、混合型基金和QDII基金投资业绩较差，投资收益率分别为 -5.36%、-0.75% 和 -22.23%；但

2020年二季度以后，相对宽松的货币政策和稳健的财政政策托底经济，资本市场活跃度和景气度提升，带来公募权益类基金的投资收益率迅速回升，环比提升23.16个、17.18个和44.14个百分点至17.80%、16.43%和21.91%，收益可观；而债券型基金投资收益率大幅下滑，环比下降1.57个百分点至0.16%（见图9）。

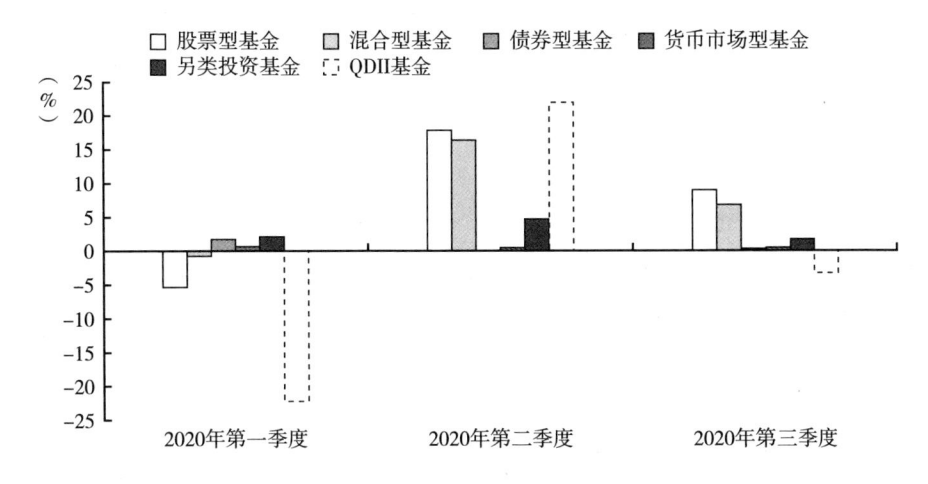

图9 公募基金投资收益率情况

资料来源：Wind。

（四）竞争格局

随着资管新规和理财子公司政策的进一步落地，市场规范化发展，依靠政策红利的扩张已成过往，资管格局在竞争中逐步明晰，各资管主体优劣势分化。具体而言，销售渠道方面：银行理财、理财子公司＞券商资管＞公募基金＞信托公司；投研能力方面：公募基金＞券商资管＞信托公司＞银行理财、理财子公司；主动管理能力方面：公募基金＞券商资管＞信托公司＞银行理财、理财子公司；权益类产品管理能力方面：公募基金＞券商资管＞信托公司＞银行理财、理财子公司。短期来看，各类机构错位竞争，优势互助可能是未来格局，但长期来说，资管业务领域重合度大，开放外资持股比例倒逼国内金融机构提速发展，"强其弱势＋固其优势"或为长远之计。

理财新规迫使母行为其理财产品谋求出路，理财子公司乘势而来，依托母行具有丰富的客户来源和销售渠道，以及相对宽松的政策限制，加上银行理财产品本身体量大，因此，理财子公司未来可期。现金管理类理财产品、分级理财产品（满足政策条件的）、固收类理财产品仍是理财子公司的优势所在，此外，权益类理财产品也是未来重要发展方向。

公募基金运作规范，主动管理和投研专业能力较强，净值化产品管理经验丰富且产品多元化，投资债券有免税的红利，此外，在2020年7月3日的《标准化债权类资产认定规则》中，公募债基被认定为标债，也给债基带来了一定程度上的政策红利。

信托业外部环境尚不成熟，回归本源存在难度，然而加快转型是大势所趋。在我国经济高速发展的背景下，中小企业及其他高风险领域资金需求旺盛，银行的传统金融服务难以满足这类需求，客观上导致资金类信托快速膨胀。此外，与《信托法》配套的信托财产登记、转移等相关法规迟迟未能出台，制约了信托本源制度优势的发挥。未来，信托业发挥信托财产具有独立性、信托公司可以跨领域投资等优势，立足受托人功能定位打造新的增长点，是行业转型发展的必由之路。

券商资管加速主动管理转型。券商资管通道、杠杆类业务双降，积极提升主动管理能力，未来券商资管将进一步与公司内部投行、经纪、研究等业务协同合作，利用跨市场投资资源优势，将资金端、产品端和客户端串联，高效发挥其全业务链优势，加速主动管理转型。

二 资管行业发展面临的挑战与机遇

（一）逐渐完善的统一监管环境

中国的大资管行业在2012年以来经历了爆发式的增长。到目前为止，大资管行业的参与机构包括了银行理财、信托公司、保险资管、券商资管、基金公司、私募基金、基金子公司等，覆盖了几乎所有的金融机构。以

2018年4月27日央行、银保监会、证监会、国家外汇局联合发布的《关于规范金融机构资产管理业务的指导意见》为标志，中国的资管行业有了相对明确的边界，并进入同一监管时代。目前，包括银行理财、资金信托、证券私募资管计划在内的各项资管产品都出台了相应的资管新规执行细则，资管产品的统一监管框架结构已经确立。2020年，资管产品规模同比已经恢复增长势态。混业经营、统一监管减少了监管套利，减少资金空转，有力推进金融供给侧改革，为资管行业的长远发展打下良好的基础。

但是，资管新规的具体落地执行仍然存在一些困难，一是老产品清理尚需时日。为统筹稳增长与防风险的平衡，让更多期限较长的存量资产可自然到期，避免存量资产集中处置对金融机构带来的压力。资管新规的过渡期截止日期延长为2021年末，但对于2021年底前仍难以完全整改到位的个别金融机构，仍要进行个案处理，实施差异化监管措施。不符合新规要求的老产品离全部清理完毕还相距甚远。二是净值化改造任重道远，截至2020年9月末，净值型产品募集资金占全部资管产品募集资金余额的比重为64.2%，特别是非标产品的净值化进展并不尽如人意。三是如信托登记制度、养老第三支柱政策支持和慈善信托税收优惠等仍然有较大改进空间。

（二）鼓励直接融资的改革方向

提高直接融资比重是稳杠杆、防风险的重要内容。资本市场成为金融行业发展方向。从资产类别看，资管产品的非标资产配置不断减少，带有影子银行特征的间接融资产品不断压缩，而企业债券和股票等标准化资产占比不断提升。截至2020年9月末，资管产品配置于非金融企业债券和股票资产余额合计为21万亿元，同比增长25.9%，比年初增加3.6万亿元；公募基金资产余额为19.4万亿元，规模在八大类资管中已跃居第二。标准化资产占投向实体经济的比重比年初提高6.4个百分点。资管产品投资贷款、资产收益权和票据等非标准化债权类资产同比下降8.2%，占资管产品净资产的比重比年初下降2.1个百分点，规模和占净资产比重均已降至新低。从行业上看，新增资金以投向基建行业为主，投向房地产业资金持续减少。

住户和非金融企业通过资管产品投资金融市场上的标准化金融资产，促进了直接融资发展。资产结构得到明显改善。而在业务模式上，资管产品利用股权股票投资、债权融资、投贷联动、产业基金等多种金融工具，也极大丰富了服务实体经济的手段。

然而目前而言，即使监管采取不断压降非标资产规模、严格控制投向地产贷款规模等手段，间接融资在社会融资渠道中仍是主流，中国企业融资渠道仍高度依赖以银行贷款为主的间接融资，典型资管企业如信托公司的盈利模式仍然以利差收入为主，向以服务收入为主的模式转变尚需时日。

（三）不断加强的投资者理念教育

打破刚性兑付，转变投资者理念，是促进资管行业健康发展的必由之路。资管新规明确存在以下行为的视为刚性兑付，包括：资产管理产品的发行人或者管理人违反真实公允确定净值原则，对产品进行保本保收益；采取滚动发行等方式，使得资产管理产品的本金、收益、风险在不同投资者之间发生转移，实现产品保本保收益；资产管理产品不能如期兑付或者兑付困难时，发行或者管理该产品的金融机构自行筹集资金偿付或者委托其他机构代为偿付等。

2020年以来，资管产品打破刚兑的案例不断出现。既有华澳信托通道业务被判败诉承担部分赔偿责任，打破通道免责常规，也有湖南高院裁定安信信托的"兜底函"无效的打破刚兑标志性案件。受托人与委托人之间的责任不断厘清，为资管行业发展奠定基础，真正实现健康发展。

然而，投资人对资管固收产品观念的扭转并非短期可见功效，受托人、投资者乃至投资顾问和托管机构之间的权责义务需要更清晰的界定，对于资产管理过程中涉及的信息披露、审计、托管等方面，不少资管机构也存在操作风险，有待进一步规范。2020年中国信托业年会指出，信托法律关系所包含的各利益主体以及各环节流程，都具有各自的子文化，其中最基础、最核心、最重要的是委托人文化、受托人文化和合规文化。良好的受托人文化具有守正、忠实、专业三大特征。彻底厘清受托人义务，明确卖者尽责和打破刚兑之间的界限之前,加强受托人文化建设,帮助投资者转变观念对资管行业仍然是一个不小的挑战。

(四)任重道远的风险攻坚战

金融风险攻坚战取得重要阶段性成果。经过集中攻坚,系统性金融风险上升势头得到有效遏制,金融脱实向虚、盲目扩张得到根本扭转。在资管新规框架的严格监管下,资管产品各项风险持续收敛,产品之间的复杂嵌套明显减少,与新规前相比,风险的传染性得到控制,由个体风险引发系统性风险的可能性降低。存量风险化解的同时,也催生了特殊资产处置等行业发展机会,促进了金融供给侧改革进行。

但是,资管行业的风险形势仍然严峻,存量风险仍未完全暴露。2020年上半年,银行净值型理财产品亏损的只数超过300只,信托行业在2020年一季度的风险项目规模超过了6000亿元,甚至连某国有大行代销的低风险理财产品在2020年底都出现"暴雷"。2021年,资管产品的风险规模仍未见顶,信用风险和流动性风险仍然不容小觑。防风险将继续成为2021年金融行业的主要任务之一,风险化解与处置能力建设仍将是资管机构重要工作。

2021年央行工作会议指出,要继续加强风险排查,做好风险应对;完善风险防范处置长效机制,压实金融机构和股东主体责任、地方政府属地责任、金融监管部门监管责任和最后贷款人责任。加强互联网平台公司金融活动的审慎监管,坚决落实党中央、国务院关于强化反垄断和防止资本无序扩张、统筹金融发展与金融安全的决策部署,抓紧补齐监管制度短板。确保金融创新在审慎监管前提下发展,普惠金融服务质量和竞争力稳中有升。

(五)复杂形势下的业务转型

随着宏观环境和政策环境的调整,金融供给侧改革也在不断推进。2020年两批26条金融改革开放措施推动出台;人民币国际化再上新台阶;外汇领域改革开放深入推进。经过两年多的治理,资管产品基本实现平稳有序转型，来自住户和非金融企业的稳定资金来源持续增加，逐步形成了"直接融资+间接融资"并重的配置结构。多层次健康的金融市场正在建成，为资管产品提供长期有效的资金来源和优质稳健的资产配置渠道。

同时，新的行业发展机遇也在不断涌现，党的十九届五中全会明确提出坚持把发展经济着力点放在实体经济上，坚定不移建设制造强国、质量强国、网络强国、数字中国，推进产业基础高级化、产业链现代化，到2035年，需要"关键核心技术实现重大突破"。"十四五"规划的主要目标提出：经济结构更加优化，创新能力显著提升，产业基础高级化、产业链现代化水平明显提高，农业基础更加稳固，城乡区域发展协调性明显增强，现代化经济体系建设取得重大进展。如新基建、5G、人工智能、工业互联网、节能减排等行业将迎来巨大投资机遇，资管行业面临内外部双重业务机遇，将大有可为。

另外，宏观经济处于信用收缩周期，经济发展速度存在不确定性，十九届五中全会指出，当今世界正经历百年未有之大变局，我国发展的外部环境日趋复杂。需要防范化解各类风险隐患，积极应对外部环境变化带来的冲击挑战。此外，资管产品转型发展需要依托成熟健康的债券和股票市场，但是，我国资本市场还不成熟，债券市场交易不够活跃，流动性不足，股票市场容量有待扩大，投资者结构有待完善。资本市场承载能力的不足，使得资管行业按资管新规要求发展缺乏资金来源和资产配置基础，不利于资管产品长远健康发展。

（六）逐渐培育的主动管理能力

资管新规实施以来，资管行业的主动管理能力需求体现在两方面，一方面是对资产的主动管理能力，需要提高资产管理能力的专业化水平，提高投研水平，强化资产识别、获取、评判和管理能力精耕细作。加强实体产业领域价值链把控能力建设，产业领域选择上将紧紧依托国家发展新机遇，响应国家政策，积极服务于国家重大战略决策部署，聚焦新基建"三农"发展、小微企业、民营经济、智能与高端制造、数字经济等重点战略新兴产业。为企业提供综合金融解决方案，走专业化、精细化道路。通过稳妥有序信托化金融服务探索和实践,提升服务实体经济质效。另一方面是对财富的主动服务能力。以投资人综合金融需求为中心,运用好资管产品的底层信托法律关系在账户管理、财产独立、风险隔离等方面的优势,回归本源,开展理财规划、资产配置、财富传承、受托服务等一系列金融服务,让经济发展的成果惠及更多的人民。受疫情影响,更多家庭开始关注财富规划及资产配置,中国家庭财富管理需求也正在转型。对各类专业金融服务和多元化、专业化、个性化的财富管理解决方案需求全面提升。

对资管主动管理能力的挑战在于,对资产管理能力需要深耕产业,强化投研能力,立足专业驱动,研究先行,提升对行业和领域的研究深度。而对财富服务的能力则很大程度依赖于投资人理念培育和政策配套环境完善,这两者都需要长时间培育。

三 资管行业发展展望

(一)产品净值化、投资策略多元化

1. 产品净值化仍是资管行业发展的主流方向

资管新规延期的政策安排并不意味着资管行业改革的方向有所变化。展望2021年,在资管新规及配套政策的规范和引导下,持续推进资管产品净值化转型仍是大势所趋。银行理财的净值化之路是大资管行业净值化转型中最重要的一环。根据中国银行业协会发布的《2020年中国银行业理财业务发展报告》,截至2019年末,全国银行业金融机构存续净值型产品余额为10.13万亿元,同比增长68.61%;净值型产品占全部理财产品存续余额的43.27%,同比增长16个百分点。

截至目前,监管尚未披露2020年以来的银行理财最新数据,但根据普益标准发布的《银行理财能力排名报告(2020年3季度)》,截至2020年三季度,全市场银行机构净值化转型进度为57.98%,较二季度环比提升了4.16个百分点(见图10)。其中,全国性银行(包括国有行和股份行)的

净值化转型进度为57.37%，较二季度环比提升了3.09个百分点；城商行净值化转型进度好于行业整体，达到62.39%，同时提升速度也相对较快，较二季度环比提升了7.52个百分点；农商行净值化转型进度相对较慢，净值化转型进度为51.26%，但进度明显加快，2020年三季度相较二季度环比提升了9.21个百分点。

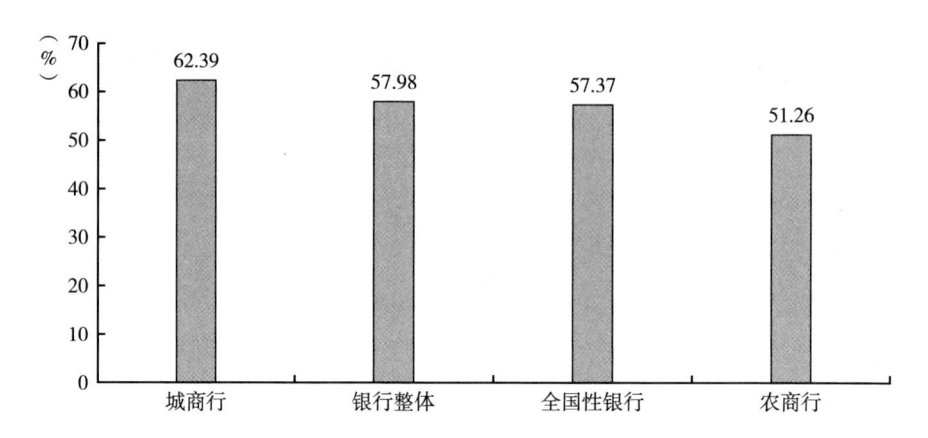

图10 《银行理财能力排名报告（2020年3季度）》中各类机构净值化转型比例

资料来源：普益标准。

银行理财净值化转型进度过半，但下半场可能更具挑战性。分机构来看，农村金融机构无论是基础团队建设、风险流程手段，还是科技系统的支持都处于相对薄弱的状态，也是后续理财业务发展过程中需要着重提高的环节，当前其净值化转型比例也最低；而全国性银行（包括国有行和股份行）的存量规模最大、整改难度最高，其转型进度也需要重点关注。2020年12月10日，据媒体报道，银行理财"硬骨头"资产清理最终红线划定，如果超过2021年底资管新规过渡期尚未处置完毕的，可以采取一行一策的措施，最晚放宽到2025年。

所谓银行理财"硬骨头"，指的是难以短期内完成净值化转型的存量理财资产，主要包括：一是非上市股权类资产、产业基金、长期非标，这类资产涉及国家基建项目较多，期限很长、难以匹配合适的负债端，且股权类资产回表面临着《商业银行法》"银行……不得向非自用不动产投资或者向非银行金融机构和企业投资"的限制;二是表外理财的不良资产,该类资产由于没有核销政策,会计出资难;三是商业银行资本补充工具,包括永续债、优先股、二级资本债等,这类资本补充工具几乎等同于永久期限,负债端匹配难度很大,如果回表需要占用母行很高的资本。

2. 投资策略多元化以满足不同投资者的需求

随着"打破刚兑"、产品净值化转型的不断推进,投资者基于不同的风险偏好有不同的产品需求。产品创新也要求投资策略的多元化。

结合自身客群特点,各类机构的投资策略或有不同侧重。银行的客户风险偏好相对较低,对于产品波动容忍程度较低,固收和现金类产品是银行理财历史上的优势品种。未来可以在此基础上发展"固收+"策略,针对银行客户的特点,逐渐展开含对冲的股票投资、高股息股票、非标、长周期稳健收益的养老产品等。

公募基金产品线齐全,涵盖的产品从低风险、低波动的货币基金到高风险、高波动的权益类基金,客户结构多元、投资者教育充分。同时,公募基金在各类资管机构中主动管理的投研能力最强,未来发展中要充分发挥投研优势,构建"针对不同风险收益特征实行不同投资目标"的全天候策略体系。

信托产品的投资门槛高,以高净值和机构客户为主,且具有跨市场投资的制度优势(包括一级和二级市场),未来可以发挥优势发展债权融资、股权投资、投贷联动、产业基金等业务。

券商资管具有综合金融服务优势,协同投行、研究、PE、经纪、资本中介等部门获得资金和资产。未来可以打造跨资产类别、不同风险等级的多层次产品体系。

(二)个人与机构资管需求持续增长

1. 高储蓄率背景下,居民财富配置迎来拐点

高储蓄率是中国长期存在的基本条件之一。中国的宏观经济每年会产生4万亿美元左右的储蓄,即4万亿美元规模的净财富。全世界每年净财富增

量的30%来自中国。

其中，绝大部分的储蓄来自居民部门，而其配置结构也在发生变化。按照目前的情况来看，房地产、现金存款、金融资产的比例分别为68%、19%、13%。有市场预测观点认为，5年后，预计前述三者的比例会调整为58%、23%、19%。因此，整体发展方向非常清晰，一方面储蓄额大幅增长，另一方面对各类金融资产的配置比例逐步提高，资产管理及财富管理市场将加速扩容。

2. 机构投资者加快转型发展，规模大幅扩张

银行理财加速转型，日益成为资本市场尤其是权益市场的重要参与者。数据显示，当前银行理财规模约26万亿元，5年后或许翻倍至50万亿元以上。而当前银行理财投资股票的比例低于3%，未来或将迎来显著增长。

此外，"养老三支柱"作为典型的机构投资者，规模有望实现大幅跨越。从中国养老保障体系来看，第三支柱个人的商业养老目前还没有起步。按照美国的情况，第三支柱的规模大约是第一支柱的3倍。按此比例匡算，在不久的将来，个人商业养老规模可能达到30万亿元，将基本由机构投资者来管理。

（三）互联网渠道继续发展

当前，互联网渠道已经成为资管产品销售不可忽视的一股力量。从天天基金销售的数据来看，2019年，天天基金销售规模为6589亿元，已经超过银行系代销"大户"工商银行（5892亿元）和招商银行（6134亿元，根据中报数据估算）（见图11）。

2020年由于资本市场火爆，互联网渠道受益于高流量，销量持续向好，上半年天天基金销售规模已经高达5684亿元，占2019年全年销售额的86%，而同期工商银行销售额为3341亿元。蚂蚁金服虽然未直接披露销售额数据，但受益于其更高的流量优势，预计整体销售额更高。

互联网渠道发展较快的原因，一是互联网平台具有明显的流量优势，以蚂蚁金服为例，支付宝月活用户为7.1亿，覆盖了全国一半左右的人口；与

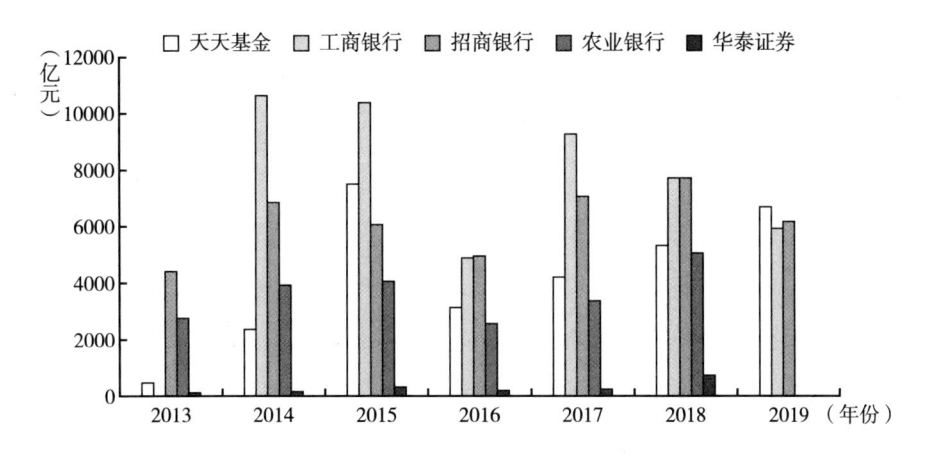

图 11　2013～2019 年天天基金与传统渠道的代销规模

资料来源：Wind。

之相比，招商银行的月活用户是1亿、华泰证券是850万，显著低于互联网平台。二是客户触及范围更广，尤其是对于机构网点无法覆盖的区域和人群，能够形成广覆盖。

随着资管新规各项细则的出台，部分资管产品的销售渠道也得以放宽。一是资管产品的代销机构不再限于银行业保险业机构；二是银行理财子公司也开始在销售渠道层面与公募基金、信托、券商资管等机构站在同一起跑线上，可以通过相应渠道销售产品。展望2021年，预计各金融机构在渠道上的竞争仍将持续，互联网是渠道建设的重要内容。

（四）科技赋能资管行业发展

技术的发展不仅能够提升运营效率，也能够拓宽客户服务的边界。随着互联网、人工智能、云计算、大数据等技术的发展，科技在资管行业的重要性也不断提升。尤其是2020年新冠肺炎疫情的暴发，加速了金融科技在线上服务、风险管理、场景创新等方面的应用，金融科技与资产管理业务的融合愈加紧密。

展望2021年，科技将贯穿前中后台各项业务的发展，推动精准营销、提升投顾服务能力、加强投研支持、强化风控管理，持续赋能资管行业。

从获客角度来说，依靠大数据可以尽快形成客户画像，了解其风险偏好、行为习惯等，进行精准营销，推荐符合其偏好的资管产品。以蚂蚁金服的基金销售平台为例，基金公司入驻其"财富号"后，平均UV（每日独立访客量）增长10倍，用户复购的金额增长了3倍，"财富号"用户的持有时长增长了89%，定投坚持周期增长了61%，过去一年能赚钱的用户增长了20%。

从投顾服务方面来说，可以通过AI算法和用户数据进行匹配，提供给用户千人千面的资产配置策略，用以服务客单价较低的长尾客户。

从投研支持角度来说，科技投入可以加强资管机构对宏观经济金融数据、行业发展数据、企业运营数据、交易和资本市场数据的收集、分类、分析，完善针对不同投资标的、投资方法的分析模型。

从风控管理方面来说，资本市场拥有数以亿计的高频价格数据、庞大头寸、情景假设等，需要科技助力实现对组合风险情况的实时监控和压力测试，如海外资管巨头贝莱德建立的"阿拉丁"风控系统具备强大的组合风险分析、风险管理控制、数据管理监控等功能，全球依赖这一平台运作的资金规模超过16万亿美元。

（五）国内资管行业与全球先进资管机构开展竞合

2020年4月起，我国已经全面取消券商、期货公司、基金、保险公司等外资股东的比例限制，外资加速进入中国市场，在全球Top10的资产管理机构中，有7家在国内至少取得了一个资产管理牌照。

展望2021年，随着我国资本市场地位的提升，会有越来越多的外资资管机构进入中国，配置中国资产；与此同时，对外开放也是双向的，我国的资管机构要想成为具有国际竞争力的机构，也需要加强境外资产的配置。这对我国的大资管行业来说，既有竞争，又有发展机遇。

从竞争角度来说，当前贝莱德已经获得公募基金牌照，路博迈和富达也提交了相关申请，未来随着其公募产品的发行，将直面开展竞争，外资最直接的竞争优势可能体现在两个方面。一是费率更低。2019年，美国股票型基金整体综合费率为0.52%，而根据Wind统计，仅考虑"管理费+托管费"的情况下，我国股票型基金平均费率已经在1%左右，考虑交易费用后，整体综合费率水平更高。未来不排除外资在我国发行的公募产品费率通过低价与本土机构竞争。二是产品和策略上的竞争，尤其是量化和被动指数。海外由于资本市场发展较早，其资管产品体系更加完善，尤其是随着买方投顾的发展，量化和被动指数基金发展较为成熟，2019年末，美国指数基金规模为4.3万亿美元，占共同基金比例高达20%，而同期我国指数基金占比仅为8.34%（见图12）。

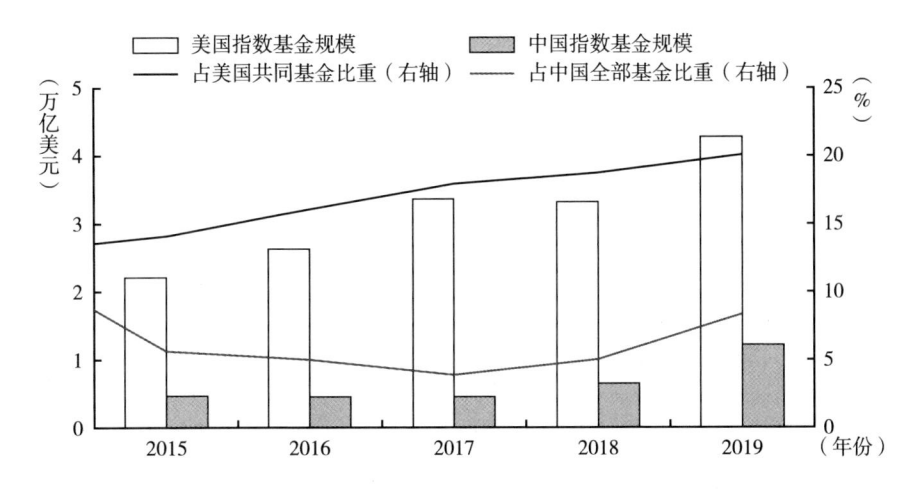

图12 2015~2019年美国和中国指数基金规模及占比

资料来源：Wind。

外资进入国内市场，对本土机构形成了一定竞争，但更多的是合作发展的机会。外资机构成熟的管理体系和客户服务体系，都将引领我国资管行业向更好的方向发展，主要体现在以下几个方面。

一是投顾服务。蚂蚁基金作为获得基金投顾试点的18家机构之一，于2020年3月与Vanguard合作上线全权委托的智能理财服务——"帮你投"投顾服务，投资门槛为800元，每年管理费率为0.5%。Vanguard集团作为全球最大的投资管理机构之一，全球拥有19家分公司共1.76万名员工，服务超过3000万投资者，截至2019年底管理资产规模超过6万亿美元，在线投顾服务资产规模达1597亿美元、市场份额超过50%，为全球第一大智能投顾管理机构。Vanguard 集团助力蚂蚁更加精准地捕捉客户投资习惯，描绘"客户画像"，更为重要的是，利用算法在不同市场风格下，及时对客户基金进行调仓以保证最大化收益。"帮你投"推出后的 100 天内已经吸引了约 20 万名新客户，合计投资金额达 22 亿元，户均投资金额为 1.1 万元。

二是风控体系建设。以贝莱德建立的"阿拉丁"平台为例，其对金融计量模型的构建、对各类资产关联性进行的计算分析、对各类极端场景做的压力测试，都是在长周期的资本市场中不断迭代和检验的。在未来可能的合作过程当中，能够对国内机构风控体系建设提供一定参考。

参考文献

巴曙松、杨倞：《2019 年中国资产管理行业发展报告：市场大动荡中的资管行业》，中国经济出版社，2019。

巴曙松、杨倞、周冠南等：《2020 年中国资产管理行业发展报告：经济双循环格局下的资产管理行业再定位》，北京联合出版公司，2020。

巴曙松等：《当前中国资产管理行业发展的新挑战与新趋势》，《北大汇丰金融前沿对话》2019 年第 23 期。

党鹏君：《资产管理业务模式的国际比较及启示》，《农村金融研究》2015 年第 11 期。

段国圣、段胜辉：《资产管理业发展的嬗变与未来发展趋势》，《清华金融评论》2019 年第 2 期。

简永军：《2020 年 1 季度中国信托业发展评析》，中国信托业协会，2020 年 6 月 10 日。

夏小雄：《资产管理行业监管的国际趋势与启示》，《银行家》2020 年第 7 期。

央行、银保监会、证监会、国家外汇局：《关于规范金融机构资产管理业务的指导意见》，2018 年 4 月 27 日。

张玉洁：《2020 年中国信托业年会在北京召开　强调夯实受托人定位根基》，中国信托业协会，2020 年 12 月 9 日。

《中共中央关于制定国民经济和社会发展第十四个五年规划和二〇三五年远景目标的建议》，2020 年 11 月 4 日。

中国人民银行金融稳定分析小组：《中国金融稳定报告 2020》，中国金融出版社，2020。

B.9
2020年中国海外投资回顾与2021年展望

朱 培*

摘　要： 2020年，全球疫情肆虐，世界贸易与投资规模骤降。受此影响，全球海外投资规模锐减。受益于疫情有效防控，中国经济逐渐企稳并复苏，中国的海外直接投资规模企稳增长。中国企业在金融服务和制造业等全球价值链高端领域积极布局海外市场，尤其是在"一带一路"沿线国家的投资呈现显著增长趋势。2021年，全球经济复苏进程难料，地缘政治冲突或加剧。中国企业应当借力RCEP和BIT,关注重点区域的投资机遇，切实把握好科技创新带来的投资机遇，谨慎选择投资方向及行业，真正将海外的优势技术和优质资源引入我国，助力实现"十四五"规划各项战略目标。

关键词： 海外直接投资　"一带一路"投资　科技创新

一　2020年中国企业海外并购投资情况

（一）海外直接投资规模企稳增长

2020年，新冠肺炎疫情使全球的经济、贸易和投资都遭受重创。根据

---

* 朱培，现供职于中国建投投资研究院，主要从事海外并购与投资领域的研究。

联合国贸易和发展会议（UNCTAD）的预测，全球外国直接投资规模比2019年大幅下降40%。但是，中国海外直接投资规模却呈现企稳增长态势。商务部、国家外汇局统计的数据显示，2020年，中国对外全行业直接投资9169.7亿元人民币（折合1329.4亿美元），同比增长3.3%。其中，我国境内投资者对境外企业进行非金融类直接投资，累计金额7597.7亿元人民币（折合1101.5亿美元），同比下降0.4%（见图1）。对外投资资金主要流向租赁和商务服务业、电力生产供应业、批发和零售业以及信息传输、软件和信息技术服务业等领域。

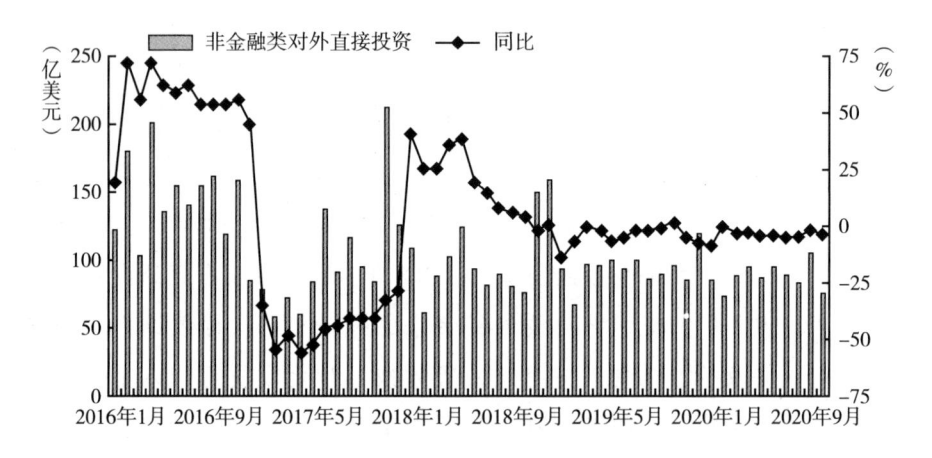

图1　中国非金融类对外直接投资趋势

资料来源：商务部官网。

受全球疫情和政治经济格局变化的影响，并购投资市场观望情绪持续，中国企业海外并购额持续减弱。2020年前三季度，中国企业宣布海外并购金额244亿美元，同比下降50.6%（见图2），宣布的并购数量371宗，同比减少21.1%。中国企业全年完成海外并购项目170个，交易金额约为749亿元。

（二）区域投资规模差异进一步拉大

2020年，中国企业在海外不同区域的并购投资规模差异明显加大。首

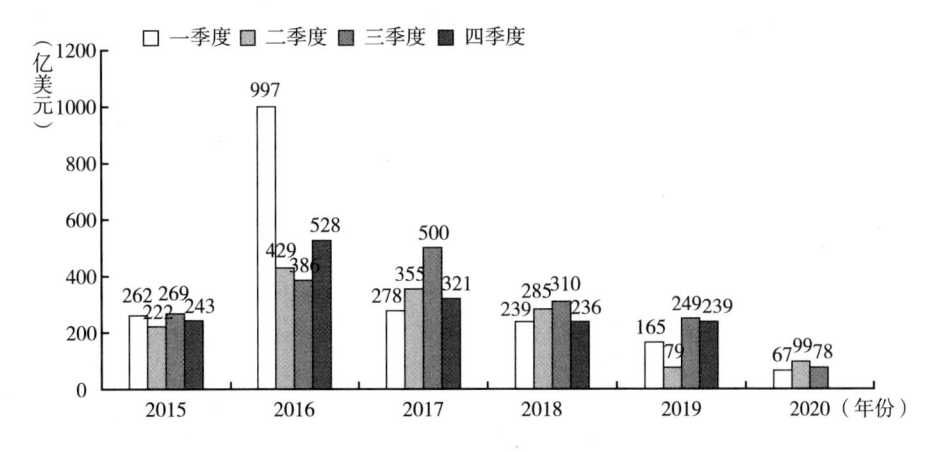

图 2 2015～2020 年各季度中国企业海外并购情况

资料来源：Wind。

先，亚洲仍然是中国企业海外并购的首选区域，但是受疫情影响，中国企业在亚洲的并购投资规模同比下降超过30%。前三季度，中国企业在亚洲区域并购金额为102.9亿美元，资金主要投向消费品、TMT和金融服务业等行业，沙特阿拉伯、新加坡和韩国等国家和地区成为中国企业投资的主要标的国家（见表1）。其次，中国企业在欧洲区域的投资同比下降最为明显。前三季度，中国企业在欧洲宣布的海外并购金额为42.1亿美元，同比下降74.8%，资金主要投向TMT、电力与公用事业以及先进制造与运输业。与在欧洲区域整体投资规模骤减相比，中国企业在荷兰、意大利、瑞典等国的投资却有较大幅度的增长。最后，虽然中美贸易摩擦局势紧张，但是北美洲却成为中国企业前三季度海外并购唯一实现正增长的区域。前三季度，中国企业在北美洲宣布的海外并购金额84亿美元，同比增长6.7%，资金主要投向TMT、金融服务业和消费品行业（见图3）。

（三）医疗与生命科学及金融服务业并购规模逆势增长

2020年前三季度，中国企业在重点行业上宣布海外并购金额均呈现下降趋势，但是医疗与生命科学及金融服务业表现亮眼。

表1 2019~2020年前三季度中国企业海外并购前十名国家

单位：亿美元，%

序号	目的地	2020年前三季度	2019年前三季度	同比增长
1	美 国	77.5	71.5	8
2	沙特阿拉伯	30.0	—	—
3	新加坡	21.8	45.2	-52
4	韩 国	20.7	15.1	37
5	印 度	12.9	35.6	-64
6	澳大利亚	11.9	33.9	-65
7	荷 兰	10.4	6.5	61
8	意大利	7.4	3.5	111
9	加拿大	6.5	7.2	-10
10	瑞 典	6.4	11.1	-43

资料来源：国际货币基金组织的《世界经济展望》。

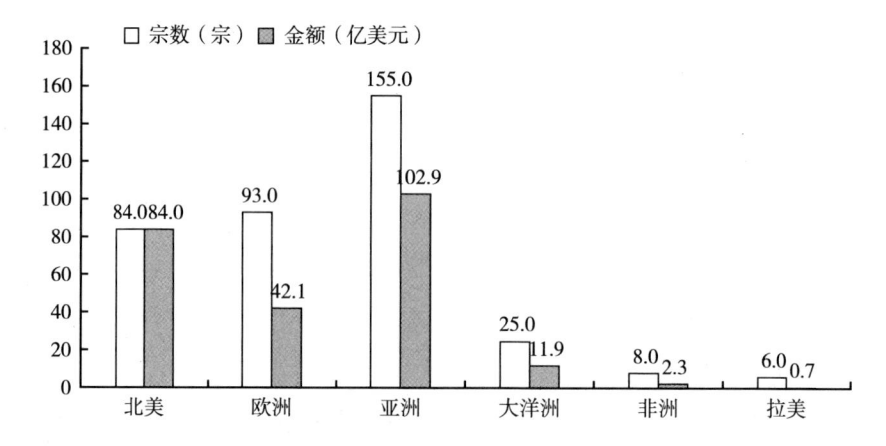

图3 2020年前三季度中国企业海外并购各大洲宗数及金额

资料来源：Wind。

从交易金额来看，中国企业海外并购的前三大行业为TMT、消费品和金融服务业，占总额的63.3%。受益于疫情防控需求的影响，医疗与生命科学是并购行业中唯一逆势增长的行业，2020年前三季度，中国企业宣布在该行业的并购金额为14.4亿美元，同比增长90.8%。

从交易数量来看，中国企业海外并购的前三大行业为TMT、金融服务业及先进制造与运输业，共占总量的53.1%；其中，仅金融服务业并购数量录得增长，涨幅达到55.3%，其他行业的并购数量均有下降（见图4）。

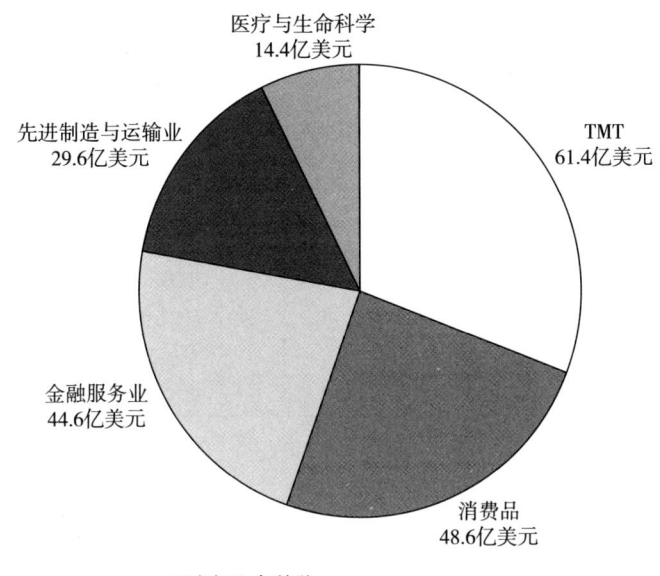

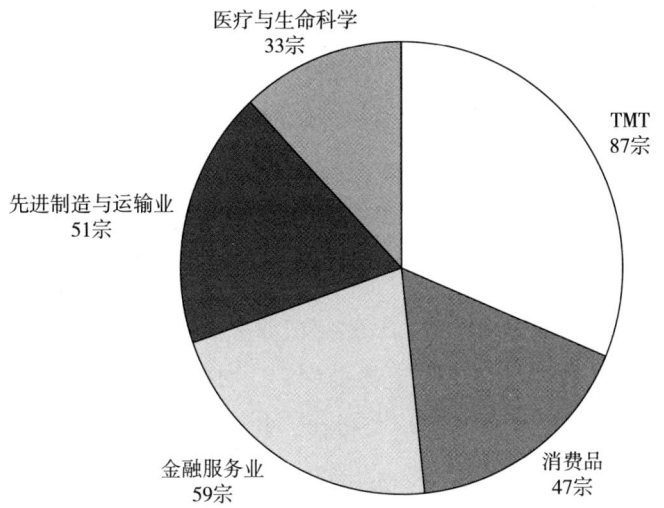

图4 2020年前三季度前五大并购行业

资料来源：ThomsonOne、Mergermarket。

表2 2020年中国企业海外并购最具代表性的十大交易

单位：亿元

收购方	被收购方	所属国家	交易金额
华润资本、KKR	Viridor	英国	370
环球晶圆	Siltronic	德国	295
腾讯控股	环球音乐	美国	234
国家电网	CGE	智利	201
第一太平	Pinehill	印度尼西亚	194
阿里巴巴	安盛保险大厦	新加坡	84
紫金矿业	大陆黄金	加拿大	70
杉杉股份	LG化学LCD业务公司	韩国	54
枫叶教育	新加坡国际学校	新加坡	35
中国平安	盐野义制药	日本	22

资料来源：晨哨网。

（四）基础设施领域对外承包工程走势良好

2020年，中国企业对外承包工程的投资领域布局更加广泛，对外承包工程明显提质增效。商务部数据显示，2020年1~11月，中国企业对外承包工程业务1204亿美元，同比下降10.8%，新签合同额13828.2亿元人民币，同比下降3.7%（折合1999亿美元，同比下降4.4%）。其中，新签合同额在5000万美元以上的项目590个，较上年增加3个，占新签合同总额的83.3%，上亿美元项目331个，较上年增加4个。

基础设施领域对外承包工程走势良好。1~10月，一般建筑、电力工程、水利建设类项目新签合同额增长较快。其中，一般建筑类新签合同额404.8亿美元，同比增长36.8%；电力工程类新签合同额392.4亿美元，同比增长10.8%。

1~11月，对外劳务合作派出各类劳务人员25.5万人，较上年同期减少18万人；其中承包工程项下派出12万人，劳务合作项下派出13.5万人。11月末在外各类劳务人员63.5万人。

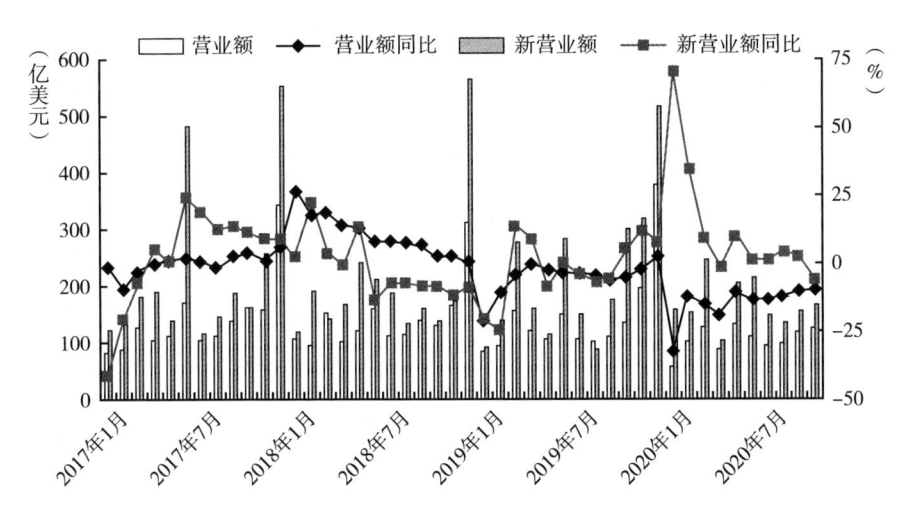

图5 2017年1月至2020年11月对外承包工程营业额及同比情况

资料来源：商务部官网。

（五）"一带一路"沿线国家投资稳定增长

为推动"一带一路"沿线国家的基础设施建设，助力相关国家基础产业升级和摆脱贫困，中国企业积极开展与沿线国家的投资与技术合作。根据商务部"走出去"公共服务平台数据，2020年1~11月，中国企业在"一带一路"沿线的61个国家新签对外承包工程项目合同4711份，新签合同额7932亿元人民币，占同期我国对外承包工程新签合同额的57.4%，同比下降9.8%（折合1143.8亿美元，同比下降10.4%）；完成营业额4914.7亿元人民币，占同期总额的58.9%，同比下降4.4%（折合708.7亿美元，同比下降5%）。其中，我国企业在"一带一路"沿线对57个国家非金融类直接投资1106.8亿元人民币，同比逆势增长25.7%（折合159.6亿美元，同比增长24.9%），占同期总额的16.3%，较上年同期提升3.6个百分点，主要投向新加坡、印度尼西亚、老挝、越南、柬埔寨、马来西亚、泰国、哈萨克斯坦、阿联酋和以色列等国家。

二 2020年中国海外投资新变化

2020年,新冠肺炎疫情使全球投资营商环境再度恶化,中国企业的海外并购投资活动也因此受到了一定程度的限制和约束。但是,随着2020年二季度国内疫情得到有效控制,中国企业努力拓展海外投资渠道,积极布局先进制造、高科技和消费等领域,探索国际化经营之路,努力在全球市场上扩大自身的核心竞争力。海外并购目前仍是中国企业海外投资的首选方式。

(一)多国政策法规频出,全球投资监管趋势更严

疫情期间,全球多国和地区先后颁布了针对外资入境投资活动的管理政策和规定,这些新规不但扩大了投资审查适用范围,包括涉及国家安全审查的行业范围,设置较低的持股比例或投资金额审查门槛,而且对具有特殊背景的企业实施更加严格的审查,以保护本国的战略资产不被外国投资者廉价收购(见表3)。受此影响,部分已布局海外的中国企业的投资项目被叫停,甚至被要求强制出售。

表3 2020年全球对入境投资的政策

时间	国家	主要内容
2月13日	美国	《美国外国投资风险评估现代化法案FIRRMA》正式生效。该法案扩大了美国外国投资委员会的审查范围,明确增加了4种新类型的"涵盖交易","敏感行业"的范围有所扩大,审核周期可延长至120天。尤其是新增了专门针对中国投资报告的部分,意味着中国企业在美国投资将会面临更多的阻碍和风险
3月25日	欧盟	欧盟委员会发布了《有关外商直接投资(FDI)和资本自由流动、保护欧盟战略性资产收购指南》,要求欧盟各成员国实施审查措施,防止因外国投资者收购、控制公司导致欧盟安全或公共秩序受到威胁
3月29日	澳大利亚	澳大利亚宣布,根据《1975年外国收购与接管法案》管理的所有外国投资申请,审查时间将由原来的30天延长至最多6个月,审核收购门槛从12亿元降至零

续表

时间	国家	主要内容
4月17日	印度	印度政府宣布了新修订的外国投资政策,要求与引导有陆地接壤国家的实体和居民,或投资收益人来自上述国家的,其对印度的投资,必须通过"政府审批路径"
6月15日	日本	日本政府将针对特定传染病的药品和特殊控制的医疗器械的制造列入核心指定业务部门的投资审查范围,以应对疫情的扩大及维护日本国内医疗制造业的基础,新规定适用于2020年7月15日当天及之后进行的外国直接投资
7月17日	德国	德国《对外贸易和支付法》第一修正案生效,它将外资收购审查的范围扩大到"可能损害"公共秩序或安全,而以前只有产生实际风险才可能引发政府干预,未得到政府批准的强制外国收购行为都将暂停并视为无效,同时法案禁止为达成交易采取某些特定步骤,包括行使投票权、分红权或分享目标公司的具体信息等,如违反可能会受到罚款或监禁。新的审查为配合欧盟外国直接投资审查框架的实施,不仅涵盖德国,也包括任何其他欧盟成员国的公共秩序和安全以及涉及欧盟利益的项目或计划
7月20日	英国	英国政府将外商投资审查营业额门槛100万英镑(一般为7000万英镑)的范围扩大至包括人工智能、密码认证和先进材料三项商业活动,此前已被包括在该项低营业额审查门槛的行业是军事或军民两用物品的开发或生产、计算硬件的设计和维护、量子技术的发展和生产
7月22日	法国	法国正式将要求政府对外国收购进行事先审查的控制门槛从之前的25%降至10%,该项要求将被至少执行至2020年12月31日
7月25日	奥地利	奥地利新的《投资控制法》生效,除要执行欧盟的外国直接投资审查框架外,该法案扩大了政府对外国投资审查范围,如:外国投资者直接或间接收购一家公司,拥有10%、25%、50%的投票权、控制权或公司的基本资产,可能对安全或公共秩序构成威胁时,均需接受审查;同时法案将国防设备和技术的制造、关键能源和数字(5G)基础设施的运营、医疗药品和设备等行业定义为特别敏感领域
7月31日	俄罗斯	俄罗斯《关于外国投资对国防和国家安全具有战略意义的企业实体的程序的联邦法》修正案生效。它要求即使是临时性的外资收购战略公司的投票权,也要经过外国直接投资审查程序,包括基于财产信托协议、质押协议、回购协议、保证金和其他类似协议或交易的任何临时转让
10月11日	欧盟	欧盟全面开始实施外国直接投资审查框架,欧盟委员会将与各成员国间建立信息交换机制,当某项投资对其他欧盟成员国的安全或公共秩序构成威胁或可能损害欧盟整体利益时,该条例允许欧盟委员会和各成员向被投资国提出意见或表明观点,但相关国家的主管机构拥有是否批准投资项目的最终决定权

资料来源:建投研究院整理。

（二）小而精的企业成为中国企业海外并购新目标

为了加快推进国内技术产业升级，中国企业在新冠肺炎疫情影响的不利情况下，仍然努力寻求发达经济体在信息技术和先进制造等高端产业链上的合作标的。根据有关数据分析，2020年前三季度中国企业在境外并购投资的资金规模虽然有所减少，但是在交易宗数上却有所增加，尤其是制造业的并购宗数仍然呈现上升趋势。

从2020年海外并购投资的案例分析来看，中国企业更热衷于收购海外小而精的技术标的。目前，中国经济已处在高质量发展的新时期，相关产业的技术升级急需新科技的支撑，加上并购海外技术高端、体量庞大的企业难度明显增大，中国企业因此改变操作方式，转而选择收购规模小、科技水平较高的境外企业更易执行。这种并购交易金额规模较小，一方面可以保证国家外汇储备的安全，另一方面还可以尽可能缩短中国企业和发达经济体的技术代际差。通过并购方式来获取一些已不属于发达经济体的前沿技术和敏感技术，中国企业就可以尽快缩短自身探索新技术的时间成本，同时还有利于对方扩大市场应用范围，进而达到并购双方双赢的效果。由此可见，建议中国企业未来一段时期都来尝试采用这种并购方式，同时国内监管部门也应该考虑对此并购活动予以政策上的鼓励和支持，以便有利于中国企业资本出境寻找更多的并购投资机会。

（三）亚洲仍然是中国企业海外投资的主要区域

2020年末，东盟十国与中国、日本、韩国、新加坡和澳大利亚签订了《区域全面经济伙伴关系协定》，由此产生了全球最大的自由贸易区。事实上，近几年中国企业已经在该区域和多个国家进行了投资合作，目前东盟已超越欧盟成为中国第一大贸易伙伴。根据商务部"走出去"平台统计的信息，2020年，中国对外重点投资的前30个项目中，中国企业在亚洲投资项目共计16个，占比53%，其中仅在韩国的投资项目就有10个（见表4）。另外，2020年前三季度，中国对东盟全行业直接投资107.2亿美元，同比增长76.6%，其中前三大投资目的国为新加坡、印度尼西亚、老挝。由此可见，作为RCEP的成员国家，韩国和新加坡等国家在亚洲区域经济发展中的作用日益突出，中国企业已经开始关注有关国家在生物制药、信息技术、制造业和金融创新等方面的技术优势，并在相关领域加大了并购投资的力度。

表4 2020年中国对外投资30个重点项目分布

地 区	项目数量（个）	涉及行业	有关国家
亚 洲	16	生物制药、信息技术、区块链、制造业	韩国、以色列、斯里兰卡、孟加拉国
欧 洲	7	建筑业、制造业	英国、捷克、斯洛伐克、乌兹别克斯坦、希腊
大洋洲	3	交通运输	澳大利亚
拉丁美洲	2	电力、热力	阿根廷、洪都拉斯
北 美	1	医药	美国
非 洲	1	电力、热力	肯尼亚

资料来源：商务部公共服务平台。

（四）华北、华东和中南等地区的海外投资表现活跃

2020年，中国各地方企业对外非金融类直接投资807.5亿美元，同比增长16.4%，其中东部地区对外投资同比增长21.8%，广东省、上海市、浙江省位居前三。另外，中国企业各季度实施海外并购的交易数量和交易金额呈现逐季递增趋势，尤其是第四季度的并购交易数量和金额与前三季度相比明显活跃，制造业再次成为中国企业出海并购的主要行业。从实施海外并购的企业所在区域来看，华东、华北和中南地区的海外并购规模占比超过90%（见图6），北京市、上海市、江苏省、广东省和河南省分列前五。

三 2021年中国海外投资风险与挑战

新冠肺炎疫情使全球经济、贸易和投资等遭受前所未有的重创，2020年

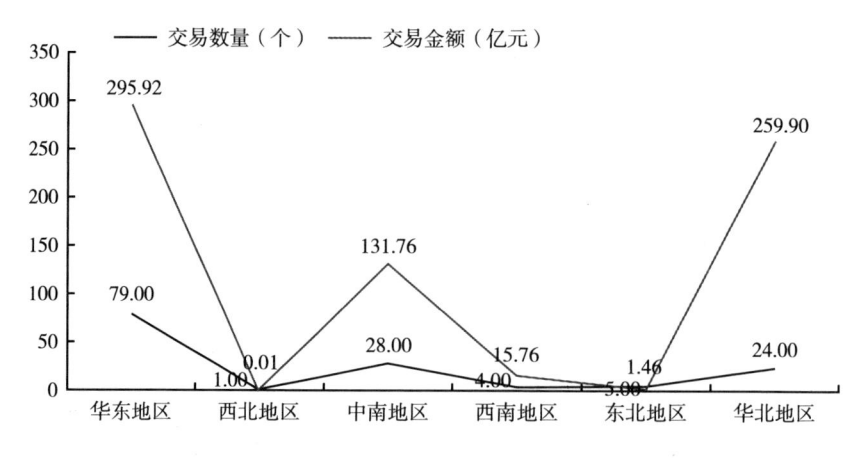

图6 2020年各区域跨境并购交易情况

资料来源：Wind。

全球外国直接投资降低至1万亿美元以下。虽然全球经济在2021年或将迎来明显复苏，但是宏观经济复苏不稳定、不平衡叠加疫情形势尚不明朗，全球外国直接投资前景仍然存在高度不确定性，预计仍将延续下降趋势，甚至有可能会出现数年的投资下降或停滞。面对这样复杂艰难的国际局势，中国企业更应该审慎评估海外投资可能会遇到的各种风险，谨慎选择海外投资机会。

（一）疫情后全球经济复苏进程难测

2021年，疫苗上市和推广将使疫情逐渐消退，预计全球经济将渐入复苏阶段。但是，目前全球仍有多国遭受疫情反弹的困扰，一些国家更是加码实施封锁抗击疫情，生产、消费、投资等经济活动都处于低位。虽然欧美制造业已从低位回暖，但是服务业受疫情影响却比较严重，低迷状况或将维持很长时间。以美国为例，零售业大面积关停，失业率居高不下，供求端迟迟不能恢复正常，这些都将拖累整体经济的复苏步伐。有关数据显示，疫情以来美国已有数十家知名品牌零售商宣布破产，这是自金融危机以来宣布破产数量最多的一次。尽管疫苗接种工作正在推进，然而有关专家表示，在疫情好转之前恐将有更多零售企业破产。虽然多家权威机构预测，2021年全球经济将有望进入修复式增长并将强劲反弹，但是这种强劲反弹是基于2020年世界经济深度衰退后的超低基数效应，要想真正实现可持续的经济复苏估计还需更长的时间，全球经济复苏前景不容乐观。

（二）全球债务和金融市场风险高企

疫情以来，全球大多数国家都采取大规模的货币宽松政策来保障市场的流动性，同时加码财政政策的刺激力度，以应对疫情冲击。据悉，疫情期间全球大约有50家央行降息甚至多次降息，目前有超过60%的国家的利率不到1%，甚至部分地区和国家已经进入负利率。同时，超大规模的刺激政策使各国政府财政赤字率飙升，全球债务规模激增。国际金融协会（IIF）的统计显示，到2020年底全球债务规模已飙升至历史最高纪录的277万亿美元，其中发达国家占近半。持续飙升的企业杠杆率可能会造成企业大量违约，进而给银行带来重大风险。由此可见，规模庞大的新增流动性不但制约了各国财政政策的退出空间，而且还为后续实体经济的发展埋下了巨大隐患，甚至不排除高债务风险可能会引发另一场全球金融危机。

（三）全球地缘政治风险和局势紧张日趋严重

史无前例的新冠肺炎疫情危机加剧了全球的地缘政治风险和经济紧张局势，部分国家和地区的民粹主义、单边主义和保护主义势头开始抬头，这些都将会对全球的政治和经济产生更多的负面影响，2021年全球政治动荡等风险或将进一步加剧。一是美国两党势力博弈政局不稳，中美在贸易和高科技等领域的争端存在更多的不确定性。美国大选虽已尘埃落定，但是继任者后续施政恐将会步履维艰，其中包括疫情的有效防控、种族分裂势头加剧、经济如何尽快恢复等。短期内，美国未来对华政策仍不明朗，中国企业在美投资面临的地缘政治风险将持续，中国企业对美投资仍需保持审慎态度。二是美中在南海问题上的冲突。南海问题是美中关系紧张局势恶化的关键，双方就南海问题的态度有可能引发冲突，甚至会引发世界上两个超级大国之间的彻底冲突。三是美伊之间对抗加剧。特朗普在任期内对伊朗加大制裁，对美伊关系造成了严重影响，双方之间的对抗不断升级。继任者拜登虽然表示将寻求就任后让美国重返伊核协议，但是必须要给伊朗足够的补偿，同时扩大原来协议的范围，这很难达成。四是朝鲜核危机尚待解决。拜登继任后将面临如何应对朝鲜核威胁问题。如果拜登政府改变以往恫吓方式，转而寻求与韩日等国家合作加强对朝威慑力，或许会有效果，但能否取得实质性进展尚不可知。

（四）"一带一路"沿线南亚和中亚的风险显著上升

在新冠肺炎疫情反复冲击和全球经济明显衰退的双重背景下，"一带一路"沿线国家风险也普遍上升。有关报告分析，从区域来看，南亚地区整体财政实力较弱、经济结构欠佳，银行系统风险和债务风险最高，个别地区的政治风险更为突出。区域内的乌克兰、巴基斯坦、伊朗等国家的各种风险尤为突出。虽然全球范围内的宽松货币政策有利于维持国际资本市场的流动性，也有助于"一带一路"沿线国家在国际资本市场开展融资，但是对于抗冲击力相对较弱的一些市场国家而言，其自身的高债务和高风险必然导致其外部融资环境受限。对于这类区域和国家的投资确实需要谨慎谋定。

四 2021年中国海外投资机会与策略

2021年，全球经济有望从深度衰退中实现复苏，但是不确定性较高。疫情后期各国的财政和货币政策的空间有限，但是从2020年下半年的有关数据来看，疫情后期全球外国直接投资的下降幅度开始逐渐收窄。从另一个角度来看，疫情确实加速了全球产业链调整和技术变革，预计科技创新和数字技术的发展将成为后疫情时代提振经济的重要动力，拓宽科技应用的新场景，促进数字技术与实体经济融合将是未来中国经济发展的关键点，中国企业一定要在相关领域审慎判断，适时选择好海外并购投资机会。

（一）借力BIT，继续加大对欧洲区域的投资力度

近年来，中国企业在欧洲的投资范围逐渐扩大，欧洲的先进技术、专业

知识和品牌产品一直比较受中国企业的青睐。同时，欧洲是一个相对开放的市场，市场准入壁垒相对较少。2020年12月30日，中欧多国领导人正式签署了中欧投资协定（BIT）。该协定的签署更加有利于维护中欧开放的贸易和投资环境，中国企业在欧洲投资的范围将进一步扩大。中国企业未来可以关注一些与国内转型升级密切相关的行业，尤其是受数字化驱动的低敏感细分领域，如先进制造业、医疗器械、硬件设备、应用软件开发等，这些领域或将成为中国企业在欧洲投资的热点之一。同时，中国企业还可以在新能源、气候变化和农业技术合作方面加强与欧洲国家的投资与合作。当然，疫情重创欧洲经济，短期内中国企业对欧投资应该更加注意对区域整体投资环境和发展潜力的分析和预判。

（二）借助区域发展优势，提升与有关国家经济合作的紧密度

2020年11月15日，区域全面经济伙伴关系协定（RCEP）正式签署。该协定不但产生了一个全球范围内规模最大的自贸区，而且还覆盖了全球最有增长潜力的两个大市场，即中国市场和东盟市场。由于亚洲在区域经济上的重要性正在逐渐增加，该协定涉及区域内的中国、日本和印度等国后续贡献全球经济的比重将逐渐增加，未来中国和东亚区域的产业链有望领跑全球经济。目前，党中央提出要加快构建以国内大循环为主体、国内国际双循环相互促进的新发展格局，中国必将借力区域经济优势，积极拓展亚洲地区的经济发展空间。未来中国必将更加关注"一带一路"沿线国家和地区的投资机会，中国企业必将加快在沿线国家和地区布局区域投资合作。

（三）改善周边经营环境，创造更多投资机会

自疫情暴发以来，世界格局发生了重大转变。由于中日韩等东亚国家疫情防控有力，经济率先复苏，全球的投资者都把目光转向东方，已初步呈现技术东移、制造业东移、资本东移和人才东移的趋势，而且这个趋势还将持续下去，未来5~10年仍将是中国快速发展的黄金时期。2021年1月10日，国务院新闻办公室发布的《新时代的中国国际发展合作》白皮书指出，中

国将更多向亚洲、非洲和"一带一路"沿线的发展中国家加强国际发展合作。同样，借助中国庞大的市场，周边亚洲区域的各国经济也将得到快速恢复与发展。区域整体经济环境的改善反过来又为中国经济的转型与发展提供更广阔的市场和发展空间，同时助力中国企业在技术进步和产业升级等领域获得更多的投资机遇。

（四）利用好技术和市场等优势因素，寻找点上升级的并购标的

综观全球产业链，在今后相当长的一段时期内，中国总体上仍将处于国际分工的中游。为了加快推动国内的技术创新和产业转型升级，中国企业在进行海外并购投资中，既要关注与美国这种"技术大国市场大国"的技术投资与合作机会，也要努力尝试与德国和日本这种"技术大国市场小国"的国家开展技术合作。目前，欧美国家一些较好的技术标的在本国已经不算是高科技或者涉及国家安全的敏感技术，中国企业可以甄选投资并购此类标的，这样就可以降低自身在技术研发方面的时间成本。由此可见，在全球多国对外国直接投资监管趋严的背景下，中国企业应该寻找和收购更多规模小、单项技术比较先进的并购目标，通过并购点上升级的目标企业来促进自身的技术转型升级。

参考文献

《小而美的海外技术收购或成中企投资新亮点》，https：//www.sohu.com/a/427839631_355011，2020年10月28日。

赵姗：《中国对外直接投资逆势而上 显著支撑全球经济》，《中国经济时报》2020年9月18日。

中宏国研课题组：《分析新冠疫情全球大流行对世界经济的影响》，中宏国研信息技术研究院官网，2020年12月7日。

姚枝仲：《2020—2021年世界经济形势分析与展望》，中国社会科学院世界经济与政治研究所官网，2021年1月6日。

《2020年前三季度中国海外投资概览》，安永（中国）企业咨询官方账号，2020年11月12日。

投资案例篇

Investment Case

B.10
迎接被动投资时代

——国泰基金发展ETF基金案例

黄 岳*

摘 要： 国泰基金近年来前瞻性布局行业ETF，在积极的营销推广和稳健的基金管理下，准确把握了近年来ETF的发展机会，实现了管理规模"弯道超车"，2020年ETF管理规模已达860.69亿元，非货币基金管理规模已位列行业第二名。旗下多只ETF在2020年收益率超过50%，为投资者创造了可观的投资回报。国泰基金在ETF领域具有鲜明特色，具有产品布局前瞻性强、基金运作扎实稳健、营销推广立体化的特点。本文以证券ETF和芯片ETF为例，回顾了国泰基金ETF产品开发的背景及发展历程。

---

* 黄岳，现任国泰基金量化投资事业部基金经理助理，主要从事国内指数基金研究和管理运作研究。

关键词： 国泰基金　证券ETF　芯片ETF

一　ETF市场发展概述

（一）什么是ETF？

ETF是Exchange Traded Funds的英文缩写，中文称为"交易型开放式指数证券投资基金"，又称"交易所交易基金"。ETF往往被动跟踪标的指数，投资者买入ETF将会取得与指数大致相同的收益。ETF的投资标的覆盖股票、债券、大宗商品、另类资产等资产类型，是全球金融市场资产配置的重要工具。

投资ETF相当于买入一篮子证券，能够有效防范踩雷风险。根据投资组合理论，分散化投资还有助于取得更好的收益风险比。相比股票和基金，ETF在交易费用和管理费用上具有很大优势，能够有效降低投资成本。ETF的投资门槛较低，大大丰富了普通投资者的投资工具。做市商和实时套利机制保障了ETF良好的流动性，为机构投资者实现资产配置提供了优秀的配置工具。

（二）全球ETF发展历程及现状

1993年1月，美国证券交易所发行了全世界第一只ETF产品——SPDRS&P500 ETF，随后几年内美国ETF产品的数量和规模开始快速提升。根据美国投资公司协会（ICI）Fact Book提供的数据，美国国内上市的ETF产品在2000年已有80只，规模合计655.85亿元。20世纪末世界ETF市场开始快速发展，美国加拿大以外的市场也开始蓬勃发展，ETF逐渐被推广至欧洲、亚洲甚至拉丁美洲与中东地区。1999年11月成立的香港盈富基金是美加市场外第一只ETF产品，也是亚洲第一只ETF。2000年4月欧洲的首批两只ETF产品正式在德国发行，分别追踪EURO STOXX 50与STOXX Europe 50。

根据 ETFGI 网站提供的统计数据，2003 年全球共有 ETF 产品 291 只，规模合计 2120 亿美元。而截至 2020 年 11 月，全球已有 ETF 产品 7523 只，规模合计 7.38 万亿美元。十几年来 ETF 产品的数量始终稳步上升，规模则在 2017 年与 2019 年有两次较为明显的跃升（见图 1）。

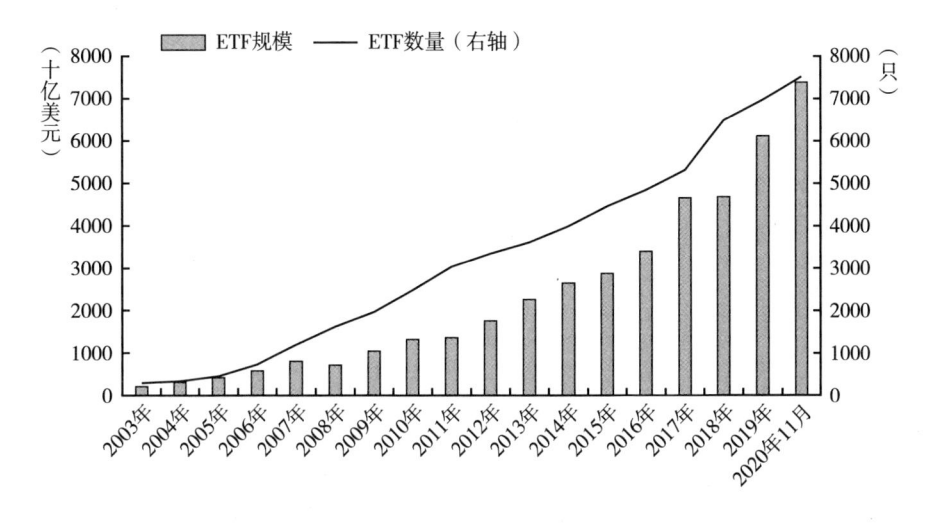

图 1　全球 ETF 产品数量及规模

资料来源：ETFGI.com，申万宏源研究。

而在全球 ETF 市场中，美国市场始终处于主导地位。2003 年美国 ETF 产品共有 123 只，规模 1510 亿美元，数量与规模分别占全球 ETF 产品的 42.27% 与 71.23%。在过去的十几年内，美国 ETF 产品数量与规模占比均有下降，其中数量占比下降明显，2008 年后美国 ETF 数量占比始终低于 40% 且逐年下降，截至 2020 年 11 月仅为 29.14%。而规模占比则相对稳定在 70% 左右，2020 年 11 月规模占比为 68.92%（见图 2）。

按照投资产品的类型分类，美国目前将 ETF 产品分为宽基、板块、国际（以上三种为股票型）和商品、混合、债券，共 6 种类型。从美国 ETF 产品的历史结构来说，还是以股票型为主，而股票型 ETF 中，规模占比最大的为宽基 ETF，2019 年底占所有 ETF 规模比例达到 49.34%，而板块 ETF 占比相对较小。商品 ETF 和混合 ETF 的占比均相对较小，但混合 ETF 的数量和规模近

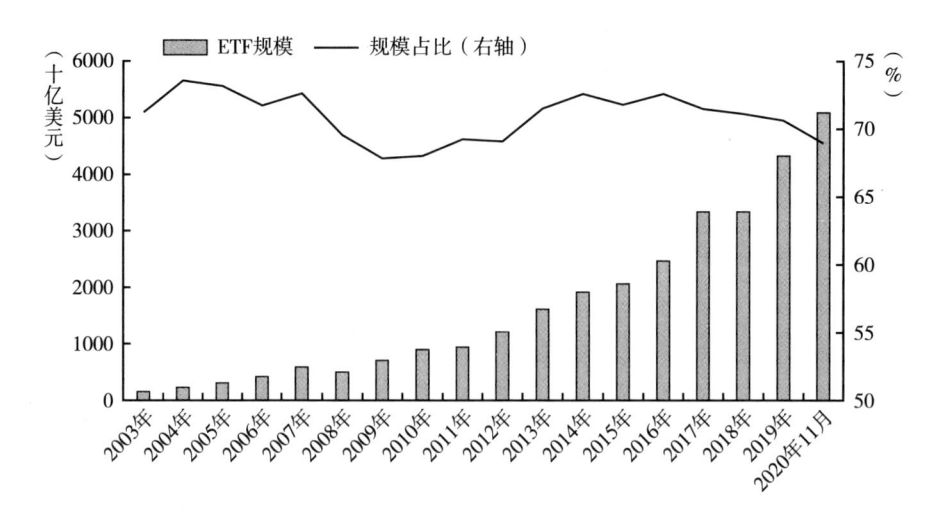

图2 美国ETF产品规模变化

资料来源：ETFGI.com，申万宏源研究。

几年均有较为明显的上升，2011年混合ETF仅有7只共3.77亿美元，截至2019年底已有38只产品，规模超300亿美元（见图3）。

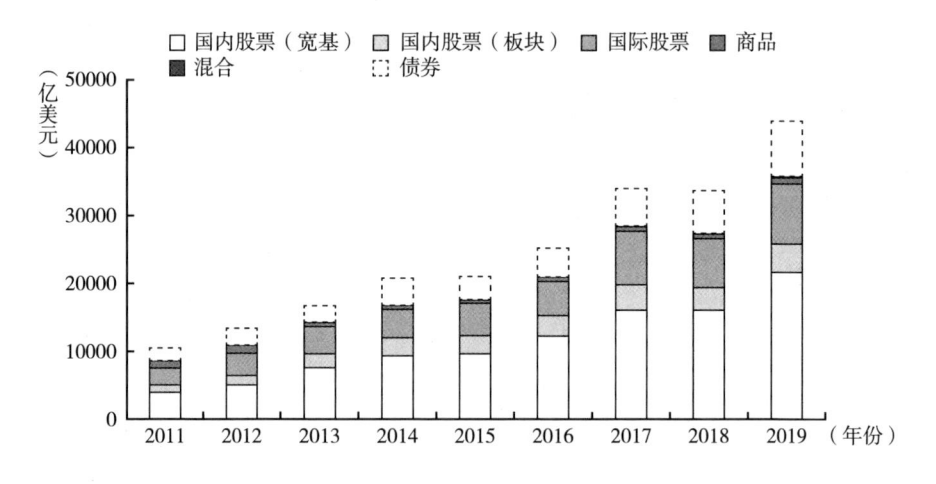

图3 2011～2019年美国ETF产品规模结构

资料来源：ICI，申万宏源研究。

（三）中国ETF发展历程及现状

2004年12月，中国市场上第一只股票型ETF，也是第一只ETF产品在上海证券交易所成立并挂牌交易。此后在2012年、2013年两年内，其余各类型ETF产品——跨市场股票型ETF、跨境ETF、货币ETF、债券型ETF、商品ETF相继成立（见图4）。

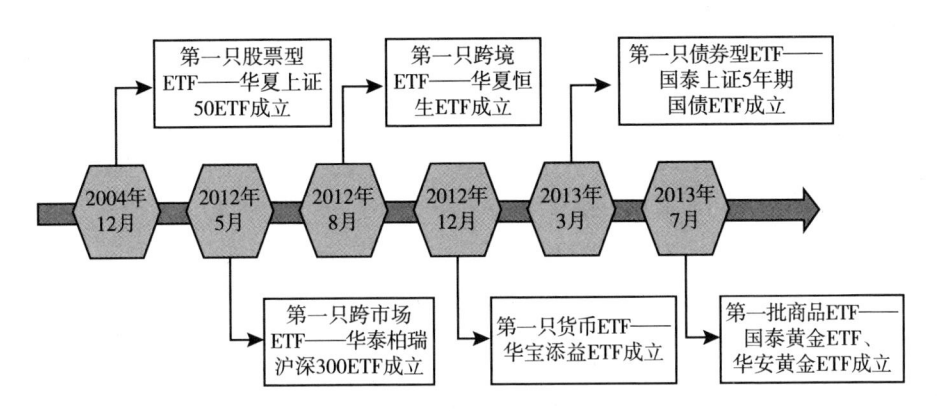

图4 中国ETF产品时间轴

资料来源：国泰基金。

从供给端上看，近年参与ETF市场的基金管理公司数量增加明显。2004年12月华夏基金发行了中国市场第一只ETF产品——上证50ETF，华夏基金也成为中国第一家参与ETF市场的基金管理公司。随后两年内，易方达、华安、华泰柏瑞也陆续加入了ETF市场。截至2011年底，ETF市场内的基金管理公司已有20个。

而在之后的几年内，参与ETF市场的基金管理公司数量没有明显上升，至2017年仅上升至28个。但从2018年起，ETF市场趋于火爆，众多基金公司加入了ETF市场。截至2020年底，ETF市场内基金管理公司已达49个（见图5）。

从产品数量上看，ETF产品和开放式基金总体一样，在2018年后出现了较大幅度的增长。仅2019年一年，ETF数量就从182只增长到269只，

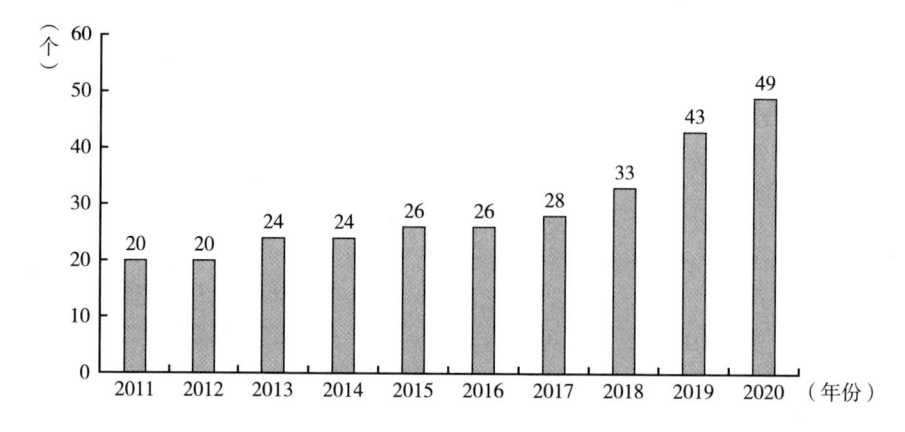

图5　2011～2020年中国ETF市场基金管理公司数量

资料来源：Wind，申万宏源研究。

增长了87只，开放式基金则同期增长了936只。2020年内ETF产品数量同样增长较快，截至2020年底，中国已有363只ETF产品。

从产品规模上看，ETF产品的规模走势同样与开放式基金整体类似，2011年以来除2016年受熊市影响外，其余年份规模均不断上升。尤其从2018年至今，规模提升幅度开始明显加快，增长速度超越了开放式基金。2011年ETF规模仅为771亿元，截至2020年底规模已达10981.80亿元（见图6）。

根据投资范围，可将中国市场上的ETF产品分为股票型ETF、债券型ETF、跨境ETF、货币ETF、商品ETF。而在股票型ETF中，根据其跟踪指数特点，可进一步分为宽基（规模）、行业、主题、风格、策略五种类型。中国市场近十年各类型ETF产品中，股票型ETF数量与规模均占较大比例，债券型ETF占比较小（见图7）。

规模ETF又称宽基ETF，是股票型ETF中最主要的组成部分。从2011年起国内宽基ETF数量与规模稳步上升，但不同于美国宽基ETF在股票型ETF中的统治地位，近年来中国随着行业和主题ETF的崛起，宽基ETF在股票型ETF中的比重逐渐下降。2011年国内共有宽基ETF 14只，规模合计591.30亿元，2020年这两个数字分别上升到了111只，共3660.36亿元

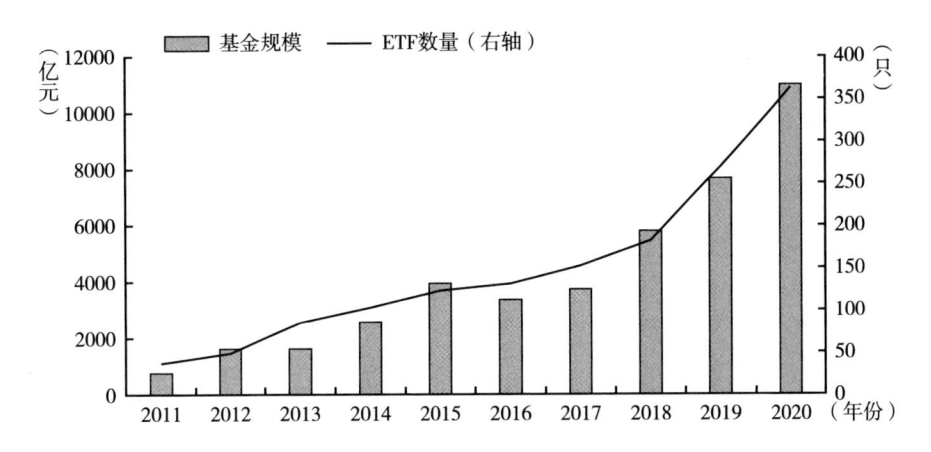

图6　2011～2020年中国ETF产品规模及数量

资料来源：Wind，申万宏源研究。

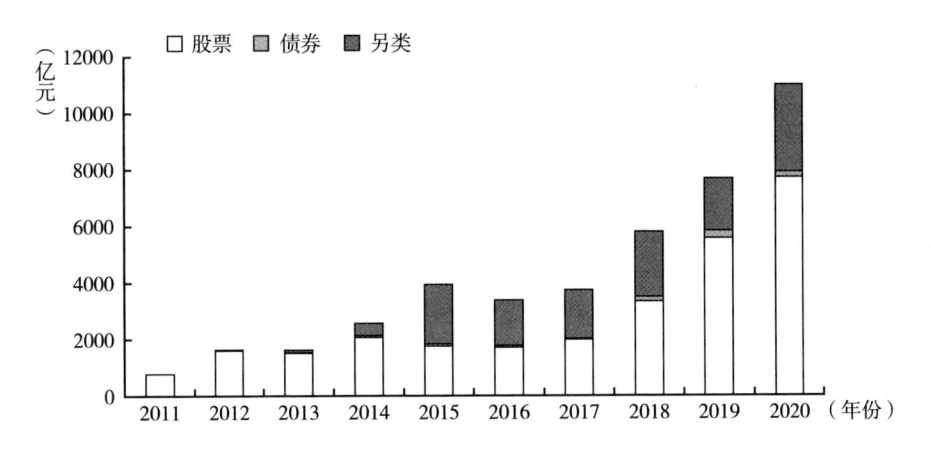

图7　2011～2020年中国ETF产品结构变化

资料来源：Wind，申万宏源研究。

（见图8），但在股票型ETF中的占比则从76.72%下降到了33.33%，而美国这一占比从2011年到2019年持续维持在80%左右。

行业ETF近年快速崛起。2011年国泰基金发行了国内第一只行业ETF——金融ETF。近年来国内行业ETF数量与规模快速上升，占比也同步上扬。2011年国内有行业ETF产品1只，规模10.76亿元。到了2019年已

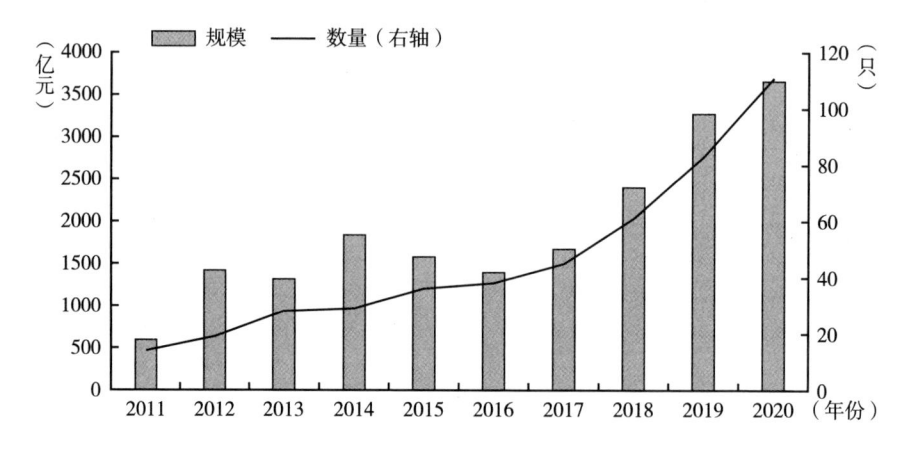

图8 2011~2020年中国宽基ETF历史规模

资料来源：Wind，申万宏源研究。

有48只行业ETF，规模合计602.12亿元。2020年，行业ETF更是有了明显的增长，规模已达到1663.44亿元（见图9）。在股票型ETF中的占比从2011年的1.4%提升到了2020年的21.59%，略高于美国行业ETF在股票型ETF中的占比。

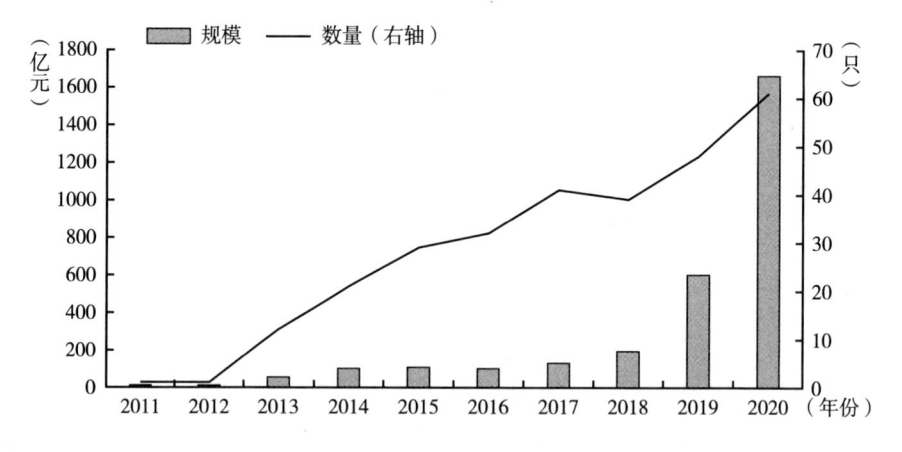

图9 2011~2020年中国行业ETF历史规模

资料来源：Wind，申万宏源研究。

主题ETF近年来同样增长较快。2011~2017年国内主题ETF增长幅度缓慢，数量仅从17只增长到33只，规模从142.49亿元上升到182.43亿元，同期规模占比也不断下滑。而在2018年后，主题ETF规模开始快速上升，至2020已有主题ETF 95只，规模达2235.16亿元，在股票型ETF中的占比达到了29%。

行业ETF和主题ETF的龙头产品中大部分为近几年新发行的产品，甚至有许多2020年发行的产品。其中新产品大多关注新兴产业和领域，如半导体芯片、生物医药等。从管理人角度看，国泰基金与华夏基金在行业ETF和主题ETF龙头产品管理中较有优势，旗下龙头产品数量和规模均较为领先（见表1）。

表1 2020年行业主题ETF规模前十名

单位：亿元

证券代码	简称	基金管理人	基金成立日	基金规模
512880.SH	国泰中证全指证券公司ETF	国泰基金	2016年7月26日	389.05
159995.SZ	华夏国证半导体芯片ETF	华夏基金	2020年1月20日	239.16
512000.SH	华宝中证全指证券ETF	华宝基金	2016年8月30日	229.59
515050.SH	华夏中证5G通信主题ETF	华夏基金	2019年9月17日	209.65
512760.SH	国泰CES半导体芯片ETF	国泰基金	2019年5月16日	147.94
512480.SH	国联安中证全指半导体ETF	国联安基金	2019年5月8日	105.54
512660.SH	国泰中证军工ETF	国泰基金	2016年7月26日	102.59
510810.SH	汇添富中证上海国企ETF	汇添富基金	2016年7月28日	101.40
512960.SH	博时央企结构调整ETF	博时基金	2018年10月19日	99.98
515290.SH	天弘中证银行ETF	天弘基金	2020年12月11日	96.97

资料来源：Wind，申万宏源研究。

风格ETF是中国市场上数量较少的一种股票ETF，2011年仅有3只共17.74亿元，至2020年底也仍有3只，规模则缩水至2.44亿元。其中2014~2015年风格ETF的规模有一次较大幅度的缩水，从17.94亿元降至3.07亿元。

策略ETF的规模在2017年前也相对较小，但在2018年有一次明显的提升，从7.78亿元提升至119.51亿元。

目前中国大陆市场上主要的非货币ETF产品供应商有华夏基金、国泰基金、易方达基金、华泰柏瑞基金、南方基金等基金公司（见表2）。华夏基金位列非货币ETF管理规模第一名，旗下有32只ETF产品，基金规模合计1916.14亿元；国泰基金位列非货币ETF管理规模第二名，旗下有17只ETF产品，基金规模合计860.69亿元（见图10）。

表2　2020年中国非货币ETF管理公司前十名

基金公司	非货币ETF产品数量（只）	非货币ETF产品规模（亿元）
华夏基金	32	1916.14
国泰基金	17	860.69
易方达基金	23	778.73
华泰柏瑞基金	10	724.21
南方基金	20	619.91
华安基金	14	477.98
华宝基金	8	455.95
嘉实基金	19	342.55
博时基金	17	322.34
广发基金	21	298.60

资料来源：Wind，申万宏源研究。

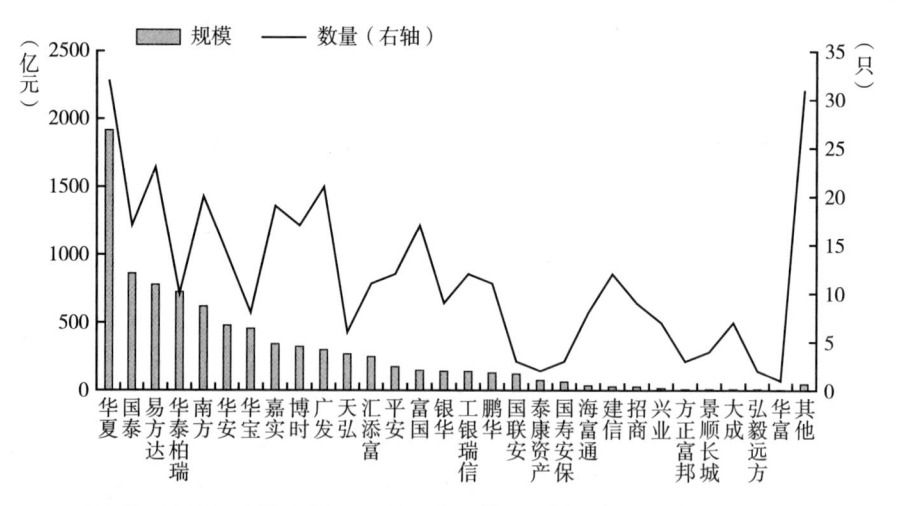

图10　2020年中国主要ETF管理公司管理规模及数量（非货币ETF）

资料来源：Wind，申万宏源研究。

二 国泰基金 ETF 发展历程及特点

(一)国泰基金 ETF 发展历程及现状

国泰基金是行业内较早布局 ETF 的基金管理公司之一,2011 年国泰基金成立了第一只也是国内首只行业 ETF——金融 ETF,并于 2013 年连续布局了 3 只国内创新产品——国债 ETF、纳指 ETF 和黄金基金 ETF。2016 年以来国泰基金陆续大量布局行业 ETF,在积极的营销推广和稳健的基金管理下,准确把握了近年来 ETF 的发展机会,依托行业 ETF 实现"弯道超车",管理规模快速提升,截至 2020 年 12 月 31 日,国泰基金旗下 ETF 管理规模已达 860.69 亿元(见图 11)。

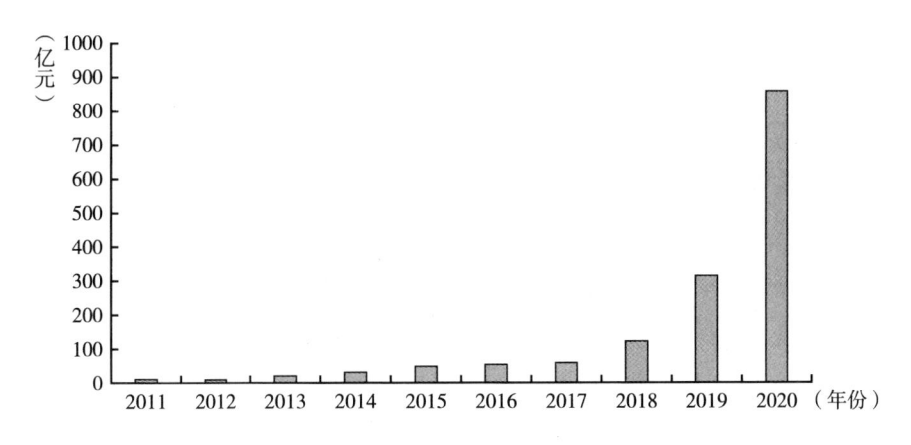

图 11 2011~2020 年国泰基金 ETF 管理规模

资料来源:Wind,国泰基金。

面对行业的快速发展和业内的激烈竞争,国泰基金优化产品布局,打造国泰 ETF 行业生态,积极展开营销推广,近年来在 ETF 领域内排名快速提升,非货币基金管理规模已达到行业第二名,也为投资者创造了可观的投资收益(见表 3)。

表 3 国泰基金 ETF 列表

代码	简称	标的指数	2020 年底规模(亿元)	基金成立日	2020 年收益率(%)
510230.SH	金融 ETF	上证 180 金融股指数	49.25	2011 年 3 月 31 日	2.25
511010.SH	国债 ETF	上证 5 年期国债指数（全价）	10.40	2013 年 3 月 5 日	1.73
513100.SH	纳指 ETF	纳斯达克 100 指数	16.00	2013 年 4 月 25 日	36.73
518800.SH	黄金基金 ETF	上海黄金交易所挂盘交易的 Au99.99 合约	5.92	2013 年 7 月 18 日	13.65
512880.SH	证券 ETF	中证全指证券公司指数	389.05	2016 年 7 月 26 日	17.44
512660.SH	军工 ETF	中证军工指数	102.59	2016 年 7 月 26 日	69.38
511260.SH	十年国债 ETF	上证 10 年期国债指数	9.48	2017 年 8 月 4 日	1.92
512290.SH	生物医药 ETF	中证生物医药指数	41.91	2019 年 4 月 18 日	60.44
512760.SH	芯片 ETF	中华交易服务半导体芯片行业指数 CNY	147.94	2019 年 5 月 16 日	52.81
512720.SH	计算机 ETF	中证计算机主题指数	13.41	2019 年 7 月 11 日	23.55
515880.SH	通信 ETF	中证全指通信设备指数	27.75	2019 年 8 月 16 日	-2.27
515220.SH	煤炭 ETF	中证煤炭指数	5.97	2020 年 1 月 20 日	31.22
515210.SH	钢铁 ETF	中证钢铁指数	2.48	2020 年 1 月 22 日	23.24
159996.SZ	家电 ETF	中证全指家用电器指数	10.56	2020 年 2 月 27 日	39.02
159806.SZ	新能车 ETF	中证新能源汽车指数	15.66	2020 年 3 月 10 日	111.44
510760.SH	上证 ETF	上证综合指数	8.33	2020 年 8 月 21 日	0.27
159828.SZ	医疗 ETF	中证医疗指数	4.21	2020 年 12 月 24 日	-0.02

资料来源：Wind，国泰基金。

（二）国泰基金 ETF 发展特点

1. 引领产品创新

国泰基金一贯注重产品创新，在行业内率先开发了债券 ETF（国债 ETF）、商品 ETF（黄金基金 ETF）和跨时区 ETF（纳指 ETF）。

新产品的开发涉及打通多个交易场所、结售汇、实物申购赎回等多个技术业务难点。国泰基金与交易所、申购赎回代办机构、登记结算公司等各类机构共同商讨，攻坚克难，共同建立了行业操作流程和操作规范，为行业树立了标杆。以上 ETF 成立后，成为同行开发同类 ETF 的操作范本。

除此之外，国泰基金还开发了首只行业 ETF——金融 ETF，引领了业内布局行业指数 ETF 的潮流。

2. 前瞻性产品布局

ETF 往往被动跟踪目标指数，指数的表现优劣影响了 ETF 的投资回报，前瞻性的产品布局对客户的投资体验、产品规模的健康成长至关重要。国泰基金致力于打造精品 ETF，在发布每一只 ETF 之前都会启动详尽的研究分析，借助国泰基金强大的投研团队和卖方、产业资源，对标的指数的产业和发展方向反复论证，力求着眼于未来，在行业即将加速前进行前瞻性布局。由于多次布局于板块行情的起点，国泰基金的产品布局已经成为同业重点研究的对象。近两年来，国泰基金精准布局了生物医药、半导体芯片、新能源汽车等优秀赛道。截至 2020 年 12 月 31 日，旗下所有股票型 ETF 净值全部大于 1 元（除建仓期产品），其中 2020 年军工 ETF、生物医药 ETF、芯片 ETF 回报率均超过 50%，新能车 ETF 回报率超过 100%，为投资者创造了可观的投资回报。通过前瞻性的产品布局，国泰基金也赢得了代销渠道和投资者的好评，树立了良好的行业口碑。

3. 基金运作扎实稳健

国泰基金针对 ETF 的产品特点，建立了有针对性的风险管理体系。对成分股持仓、跟踪误差，进行实时监控；通过严格的投资股票池管理，防止投资越权操作；通过对指数权重的密切监控，识别指数权重与基金持仓的差异，及时提示基金经理处理；通过对跟踪误差的监控分析，识别跟踪误差的来源和潜在风险，通过数量化手段及时纠偏。

在投资组合的流程管控和日常监控方面，公司实施标准作业程序管控流程风险，确保被动投资流程中的关键风险点均有相应的控制措施予以覆盖和应对。相应的业务执行人权责明确，投资流程清晰高效。通过制度和软件系统进行风险管理的落地，实现事前、事中、事后的投资全过程风险管理，确保风险可识别、可掌控。

ETF 管理涉及公司外部交易所、登记结算机构、券商、投资者等多类机构，

公司内部涉及投研、风控、运营、信息技术等多个部门，协调难度大。ETF高度透明的管理模式和高效的申购赎回机制导致一旦发生意外，很容易发展为风险事件。自ETF诞生以来行业内风险事件频发，国泰基金自第一只ETF发行起，从未发生过风险事件，是行业内少数零风险事件的基金管理人之一。

4. 立体化营销策略

国泰基金在培育ETF方面具备丰富的经验。ETF属于交易所产品，无法在银行渠道销售（ETF联接可在银行渠道销售），主要依靠证券公司渠道进行发行和销售。ETF的申购赎回业务主要通过证券公司作为一级交易商办理。此外，做市商机制是保障ETF流动性的核心机制，做市商由证券公司担任。因此ETF的顺利发行、稳健运行、发展壮大离不开证券公司的合作与支持。为了更好地推广场内产品，整合公司市场资源，国泰基金于2016年将原证券公司营销团队与量化投资事业部进行了整合，将证券公司渠道销售人员纳入量化投资事业部，大大提升了内部沟通效率，投研力量直接响应一线需求，对重点客户群体的服务更加及时。

国泰基金还积极通过互联网进行投资者教育工作和产品营销推广，提升产品知名度，扩大品牌影响力。互联网具有传播效率高、受众群体广的特点，加上智能移动终端的普及，以微信公众号为主的线上自媒体逐渐成为基金营销过程中不可或缺的一环。结合产品自身特点，针对不同的产品标的、不同的产品类别，过去几年间，国泰基金形成了全方位的互联网营销体系，取得了良好成效。

国泰基金于2013年在业内首家创立"ETF和分级圈"（现已改名为"ETF和LOF圈"）微信公众号。公众号粉丝数超过11万人，累计推送原创文章超过1600篇，篇均阅读量超过6500次，多篇原创文章阅读量突破10万次，是目前全行业影响力最大、覆盖范围最广的ETF主题公众号。

除自主营销之外，国泰基金也借力合作伙伴进行立体化营销。国泰基金联合多家证券公司研究所新财富分析师，在各类平台开展路演，涵盖保险、银行、券商、资管、QFII等各类型机构客户，内容除了及时地传达国泰基金的观点外，还包括ETF和其他被动指数基金产品介绍、投资策略介绍、公募基金新政解读等，树立了行业标杆。

近年来线上直播越发活跃，国泰基金积极拥抱变化，主动出击，在国泰基金自媒体平台、新浪财经、腾讯理财通、蚂蚁金服、天天基金网、淘宝直播、雪球、同花顺等各类直播平台开展直播路演，并在淘宝直播开通了"国泰指挥部"栏目并进行每日播报，及时向投资者传递投资资讯，并开展投资者教育活动及ETF营销推广。2020年全年国泰基金在各平台宣传推广ETF超过440次，累计观看量超过2100万人次，为2020年国泰基金ETF业务的大发展奠定了坚实基础。

三　国泰基金ETF案例

（一）512880证券ETF

1. 产品开发背景

2014~2015年，国泰基金准确把握住了分级基金快速发展的机会，借助食品、医药、房地产、有色金属等多只爆款分级基金实现了管理规模的快速增长。但从2015年6月开始，A股市场遭遇了较大幅度的波动，分级基金纷纷遭遇向下折算，不少对分级基金运行机制不了解的投资者由于持有分级B类份额溢价较大，在向下折算的过程中遭遇了损失，分级基金在此过程中也备受质疑，未来的发展存在不确定性。

在此情况下，国内量化团队纷纷谋求转型。在主动量化领域具有多年积累的基金管理公司选择集中资源布局指数增强赛道，把握住了2016年市场结构性行情中的机会，并凭借良好的历史业绩，迅速在机构投资者中树立了口碑，迅速扩大了管理规模。

此前聚焦于被动指数的基金管理公司或多或少受到了分级基金的负面影响，谋求转型ETF或LOF指数基金。ETF由于其实时套利机制，流动性往往更具优势，场内申赎机制与投资比例又使得ETF跟踪标的指数更为紧密。ETF与LOF相比，运营管理难度较大，需要基金管理公司投入较多资源进

行中后台运营管理及信息化建设。行业内部分基金管理公司依托此前布局的宽基指数ETF，以机构投资者为主要客户群体进行业务转型；部分基金管理公司抓住地方国资管理平台盘活股权的需求，通过设立特定产品，通过股票认购迅速做大管理规模；部分基金管理公司基于美国ETF的发展路径和产品发展历程，布局Smart Beta赛道，旨在通过前瞻性布局等待市场的认可。

国泰基金深入总结了国内分级基金发展的经验。从分级基金产品类型来看，行业主题分级基金管理规模大大超过宽基指数基金管理规模；从分级B类份额持有人结构来看，个人投资者持有数量大大超过机构投资者持有数量。国泰基金认为，从目前国内投资者结构来看，个人投资者将在未来较长时间内继续占据主导力量，A股机构化仍进展缓慢。经历了分级基金的培育，个人投资者对于指数基金尤其是行业主题指数基金的投资习惯已经逐渐养成。个人投资者对分级B类份额的喜爱固然有牛市氛围下对杠杆工具的追捧，但也反映出此前一直没有被基金管理公司重视的行业主题类指数基金具备潜在的客户需求。此外，2014~2015年，国泰基金量化团队在大力发展分级基金的过程中，通过微信公众号运营、证券公司等代销渠道路演、举办投资者活动等方式，深入营销一线，积累了丰富的行业指数基金运营和推广经验。同时，国泰基金量化团队逐渐建立了与机构、个人等套利策略团队的密切联系，对指数基金的运行生态进行了系统性的分析和总结。

经过内部的反复研讨和论证，国泰基金做出了重要战略调整，将量化指数团队未来工作的重心聚焦于行业主题ETF的发展，并大力培育以个人投资者为主体的客户群体。为了发挥量化团队的战斗力，国泰基金进一步明确了量化投资事业部的地位，完善了事业部激励机制，并创造性地将证券公司营销团队并入量化投资事业部，以进一步做好证券公司这一场内基金主要中介机构的销售和市场推广工作。

在产品选型方面，总结了分级基金的经验。在各细分行业中，证券和军工行业分级基金管理规模最大。截至2015年12月31日，证券行业分级基金共有7只产品，基金规模共计269.07亿元；军工行业分级基金共有4只产品，基金规模共计404.47亿元。证券和军工行业分级基金分别占分级基金总规模 2428.61 亿元的 11% 和 17%，反映了投资者对证券及军工行业的巨大潜在需求。

从行业基本面来看，中国居民财富配置以房产为主，与美国以权益类资产为主的配置模式大有不同，权益类资产占比进一步提升的空间较大，这对于权益类资产最大的中介机构——证券公司十分有利，证券板块具备中长期美好前景。

在此情况下，2016 年国泰基金上报了证券 ETF 产品，并于 2016 年 7 月 26 日成立，发行规模 4.29 亿元，成为国内第一只证券行业 ETF。国内第一只军工行业 ETF——国泰军工 ETF 也于同日成立，发行规模 5.89 亿元。

2. 产品发展历程

证券 ETF 自成立以来，A 股整体表现低迷。虽然在 2016 年底、2017 年下半年、2018 年初个别板块呈现了结构性机会，但市场风险偏好维持较低水平，证券 ETF 标的指数——中证全指证券公司指数自 2016 年中以来震荡走低。2018 年中美经贸摩擦逐渐升温，A 股遭遇较大幅度下跌。自证券 ETF 成立以来至 2018 年 12 月 31 日，中证全指证券公司指数累计下跌 38.66%，其中 2018 年全年累计下跌 26.22%。

在市场低迷之下，国泰基金牢牢抓住市场需求，积极深入一线，依托自媒体和证券公司基层机构进行证券 ETF 的宣传推广，并通过聘请经验丰富的证券公司做市团队，积极对接套利策略团队参与证券 ETF 套利，将证券 ETF 的日常流动性维持在活跃水平。经过近一年的运作，证券 ETF 规模逐渐稳步提升。截至 2017 年底，证券 ETF 规模已达到 6.96 亿元，持有人户数从 2016 年底的 3727 户大幅提升到 1.64 万户，为后续证券 ETF 规模的爆发奠定了坚实基础（见图 12）。

2018 年 A 股市场出现大幅下行，但同时抄底资金也纷纷增配 A 股，证券板块由于其在上行市场中的高弹性而广受投资者关注，不少投资者通过定投等方式不断增持。证券 ETF 在 2018 年标的指数下跌近 40% 的情况下，产品份额快速扩发，2019 年初产品规模反而提升至 25.85 亿元（见图 13），达到 2017 年底的 3 倍多，持有人户数也进一步提升至 5.07 万户。

图12 证券ETF每日规模（2016年7月26日至2018年12月31日）

资料来源：Wind，国泰基金。

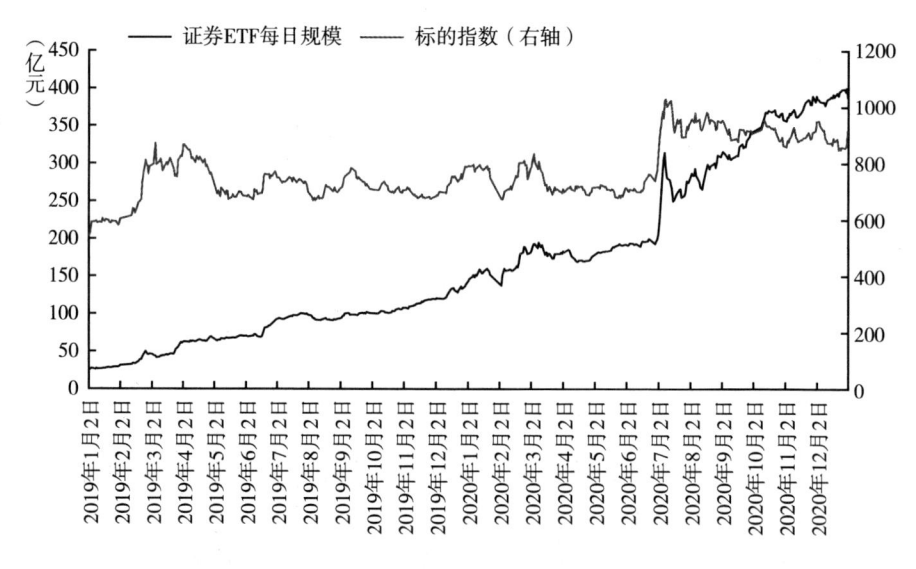

图13 证券ETF每日规模（2019年1月2日至2020年12月31日）

资料来源：Wind，国泰基金。

2019~2020年，A股市场大幅回暖，结构性行情不断，两市成交额也大幅回升。国泰基金抓住市场行情回暖的有利时机，通过自媒体、证券公司等渠道展开密集宣传，大量看好后市行情的投资者迅速涌入。证券ETF迎来快速发展，2019年底证券ETF规模接近140亿元。2020年规模一度突破400亿元，截至2020年12月31日规模达到389.05亿元，实现了爆发式增长，成为全市场规模最大的行业类ETF（见图14）。以流动性和规模衡量，证券ETF稳居证券类ETF榜首。

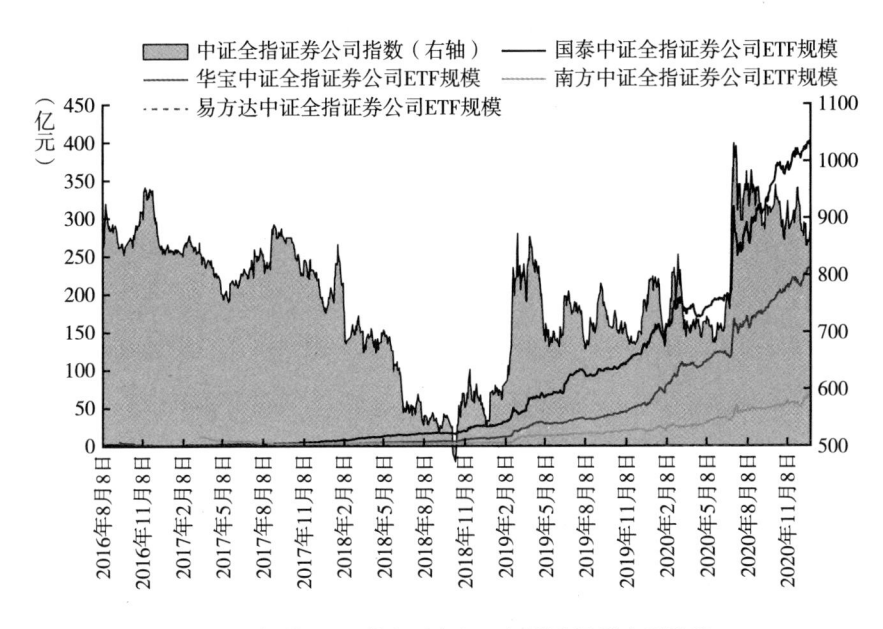

图14 证券ETF成立以来每日规模及同类产品比较

资料来源：Wind，国泰基金。

更加难得的是，证券ETF在2020年规模超过传统宽基指数中证500ETF，反映了行业主题ETF这一细分赛道旺盛的市场需求。

在《中国证券报》主办的"第十七届中国基金业金牛奖"评选活动中，证券ETF荣获三年期开放式指数型持续优胜金牛基金，是近年来该奖项评选中，唯一获奖的行业ETF产品。

与证券ETF同期发行的军工ETF也借力2020年下半年以来军工股行情，厚积薄发，规模实现翻倍，在2020年底一举突破100亿元大关（见图15）。

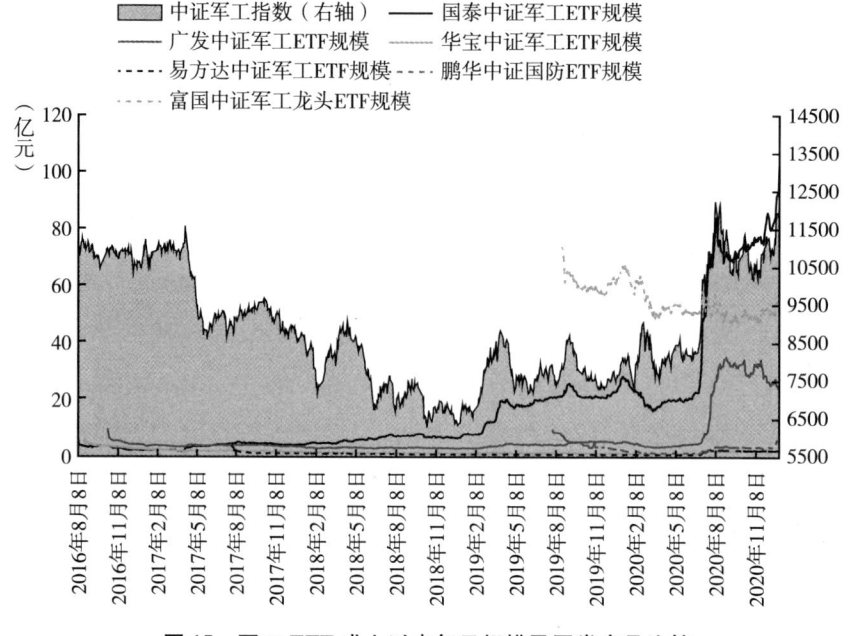

图 15　军工 ETF 成立以来每日规模及同类产品比较

资料来源：Wind，国泰基金。

（二）512760芯片 ETF（原名半导体50ETF）

1. 产品开发背景

2017~2018 年，半导体芯片行业下游逐渐转弱，行业全产业链库存显著增加，半导体芯片厂商被迫降价销售，行业逐渐进入景气度下行周期。2019 年上半年全球半导体芯片销售额下降速度逐渐放缓，景气度低点逐渐显现。2019 年全球 5G 建设已经提上日程，国泰基金敏锐意识到全球半导体芯片很可能即将迎来下一轮景气周期。

2018 年，随着中美经贸摩擦不断升级，中国尖端科技领域成为美国的重点打击对象。2018 年，美国商务部禁止美国企业向中兴通讯出售敏感电子产品。2018 年 7 月，中兴通讯向美国政府缴纳罚金和保证金，并改组董事会，获得了美国政府暂时、部分商品的解禁。2018 年全年我国集成电路进口额达到 3100 亿美元，远超石油 2383 亿美元的进口额。集成电路的自主化生产已经涉及国家安全，芯片国产替代势在必行。2018年以来，国务院、工信部、发改委陆续密集出台政策支持国产半导体芯片建设，半导体大基金二期方案上报国务院并完成了募资工作。2018年底，国家宣布设立科创板并试点注册制。在科创板的方案中，以集成电路为代表的下一代信息产业成为科创板重点支持的对象。种种迹象表明，在国家战略的支持下，国产半导体芯片即将迎来爆发式发展。

国泰基金经过详细的分析，并组织内外部反复论证，认为随着半导体芯片行业景气周期的复苏和国产替代战略的实施，在5G建设的催化下，国内半导体芯片即将迎来长达数年的投资机会。而目前国内市场还没有跟踪半导体芯片的指数基金，投资者潜在的投资需求无法被满足。

国泰基金考察比较了国内现有的标的指数后，未能找到合意的半导体芯片指数，2018年国泰基金与国内多家指数公司进行沟通论证，最终与中华指数公司达成合作，定制了中华半导体指数（后改名为中华半导体芯片指数）。指数覆盖了半导体芯片材料、设备、设计、制造、封装和测试，覆盖产业链更加齐全。国泰基金依托该指数向证监会上报了半导体50ETF产品方案，半导体50ETF于2019年5月16日成立，发行规模2.78亿元，是国内第一个半导体芯片ETF。

2. 产品发展历程

半导体50ETF上市后，恰逢科创板正式开板，半导体芯片作为科创板重点支持的产业受到了投资者的广泛关注。2019年年中，半导体景气周期逐渐见底恢复，自2019年8月开始，半导体芯片板块出现大幅上行，在不到两个月的时间内指数涨幅超过30%，吸引了投资者的目光。国泰基金抓住有利时机开展重点营销，并与市场影响力较大的卖方分析师合作，积极提示半导体芯片行业投资机会。半导体50ETF规模快速攀升，2019年底已突破30亿元大关。

半导体芯片板块的快速崛起也引起了其他基金管理公司的关注，ETF行业龙头华夏基金于2019年11月向证监会上报了华夏芯片ETF的产品方案，半导体50ETF的行业地位面临重大挑战。国泰基金及时捕捉到了这一动向，计划借助华夏基金在芯片ETF发行期对半导体芯片板块的大力宣传，抢先于华夏芯片ETF

上市前开展一轮持续营销。国泰基金于2020年1月启动持续营销工作，恰逢半导体芯片自2月初迎来一波快速上行，半导体50ETF规模快速提升。华夏芯片ETF于2月10日上市交易，上市规模约55亿元；国泰半导体50ETF依靠持续营销，规模迅速提升至78亿元，取得小幅优势。此后华夏基金保持了较高强度的营销推广，华夏芯片ETF规模最终超过了半导体50ETF。

面对其他基金管理公司的竞争，国泰基金积极求变。对于个人投资者，ETF的产品简称十分重要，简洁的产品名称更便于个人投资者的记忆。半导体50ETF这一简称稍显复杂，为解决该问题，国泰基金与中华指数公司多次沟通，借助标的指数名称由"中华交易服务半导体行业指数"变更为"中华交易服务半导体芯片行业指数"的机会，同步发起基金名称变更，并将基金简称变更为"芯片ETF"，方便了个人投资者记忆。

国泰芯片ETF上市以来，受益于标的指数的快速上涨，净值于2020年上半年突破2元。净值的提升一方面可能导致做市商买卖报价价差扩大，不利于产品流动性的提升；另一方面ETF的最小买入单位为100份，根据统计，约有超过5%的国泰芯片ETF持有人持有数量小于等于100份，国泰芯片ETF净值的不断提升，将使得资金量小于200元的小微持有人无法购买国泰芯片ETF。

为了服务更多持有人，提高潜在流动性，提升国泰芯片ETF的市场竞争力，国泰基金反复与上交所、中登、证金公司等相关方沟通会谈，在上交所的指导下制订了国泰芯片ETF的份额拆分方案。2020年9月9日，国泰芯片ETF顺利完成拆分，将一份ETF份额拆分为两份，单位净值减半。份额拆分后，国泰芯片ETF持有人户数显著提升，取得了较好的拆分效果（见图16）。

2020年下半年，半导体芯片板块经过连续上涨估值水平较高，但受华为、中芯国际受美国出口限制等因素影响，出现较大幅度回调。国泰芯片ETF规模有所回落，但国泰基金经过研究分析，认为半导体芯片产业景气周期继续向上、国内国产替代持续进行等投资逻辑没有发生重大变化，因此继续开展国泰芯片ETF的持续营销工作。国泰芯片ETF在2020年底规模接近150亿元，成为全市场少数超过百亿元的ETF之一，在半导体芯片行业ETF中位居第二（见图17）。

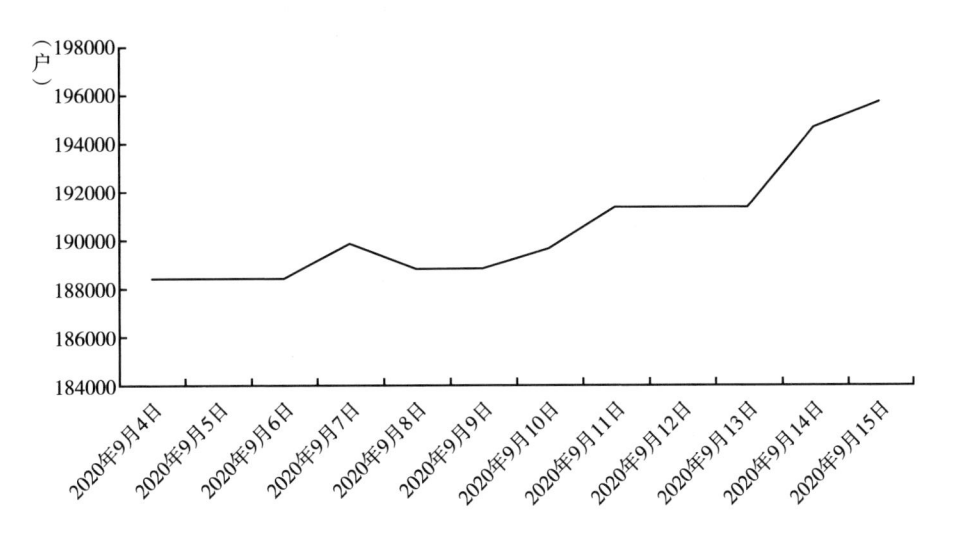

图 16 芯片 ETF 拆分前后持有人户数

资料来源：Wind，国泰基金。

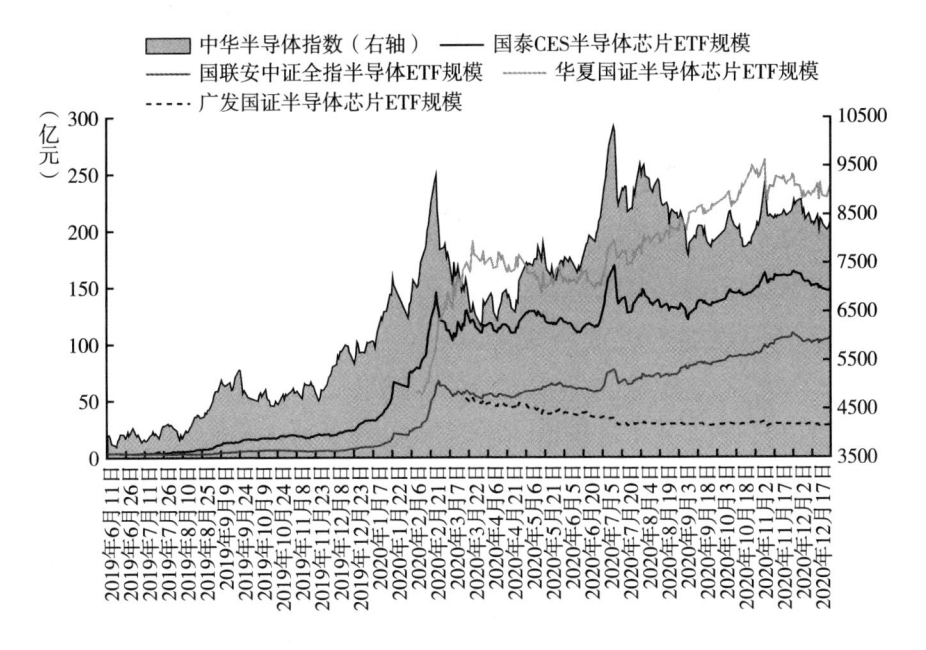

图 17 芯片 ETF 成立以来每日规模及同类产品比较

资料来源：Wind，国泰基金。

B.11
信托服务实体经济

——中建投信托助力全国首单知识产权 ABN 案例

袁　路*

摘　要： 资产证券化在我国处于飞速发展阶段，已逐渐成为实体经济盘活存量的主要融资手段。中建投信托参与了全国首单中国银行间交易商协会中小企业专项知识产权资产支持票据（Asset Backed Notes，ABN）项目，底层资产是新兴产业中传统低信用评级的企业，但通过创新性引入担保机构，实现了资产证券化产品的高信用评级，对于信托公司向资产证券化转型布局有重要意义。

关键词： 信托公司　资产支持票据（ABN）　知识产权

一　资产证券化的意义

（一）助力实体经济发展

资产证券化已逐渐成为实体经济盘活存量的主要融资手段，有利于完善资本市场的结构，改善资源的配置，提高资金的运作效率，从而促进经济结构的优化，达到为实体经济服务的目的。

资产证券化的优势体现在以下几方面：将企业信用、金融机构信用与资产

---

* 袁路，中国社会科学院经济学博士，现任中建投信托股份有限公司研究创新部总经理，中国信托业协会行业专家库成员，主要从事宏观经济与资管行业研究。

信用相剥离，帮助企业挖掘资产优势，让优质资产摆脱企业甚至资产本身信用条件的限制，从而降低企业融资的门槛；帮助相对弱势的低信用级别企业取得超出自身信用级别的融资支持，降低企业融资成本；为企业提供传统融资渠道之外的选择；同时也有利于优化企业资本结构，在符合"真实销售"的条件下，帮助企业实现资产"出表"，改善各项偿债能力指标，优化企业的资产负债结构。

（二）助力信托转型

从全市场来看，信托公司参与资产证券化市场主要通过三个途径：一是作为管理人发行信贷资产证券化产品。二是作为管理人发行企业资产证券化产品，包括交易所发行、银行间交易商协会发行等。三是通过搭建信托架构在交易所发行信托受益权类资产证券化产品，此种方式中信托公司一般不作为管理人，仅作为原始权益人或信托架构提供方参与发行。

银保监会明确指出有效发挥理财、保险、信托等产品的直接融资功能，健全与直接融资发展相适应的服务体系，运用多种方式为直接融资提供配套支持，提高直接融资比重。这一政策导向加快信托公司逐步从过去间接融资业务向直接融资领域转型发展。资产证券化发展空间巨大。近年来，随着证监会、央行等一系列管理规定及配套措施的颁布，资产证券化业务开始了爆发式的增长。

信托公司通过信贷资产证券化、ABN等资产证券化业务，能够直接参与直接融资体系发展，万亿元级别的资产证券化发行规模反过来在一定程度上助推了信托行业整体业务规模的增长，促进信托向服务功能转型。同时，资产证券化与信托公司的既有业务也可形成联动，为信托公司新的收入增长注入动力。当前，资产证券化业务处于飞速增长阶段，信托在其中可以发挥举足轻重的作用。

二 全国首单知识产权 ABN 投资案例

（一）案例概况

该项目是全国首单中国银行间交易商协会中小企业专项知识产权 ABN

项目。通过巧妙的交易结构安排，以企业知识产权提供反担保的方式引入AAA级第三方担保公司增信，并通过采取在交易商协会发行的方式，对接机构投资者资金，实现了企业资产与信用的剥离，大大降低了企业融资成本，为拥有高新技术的中小企业融资提供了范本。该ABN运作过程中主要参与方包括2家银行、2家信托公司、1家担保公司等多家跨行业金融机构，最终资金用于支持5家高新技术企业的经营发展，是各类金融企业共同作用、精诚合作支持中小企业发展、服务实体经济的典型案例。

2020年9月23日，由深圳市属国企深圳担保集团旗下深圳市深担增信融资担保有限公司（以下简称"深担增信"）增信的"上银国际投资（深圳）有限公司2020年度第一期精诚建泉深圳南山区知识产权定向资产支持票据"（以下简称"本单ABN项目"）成功发行，该项目是全国首单中国银行间交易商协会中小企业专项知识产权ABN项目。本单ABN项目规模2.1亿元，期限不超过24个月，不设次级，票据利息为固定利率，半年付息，到期还本。由于深圳市南山区政府补贴和深圳担保集团费用减免，企业实际融资成本不超过2.8%。中证鹏元资信评估股份有限公司（以下简称"中证鹏元"）对该资产支持票据评级AAA，反映该资产支持票据本息保障程度高、违约风险极低。

本单ABN项目底层资产为5笔信托贷款，入池资产本金余额合计2.1亿元，贷款均按半年度付息，到期还本，剩余期限均为2年。其中，前三大债务人为摩比天线、劲嘉股份、铂科新材，入池资产贷款余额分别为6500万元、6000万元、5000万元，合计占比83.33%，集中度相对较高。

（二）交易结构

本单ABN项目的具体交易结构如图1所示，其核心是以特定信托受益权设立的资产支持票据信托（特定目的信托），具体包括以下方面。

（1）初始委托人因认购特定信托项目而享有信托受益权，华润深国投信托有限公司（以下简称"华润信托"）作为特定信托受托人，将特定信托下的信托资金用于向摩比天线、劲嘉股份、铂科新材、麦驰物联、杉川机器人发放流动资金贷款。

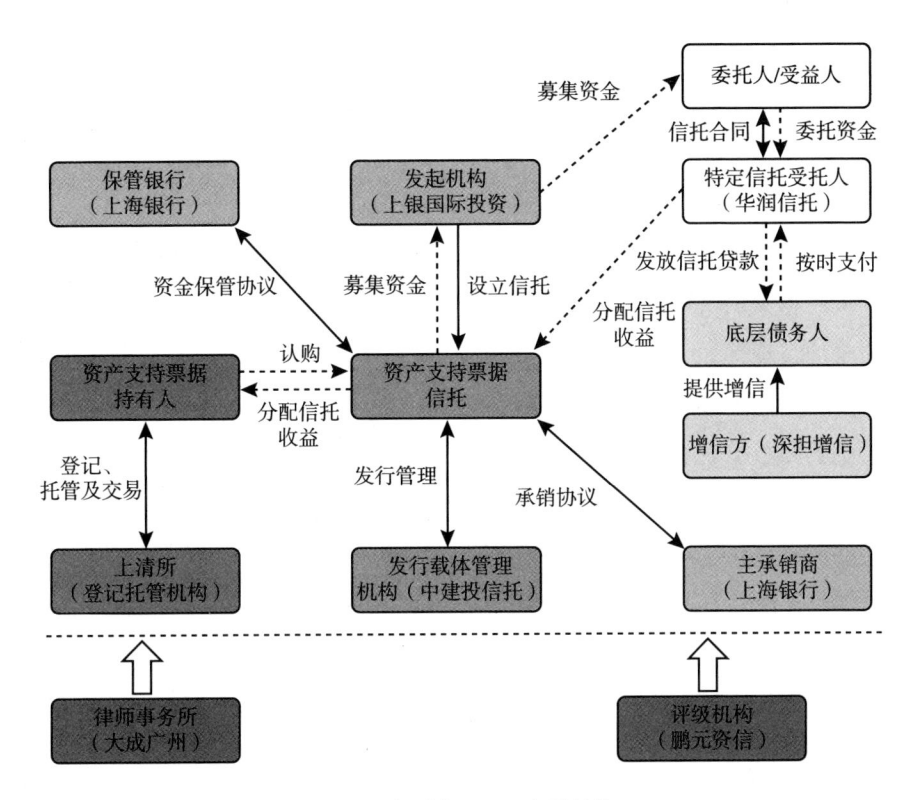

图 1　知识产权 ABN 交易结构

注：虚线表示各方之间的法律关系，实线表示现金流的划转。

（2）发起机构上银国际投资（深圳）有限公司（以下简称"上银国际"）与初始委托人签署信托受益权转让协议，受让初始委托人享有的特定信托项目信托受益权。

（3）上银国际作为发起机构，将其合法拥有的特定信托受益权委托中建投信托股份有限公司（以下简称"中建投信托"）设立财产权信托（特定目的信托）。中建投信托以设立的信托作为特定目的载体，发行"上银国际投资（深圳）有限公司2020年度第一期精诚建泉深圳南山区知识产权定向资产支持票据"，作为发行载体管理机构向资产支持票据投资者募集资金。

（4）中建投信托与发起机构、主承销商签订承销协议，委托主承销商为本项目资产支持票据提供营销服务。上海银行股份有限公司（以下简称"上海银行")担任主承销商及簿记管理人,对资产支持票据以定向方式发行。

特定目的信托计划项下受益权全部由资产支持票据表示。发行所得认购金额扣除相关费用支出后的资产支持票据募集资金净额支付给发起机构,并以信托财产产生的现金为限支付票据的本息及其他收益。

(5)中建投信托委托上银国际和华润信托担任资产服务机构,提供与基础资产相关的资产管理服务,具体包括信托财产回收资金的归集和信托财产债权的实现等。

(6)由深担增信提供保证担保和差额支付增信,对本期票据基础资产所产生的回收款现金流不足的情形以支付各期资产支持票据的预期收益和未偿本金余额提供保障。深担增信为底层资产各债务人在特定信托项下对华润信托的债务提供不可撤销的连带责任担保,为底层资产对应信托贷款的到期兑付提供保障。同时,不可撤销及无条件的承诺对特定目的信托账户内可供分配资金不足以支付应付利息和本金的差额部分承担支付义务。深担增信最新主体长期信用评级为 AAA。

(三)底层资产

本单 ABN 项目的底层债务人为摩比天线技术(深圳)有限公司(简称"摩比天线")、深圳劲嘉集团股份有限公司(简称"劲嘉股份")、深圳市铂科新材料股份有限公司(简称"铂科新材")、深圳市杉川机器人有限公司(简称"杉川机器人")、深圳市麦驰物联股份有限公司(简称"麦驰物联")。5 家底层债务人均为深圳地区企业,行业集中在通信、电子元件、商业印刷等高端制造业领域,各家企业均具有较强技术研发能力和品牌竞争优势。

摩比天线拥有约 150 项专利,在 5G 天线与射频子系统技术方面处于国内领先位置,在天线与射频子系统向一体化和有源化发展这两个细分领域的技术积累以及客户积累使其有望在 5G 的网络建设中占得先机。该公司与中兴通讯等各大运营商建立了长期稳定的联系。

劲嘉股份截至 2019 年末已累计获得专利授权 669 件,其中发明专利 105

件、外观设计10件；新申请专利123件，其中发明专利36件。无形资产规模超过3亿元。

铂科新材为国家高新技术企业，其产品属于战略性新兴产业中的新材料产业。截至2019年12月31日，已获境内授权专利98项、美国发明专利1项。围绕电感软磁材料领域，自主研发并掌握了低氧精炼技术、气雾化喷嘴技术、粉体绝缘技术、高密度成型技术、片状粉末制备技术、磁性复合材料技术等关键核心技术。

杉川机器人自主研发的扫地机器人的核心部件——激光雷达和"移动机器人+"Egomobile核心技术，在移动机器人相关产品上获得了应用，综合而言在行业中属于"国际领先，国内一流"企业。

麦驰物联为国家高新技术企业，是楼宇智能终端模拟产品的国内领导厂商，拥有46项发明专利、实用新型专利、外观设计专利及软件著作权等自主知识产权。

上述5家企业分别以其拥有的核心知识产权提供反担保与深担增信签署协议，从而获得深担增信为其融资提供担保增信，极大地提高了特定信托的项目评级，使华润信托作为受托人发行的特定信托的成本控制在4.8%。而企业通过该交易结构安排，获得深圳市南山区政府的贴息补贴，进一步降低实质融资成本至2.8%。这5家高新技术企业通过其拥有的技术优势，获得了资金支持和政策补贴，实现了国家扶持中小企业发展的目的。

三 投资案例的创新探索

（一）底层资产的创新探索

本单ABN项目的底层资产为特定信托项目信托受益权，该特定信托项目向深圳市南山区的5家企业发放信托贷款，5家企业均为中小型民营企业。本次ABN发行中践行了信托回归本源，支持实体经济发展。由表1可以看出，这5家企业均属中小型企业，资产规模均不超过百亿元，大多数仅为10亿元左右，本身资产规模较小，净利润绝大多数不超过1亿元，对流动负债依赖程度较高。在经济内外承压叠加及新冠肺炎疫情影响之下，经营盈利状况一般，企业经营压力和财务负担较重。在传统的融资渠道中，不可能获得高评级，融资难度极大，融资成本较高。

表1 底层资产债务人概况

	摩比天线	劲嘉股份	铂科新材	杉川机器人	麦驰物联
主营业务方向	通信基站天线	彩盒印刷	高性能软磁材料生产	智能机器人生产	安防监控与智能家居
技术优势	截至目前有约150项专利	累计获得专利授权669件	已获境内授权专利98项、美国发明专利1项	拥有移动机器人核心技术	拥有46项发明专利
资产规模（2019年末）	不超过20亿元	不超过90亿元	不超过10亿元	不超过7亿元	不超过4亿元
净利润收入（2019年末）	不超过0.2亿元	不超过7亿元	不超过1亿元	不超过1.5亿元	不超过0.2亿元
资产情况	公司非流动资产占比较高，流动负债占比较高	公司非流动资产占比较高，流动负债占比较高	公司流动资产占比较高，流动负债占比较高	公司流动资产占比较高，流动负债占比较高	公司流动资产占比较高，流动负债占比较高

然而，这些企业分属于通信设备、高端包装与材料、新材料、人工智能、智能化工程和安防等新兴行业，多家企业拥有高新技术企业证书，是以创新驱动发展、基础产业高级化的代表企业，均为知识密集型企业新型产业代表，符合国家鼓励支持发展的方向。此外，这些企业均处深圳地区。作为粤港澳大湾区核心城市与中国特色社会主义先行示范区，深圳市经济发达，第三产业增加值占比最大，战略性新兴产业增长较快。因此，对此类企业的融资支持具有极强的示范效应。

（二）参与主体的创新探索

本单ABN项目的底层资产集中度较高。本期资产支持票据基础资产的底层资产对应的借款人集中度较高，前三大借款人未偿本金余额合计占比为

83.33%，且全部位于深圳市。若有借款人违约或者区域经济系统性下滑，将给优先级证券本息偿付带来较为不利的影响。

本单 ABN 项目抓住企业共同的知识产权优势，通过引入外部增信机构深担增信，为债务人在信托贷款合同项下对华润信托的债务提供不可撤销的连带责任担保，为底层资产对应信托贷款的到期兑付提供了进一步保障，同时为票据信托提供差额补足，差额支付对资产支持票据本息偿付发挥了极强的增信作用。深担增信不可撤销及无条件地向受托人承诺，对信托账户内可供分配资金不足，根据信托合同约定的分配顺序，以支付完毕本期资产支持票据的应付利息和本金的差额部分承担支付义务。较好的风险缓释机制安排使票据评级达到 AAA 的高水平，以较低的发行利率吸引了投资者参与。

（三）交易结构的创新探索

本项目的难点在于，底层 5 家中小企业虽然属于高新企业，在各自专业领域内拥有较多专利，具备知识产权优势，但本身属于轻资产企业，且企业尚处于初创和成长期，盈利能力和资产结构状况均不尽理想，因而，直接通过银行和信托机构很难获得融资。

而这些企业所属行业均为国家扶持行业，深圳市南山区政府对这些符合条件的拥有知识产权的企业有专门的政策支持，企业若能取得融资，则可以获得 2% 的贴息补贴。但由于知识产权价值评估较难，向银行或信托机构直接贷款较难通过知识产权增信来降低企业成本，但通过引入第三方担保公司增信，企业以知识产权提供反担保，则使特定信托的融资成本降低至 4.8%，结合政府的贴息，企业实际承担的融资成本仅为 2.8%。

这样的交易结构安排，为拥有自主知识产权的中小高新企业提供了新的融资途径，大大降低了融资成本。有助于解除企业研发过程中的担忧，使企业敢于进行研发投入，乐于进行研发投入，共同推动中小民营企业科技创新和产业升级，为中国经济实现高质量发展添砖加瓦。

（四）高效发行的创新探索

本项目基于中建投信托与上海银行ABN储架项目既已成立，该储架项目基础资产设定为信托受益权。通过将特定信托项目信托受益权直接装入储架项目发行，项目运作周期从3~6个月缩短到2个月以内。同时，项目采取定向发行的方式，直接对接机构投资者，从项目上报交易商协会到备案通过发行，仅用了2周，极大地提高了企业融资效率。

四 信托公司在其中的角色意义

本单ABN项目有两家信托公司参与。信托公司在ABN整个架构设计中起到至关重要的作用，是支持高新科技企业发展、服务实体经济的重要主体。

首先，中建投信托作为发行载体管理机构，设立"上银国际投资（深圳）有限公司2020年度第一期精诚建泉深圳南山区知识产权定向资产支持票据"，作为发行载体管理机构向资产支持票据投资者募集资金，最终由上海银行和民生银行各认购1亿元。资产支持票据的底层资产为特定信托受益权，虽然信托受益权实质为向5家企业发放贷款，但通过引入第三方担保增信保障了底层信托受益权的现金流稳定性，从而使企业信用与资产信用相剥离，为企业提供了传统融资渠道之外的选择。另外，作为资金的实际提供方，银行以投资者身份认购资产支持票据，能够节约表内资金，降低自身参与此类项目的风险。该设计让拥有知识产权优势的企业突破自身信用条件限制，降低了融资的门槛和融资成本。这对于帮助高新企业发展、支持国家实体经济大有裨益。

中建投信托作为发行载体管理机构，其具体职责主要包括以下方面。

（1）对基础资产、发行载体或其管理机构、相关交易主体以及对资产支持票据业务有重大影响的其他相关方开展尽职调查，聘请法律、会计、评估等外部机构对资产以尽职调查和出具意见书的方式进行审核。

（2）本着忠实于受益人最大利益的原则处理信托事务，对信托进行会计核算和报告，及时准确地披露信息，并妥善保存处理信托事务的完整记录。

（3）监督和督促其委托或聘请的资产服务机构、资金保管机构及其他中介服务机构恪尽职守地履行其各自的职能和义务。

（4）若根据《资产服务机构报告》或资产服务机构的汇报，发现基础资产现金流恶化导致不足以支付信托资产支持票据本金或利息，将和主承销商一起采取系列保护投资人的措施，包括及时披露信息、督促差额支付义务人履行差额补足义务、及时查清基础资产现金流恶化的原因和明确各方责任、召开资产支持票据持有人会议达成解决方案等。

（5）应当按照中国法律的相关规定和信托合同的约定持续披露有关信托财产和资产支持票据的信息，保证信息披露及时、真实、准确和完整。

其次，本单 ABN 项目的底层基础资产为 5 笔信托受益权，分别对应 5 家高新技术企业的信托贷款。华润信托作为这 5 个资金信托的受托人同时承担资产服务职责。在底层基础资产创设过程中，通过充分挖掘底层债务人的知识产权优势，以知识产权提供反担保的方式引入第三方担保公司，为特定信托提供增信，从而提高信托评级，降低资金信托贷款利率。而这也保障了 ABN 底层基础资产的现金流稳定性。

从具体职责来说，华润信托作为资产服务机构，应根据服务合同的约定为资产支持票据信托提供与基础资产及特定信托的利益分配有关的管理服务及其他服务，并在每个资产服务机构报告日向发行载体管理机构、评级机构出具《资产服务机构报告》。主要负责底层基础资产的质量把控，确保向底层债务人发放的信托贷款按时足额付息，若底层债务人不能及时还本付息，则应要求保证人履行连带支付责任，并及时向发行载体管理机构和评级机构汇报，确保特定信托的信托受益权实现。

五 资产证券化前景展望

（一）资产证券化具有广阔发展前景

2020 年受新冠肺炎疫情影响，资产证券化的发行增速一度放缓。截至

2020年6月5日，资产证券化市场累计新增发行项目636只，累计发行规模约7515.37亿元。但随着2020年下半年国内疫情影响逐渐消除，经济不断复苏，资产证券化发行规模出现爆发性增长。Wind数据显示，2020年共发行2080单项目，发行规模达2.9万亿元，较2019年同期2.4万亿元增长20.8%，市场累计发行规模约10.8万亿元。其中，信贷ABS市场累计发行规模达4.5万亿元，企业ABS市场累计发行规模达5.3万亿元，ABN市场累计发行规模达1万亿元。

Wind数据显示，截至2020年11月，共有36家信托公司通过综合信贷CLO（贷款抵押债券）、企业ABS和ABN等方式参与资产证券化业务。2020年以来，信托公司参与的资产证券化项目规模已超过万亿元，占总规模的半壁江山。

从基础资产方面来看，无论是企业ABS还是ABN，以应收账款为底层资产的资产证券化规模均表现出高增速，较2019年增长70%~80%，支持实体经济力度明显。

（二）公募REITs的探索

2020年8月，证监会发布《公开募集基础设施证券投资基金指引（试行）》（以下简称《指引》），基础设施公募房地产信托投资基金（Real Estate Investment Trusts，REITs）一时成为热点。由于我国之前没有真正的REITs产品，一直以来采用类REITs的方式进行证券化盘活，本质上属于资产证券化产品。而2020年上半年中国证监会、国家发改委联合发布的40号文中采用"不动产投资信托基金（REITs）"的提法，在8月出台的《指引》中采用"公开募集基础设施证券投资基金"的概念，可以看出，我国当前基础设施公募REITs是寄生于证券投资基金和资产证券化制度之下的"过渡"形态，本质上还是一种证券投资基金。但基金管理人的职责涵盖了项目公司的运营管理职责，是传统证券投资基金管理人管理范围的延伸。

公募REITs采用封闭式运作，通过认购资产支持证券持有基础设施项目公司100%股权，交易结构相对复杂。公募REITs在中国正式扬帆起航，将为企业在资产证券化之外提供更多的金融工具选择。

（三）探索信托参与资产证券化的新模式

中国资产证券化市场会继续迅速发展并且长期存在，是信托行业转型升级、服务实体经济的重要方向和手段。随着银行间市场交易商协会发布《关于意向承销类会员（信托公司类）参与承销业务市场评价的公告》，信托公司除了担任受托人和发行载体管理机构、形成底层信托受益权资产之外，也能够担任承销机构参与资产支持票据业务，更深入地参与到资产证券化链条中。

然而，信托行业的资产证券化业务能力依然比较弱，参与广度不够。到目前为止，信托公司参与资产证券化的主要方式仍是担当底层资产整合的特殊目的机构（SPV）角色，在业务链条上难以扩展到具有话语权地位的承销和管理层面，难以充分挖掘资产证券化从 Pre-Abs 到承销再到管理的全价值链。信托参与资产证券化业务的同质化严重，甚至出现同行恶性竞争压低价格的行为，市场环境并不健康。

资产证券化是信托行业转型升级的重要方向之一，信托公司要想在资产证券化业务上进一步打开市场，一方面需要监管政策的支持，如进一步放开信托企业参与交易所市场非金融企业债务融资工具的试点范围等；另一方面还需要信托公司从自身条件出发，加强主动管理能力和创新能力建设，建立比较优势。

参考文献

张译文：《中建投信托谭硕：资产证券化是不动产信托的发展方向》，http://finance.sina.com.cn/am/trust/2019-07-23/doc-ihytcerm5758787.shtml，2019 年 7 月。

浙江省银行业协会：《中建投信托：践行国企担当以高质量发展服务实体经济》，2020 年 10 月 12 日。

证监会：《公开募集基础设施证券投资基金指引（试行）》，2020 年 8 月。

中国银行间市场交易商协会：《关于意向承销类会员（信托公司类）参与承销业务市场评价的公告》，2017 年 9 月 7 日。

B.12 为稳投资贡献智慧

——中国投资咨询公司服务PPP项目咨询案例

吴赟*

摘 要： 随着人民物质文化生活水平的不断提升，城市作为一个重要载体，正面临来自各个方面的压力。大城市中垃圾分类和垃圾处理问题正得到国内各大城市的重视。城市生活中每天都会产生大量可被再利用的垃圾，垃圾分类后的处理和再利用的价值正在不断体现。大城市的再生资源化利用项目由于固定资产投资额较大，往往对政府的财政造成短期压力。通过PPP模式引入社会资本，既可以减轻政府的财政支出压力，也能够引入具有专业能力的社会资本方以分散风险，提高运营效率。中国投资咨询公司为基础设施投融资提供全过程咨询服务，帮助项目解决融资落地等问题。

关键词： 再生资源 PPP模式 基础设施投融资

一 大城市环保再生资源化利用概述

（一）再生资源化利用概念

再生资源是原生资源在人类的生产和生活等活动中被开发利用一次并废弃

---

* 吴赟，中国投资咨询有限责任公司政府与公共咨询事业部咨询总监，主要从事城市基础设施和公用事业PPP咨询、国资国企改革、管理咨询领域专业研究。

之后，可以经过回收加工后再投入生产被再次利用的物质资源。生活中常见的可再生资源包括报废的钢铁、有色金属、无机非金属、塑料、橡胶、电子产品、纸壳纸箱等。使用再生资源可以节约自然资源、能源和生产辅料。在科学合理的再加工利用下，可以减少对原生资源产生垃圾的直接处理，从而减少环境污染。

再生资源化利用是指收集可再生资源，将其分解再制成新产品，或者是收集用过的产品，分类、清洁、处理之后再销售，以减少垃圾的制造以及原料的消耗。随着建设生态文明和环保的观念逐渐深入人心，再生资源化利用在建设集约型社会过程中的重要作用日益显现。

（二）再生资源化利用发展现状

1. 再生资源化利用市场发展现状

我国自然资源人均拥有量低于世界平均水平，资源、环境与经济发展的矛盾长期存在。提高自然资源利用效率，是实现我国经济可持续发展的必然选择。我国再生资源化利用产业有如下几个特点。

（1）废旧物资回收规模将进一步扩大，但产业化程度有待提升

根据商务部发布的《中国再生资源回收行业发展报告（2019）》，未来几年，中国主要再生资源回收量都将大幅度提升，且 2020 年中国废旧物资回收规模总量有望达到 3.6 亿吨。当前国内规模化经营的再生资源企业较少，对国民经济贡献较小。有些企业和加工园区虽然已经装备了较先进的设备，但在关键核心技术的研发方面还存在自主创新研发能力不足的问题，大部分依靠进口先进技术设备来提升产业层次。

（2）回收体系不断完善，但产业能级有待提升

完善合理的产业链条一般包括上中下游的企业，完整、合理的再生资源回收体系应该包括分布合理的废物回收站点、配送中心以及与之配套的设施和由多个企业集聚形成的再生资源产业园区。目前我国产业链正在不断建设中。再生资源行业的高端精尖技术方面，缺乏专业的人才储备，学校也缺乏对口专业，相关专业技能培训较少。产业整体赋能发展仍需人才、制度、社会认识等多维度协同配合。

（3）回收和利用环节缺乏标准规范

大多数再生资源的品类都缺乏产品技术、质量分类和检测的标准，特别是废纸、废塑料、废纺织纤维、餐厨废弃物等。缺乏统一的行业标准可能出现一系列不规范的问题，如信息不对称、模糊的交易成本。如果成本不能控制在一定范围内，就不能够满足企业的用料需求。一些造纸企业按照废纸的质量和生产需求来制定自己的厂标，另有各地地标、省标、国标也不尽相同。科学的分类标准和质量控制可以使交易过程简化，降低交易双方各环节的成本。

2. 再生资源化利用管理体系现状

2018年以来，专门针对具体类别的再生资源政策不断出台，例如废弃电器电子产品、报废机动车回收拆解管理政策等，使得中国再生资源政策体系不断丰富和完善。不断完善的政策体系对行业新进者和政府部门的项目策划提出了更高的要求，这就需要专业的咨询机构在项目前期设计时及时参与，帮助处理好合规、财务、法律等各方面问题。

上海和北京是国内第一批通过并实施生活垃圾管理条例的城市，并成为全国级垃圾分类示范案例。从政府的这一举措来看，城市垃圾分类处理已经成为未来城市发展的一个重要方面，也对城市再生资源化利用有着很大促进作用，但政府同时对分类后的垃圾进行精准化再利用提出了新的要求。

从各类再生资源管理政策的主要制定和实施部门看，中国再生资源管理体系形成了"商业部门重回收，工业部门管利用，环保部门管治理"的多角度共治共管格局。相关政策举例见表1。

表1 国内再生资源行业法律法规及政策

发布日期	法律法规及政策名称	主要内容
2020年5月修订	《中华人民共和国固体废物污染环境防治法》	明确固体废物污染环境防治坚持减量化、资源化和无害化原则；强化政府及其有关部门监督管理责任；明确目标责任制、信用记录、联防联控、全过程监控和信息化追溯等制度；完善工业固体废物污染环境防治制度；强化产生者责任，增加排污许可、管理台账、资源综合利用评价等制度

续表

发布日期	法律法规及政策名称	主要内容
2019年11月	《北京市生活垃圾管理条例》(〔十五届〕第39号)	加强生活垃圾管理,改善城乡环境,保障人体健康,维护生态安全,促进首都经济社会可持续发展。支持生活垃圾处理的科技创新,促进生活垃圾减量化、资源化、无害化先进技术、工艺的研究开发与转化应用,提高生活垃圾再利用和资源化的科技水平
2019年1月	《上海市生活垃圾管理条例》(上海市人民代表大会公告第11号)	以实现生活垃圾减量化、资源化、无害化为目标,建立健全生活垃圾分类投放、分类收集、分类运输、分类处置的全程分类体系,积极推进生活垃圾源头减量和资源循环利用
2018年5月	《关于坚决抵制固体废物非法转移和倾倒 进一步加强危险废物全过程监管的通知》(环办土壤函〔2018〕266号)	分类科学处置排查发现各类固体废物违法倾倒问题,依法严厉打击各类固体废物非法转移行为;全面提升危险废物利用处置能力和全过程信息化监管水平,有效防范固体废物特别是危险废物非法转移倾倒引发的突发环境事件
2018年4月	《关于加快推进再生资源行业转型升级的指导意见》(供销经字〔2018〕11号)	到2020年,发展规范化的城乡回收站点10万个。建设设施先进的再生资源综合分拣中心1500个、回收利用基地120个、培育10家年收入超过50亿元的大型环境服务型龙头企业
2017年4月	《循环发展引领行动》(发改环资〔2017〕751号)	资源高效和循环利用,发展循环经济,强化制度和政策供给,加强科技和模式创新,加快形成绿色循环低碳产业体系和城镇循环发展体系
2016年5月	《关于推进再生资源回收行业转型升级的意见》(供销经字〔2018〕11号)	以加快转变发展方式、促进行业转型升级为主线,顺应"互联网+"发展趋势,着力推动再生资源回收模式创新,推动经营模式由粗放型向集约型转变,推动组织形式由劳动密集型向资本和技术密集型转变,建立健全完善的再生资源回收体系

资料来源:国务院办公厅、北京市人民政府、上海市人民政府网站。

二 政府与社会资本合作(PPP)模式概述

(一)PPP模式简介及特征

1. PPP模式的简介

政府与社会资本合作(Public-Private Partnership,PPP)即公共部门

(Pubic）与私人部门（Private）形成良好合作关系的一种公共基础设施项目建设模式，是20世纪90年代初在英国公共服务领域开始应用的一种政府与私营部门之间的合作方式，是西方国家政府治理创新中出现的一个概念，它是指公共部门通过与私营部门建立合作伙伴关系提供公共产品服务的一种合作模式。

从2014年起，为解决地方政府债务问题，由财政部、国家发改委等部门牵头的中国政府与社会资本合作（PPP）模式加快推进，一系列规范PPP模式应用和PPP项目实施的文件出台。中国投资咨询有限责任公司（以下简称"中国投资咨询公司"）全过程参与了自2014年起的这一轮基础设施投融资模式的推进和政策论证工作，同时在实践过程中积累了众多行业PPP项目案例。

2. PPP模式的特征

PPP模式是公私部门之间的一种长期合约关系，公共部门和私人机构通过合同结成稳定的契约关系。PPP模式的本质在于政府资源与市场资源在数量、禀赋上的优势互补。这一模式特别强调共赢的理念、争端的解决、公平公正及风险共担，充分发挥政府部门与私营部门各自具有的优势，政府与私人机构是平等公平的公私合作伙伴关系。

（二）PPP项目现状

整体来看，PPP项目在2014~2018年增长迅猛，入库数量从699个增长至14424个，2018年之后逐渐冷却，增长放缓；2020年受新冠肺炎疫情影响，上半年PPP项目新增入库数量和落地数量都创下了近年新低，但下半年开始温和反弹，下半年的入库和落地项目数量跟上年同期相比大致相当，走出谷底迹象非常明显。截至2020年11月，PPP项目入库数量累计为13224个。其中2020年PPP项目净入库数量为883个；处于准备阶段、采购阶段和执行阶段的PPP项目数量分别968个、1947个和6905个（见图1）。

从行业来看，市政工程、交通运输、生态建设和环境保护三个行业入库项目数量排名前三，分别为5099个、1794个和1183个（见图2）。

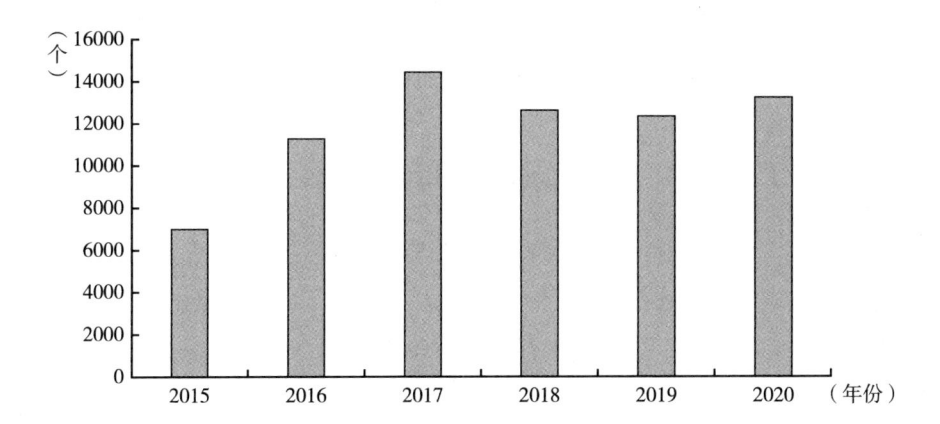

图1 2015~2020年PPP项目入库情况

资料来源：根据Wind数据整理。

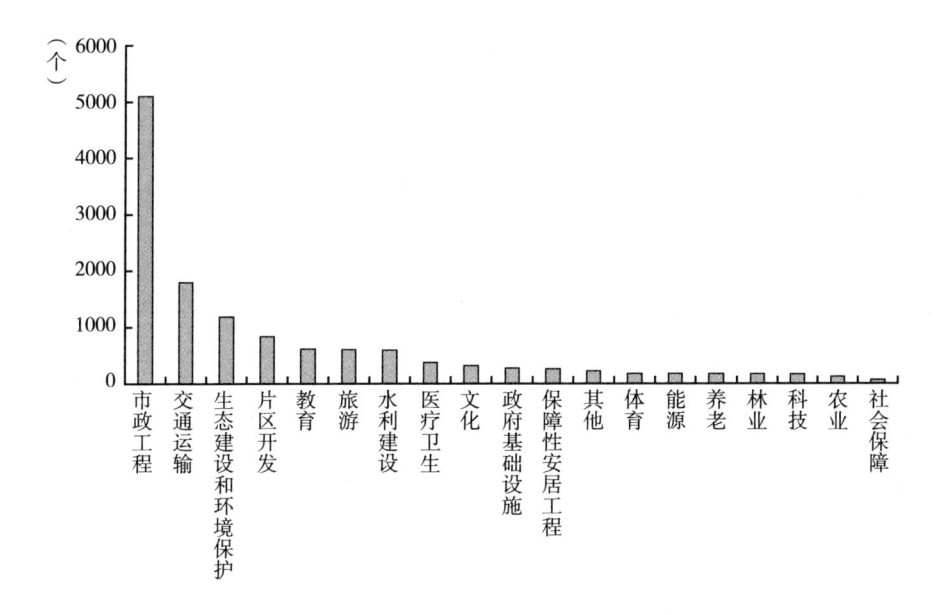

图2 2020年PPP项目入库行业情况

资料来源：根据Wind数据整理。

三 PPP 模式应用于再生资源化利用

（一）PPP 应用于再生资源化利用的必要性

国务院、财政部和国家发改委等部委先后颁布了《国务院关于创新重点领域投融资机制鼓励社会投资的指导意见》（国发〔2014〕60号）、《关于推广运用政府和社会资本合作模式有关问题的通知》（财金〔2014〕76号）等一系列规章和政策文件，鼓励通过政府与社会资本合作的模式建设基础设施和提供公共服务产品，PPP 模式推广应用的法律政策环境逐步完善。

再生资源化利用项目收入的一般来源为使用者付费和市场化产品销售收入，另有部分政府可行性缺口补助（垃圾处理服务费等），项目收入及现金流较为稳定，融资能力强，对社会资本的吸引力较大。同时再生资源化利用行业专利密集度较高，市场化销售渠道存在一定程度的垄断性，适宜产业化运作的细分领域较为丰富，因此此类项目能够实现政府部门和社会资本取长补短，充分发挥各自的长处，且政府与社会资本双方权责划分相对清晰，分工明确。

（二）PPP 应用于再生资源化利用的可行性

再生资源化利用项目往往固定资产投资额较大，社会资本参与项目前都会慎重考虑项目所在地的政策制度环境与垃圾产生的供应情况。再生资源化利用项目经营收入来源主要为产品销售收入以及垃圾处理费。采用 PPP 模式，此类项目的财务评价结论在项目盈利能力、财务可持续性、抗风险能力等方面会表现良好，能够取得相对稳定的投资回报。同时，凭借着政府监管项目公司所提供的信誉保障，社会资本的风险也会大大降低。

此外，再生资源化利用项目选择 PPP 模式，能够使得提供社会资本的企业承担项目的建设、投融资、运营（资源化产品销售）和设备维护等职责，政府方作为监督者和合作者，减少对微观事务的直接参与，加强发展区域、行业战略制定、社会管理、市场监督、绩效考核等职责，有助于解决政府职能错位、越位和缺位的问题，同时提高公共事业服务的水平。

四 上海市闵行区马桥再生资源利用中心项目案例分析

自 2014 年起，中国投资咨询公司多年参与财政部 PPP 政策顶层设计等咨询服务，在行业内积累了数百个基础设施项目案例及丰富的行业经验，同时跟随着财政部 PPP 项目库系统的更新不断学习，深化对中国模式 PPP 行业项目的了解。2018 年中国投资咨询公司参加上海市闵行区 PPP 机构供应商采购的公开招标，成功入选 2018～2020 年闵行区 PPP 专业咨询机构服务企业。

（一）项目背景及运作模式

2016 年上海市政府批转了上海市绿化市容局制定的《关于进一步加强本市垃圾综合治理的实施方案》（沪府办〔2016〕69 号），明确了要进一步推进建筑垃圾处理设施的建设。根据《上海市建筑垃圾处理管理规定》（沪府令〔2017〕57 号），装修垃圾和拆除工程中产生的废弃物，经分拣后进入消纳场所和资源化利用设施进行消纳、利用。

为响应上海市规划和相关管理规定，2019 年 12 月闵行区政府常务会议通过启动马桥再生资源化利用项目（以下简称"本项目"），并采用 PPP 模式实施。本项目批复总投资 6.65 亿元，建成后年总处理规模为 70 万吨，其中装修垃圾年处理规模 35 万吨、拆除垃圾年处理规模 35 万吨。经项目设施处置后的建筑垃圾产成品包括金属 8617 吨、骨料 422897 吨、免烧砖 35164800 块。

自项目启动以来，闵行区财政局特聘请中国投资咨询公司作为专业的服务机构，在短时间内组织专业力量，制订服务方案及工作计划日历表，开展项目前期调研及模式设计论证工作。

闵行区政府授权闵行区绿化和市容管理局作为本项目的实施机构。项目

实施机构通过法定程序选定社会资本，社会资本方负责在闵行区出资设立项目公司。项目实施机构与项目公司签署PPP项目合同，并依法授予项目公司本项目合作期内的经营权（收益权）。

项目公司负责本项目投资、建设、运营（垃圾处理、产成品销售）、厂区管理和设施设备维护，政府方负责建筑垃圾收集及运输、前端收费和末端残渣部分填埋。双方共同合作，分工完成项目建设维护并向社会公众提供公共服务。PPP合作期届满后，项目公司将项目设施完好、无偿地移交给实施机构或者闵行区政府指定的其他机构。

最终中国投资咨询公司的项目实施方案通过了闵行区的专家评审会，并一次性成功申报进入财政部PPP项目库，是上海市2020年重点工程，由市委市政府、市重大项目办亲自督导，建成后可通过再生资源的再利用，解决上海市区建筑垃圾和装修垃圾的去向问题，服务惠及徐汇、长宁、普陀、闵行、松江等上海中心城区近300万人口。

（二）项目合作期限

在前期调研过程中，中国投资咨询公司通过对标同类型PPP项目数据，结合前期调研与财务测算结果，建议项目采用建设—运营—移交（Build-Operate-Transfer，BOT）方式，合作期为30年，其中建设期2年，运营期28年。项目建设期为马桥再生资源化PPP项目合同生效日起至项目竣工通过验收之日止的期间，项目运营期为竣工验收合格之日起至合作期到期之日止，两者合计30年。

（三）项目交易结构

中国投资咨询公司为本项目设计的交易结构如图3所示。

（1）闵行区人民政府授权闵行区绿化和市容管理局作为该项目的实施机构，统筹负责项目实施。

（2）社会资本方负责在闵行区出资设立项目公司，项目公司与闵行区绿化和市容管理局共同签订马桥再生资源化利用PPP项目合同（以下简称

图3 项目交易结构

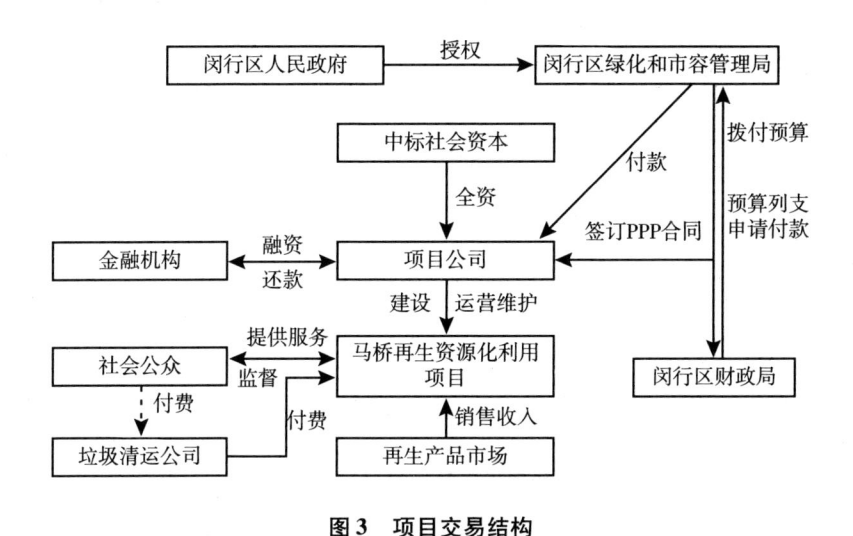

资料来源：《上海马桥再生资源化利用PPP项目初步实施方案》。

"PPP项目合同"），由项目公司负责马桥再生资源化利用项目的投融资、建设和运营维护全部工作。同时闵行区绿化和市容管理局授予项目公司根据PPP项目合同获得合理收益的权利。

（3）闵行区绿化和市容管理局根据项目绩效考核向闵行区财政局申请预算资金，由闵行区绿化和市容管理局或各街镇向项目公司支付可行性缺口补助。

（4）社会公众、闵行区绿化和市容管理局及行业部门共同对马桥再生资源化利用项目进行监督。项目公司向社会公众提供垃圾处理服务，通过收运体系向垃圾产生者收取装修垃圾处置费，并自行销售资源化再生产品以取得收入，收入包括再生骨料和新型建材产品销售收入两部分。

（5）合作期满，全部项目资产及设施需通过移交验收，项目公司将所有项目资产使用权、占有权及收益权无偿移交政府指定机构。

（四）项目投融资结构

1. 投资规模及分年投资计划

根据项目工程可行性研究报告批复的项目工程估算，本项目PPP投资规模约为66528.92万元，其中第一部分工程费用43528.86万元，第二部分工程其他费用6553.44万元，基本预备费约为4006.58万元，征地动迁费9700.00万元，建设期贷款利息2336.26万元，铺底流动资金403.78万元，详见表2。

2. 资金来源及要求

《关于调整和完善固定资产投资项目资本金制度的通知》（国发〔2015〕51号）对各行业固定资产投资项目的最低资本金比例提出了具体的要求，本项目的最低资本金要求比例为30%。由社会资本出资100%，项目投资额的剩余部分由社会资本方通过向金融机构贷款等其他形式筹集。

表2 项目投资规模及分年投资计划

单位：万元

序号	项目名称	年份 1	年份 2	年份 3	合计
1	第一部分工程费用	18292.00	25236.86		43528.86
2	第二部分工程其他费用	6441.44	112.00		6553.44
	小计	24733.44	25348.86		50082.30
3	基本预备费	1978.68	2027.90		4006.58
4	征地动迁费	9700.00			9700.00
	小计	36412.12	27376.76		63788.88
5	建设期贷款利息	614.67	1721.59		2336.26
6	铺底流动资金			403.78	403.78
	合计	37026.79	29098.35	403.78	66528.92

资料来源：《上海马桥再生资源化利用PPP项目初步实施方案》。

3. 项目资本金到位时间

本项目的项目资本金暂定项目总投资的30%，按照人民币19837.54万元（约2亿元），作为项目公司认缴注册资本注入项目公司。第一笔资本金5000万元在项目公司成立后15个工作日之内，由中选社会资本方存入项目公司账户。剩余资本金根据项目建设进度和融资机构要求，由社会资本方依持股比例及时足额缴纳。

4.融资相关安排

项目公司可通过向金融机构贷款等方式筹措项目资金，以解决投资总额和注册资本之间的差额；项目公司以项目资产或权益作为融资担保。项目公司可以为本项目融资之目的，将其在PPP项目合同中的各项权益（如PPP项目合同中的预期收益权、保险受益权等）之上设置抵押、质押或以其他方式设置担保权益。在本项目中，如果项目公司不能顺利完成项目融资，则由社会资本方通过股东贷款、补充提供担保等方式解决，以确保项目公司的融资足额及时到位。

根据国家发改委、中国人民银行、国家开发银行等部委下发的相关文件，在监管政策允许范围内，给予PPP项目差异化信贷政策，对符合条件的项目，贷款期限最长可达30年，贷款利率可适当优惠。在项目前期调研、改进和测算时，本项目贷款利率上限以当时商业银行5年期及以上拆借利率水平为基准。

同时，项目设置直接介入权，为保障项目融资方的利益，当项目出现重大经营或财务风险，威胁或侵害债权人利益时，债权人可依据项目协议中的直接介入条款代位行使项目公司股东权利和经营管理权利，要求项目公司改善管理、增加投入，或指定闵行区政府认可的合格机构接管项目。政府不得为本项目融资不提供任何形式的担保。

（五）项目土地使用权及资产权属

本项目用地5.33公顷，土地通过划拨方式交由项目实施机构，项目建设期内投资建设形成的项目资产以及本项目运营维护期内因更新重置或升级改造投资形成的项目资产，所有权均归政府方所有。

（六）项目回报机制

PPP项目回报机制是项目的收入来源方式，主要包括使用者付费、政府付费和可行性缺口补助等。

本项目采用的是可行性缺口补助模式，是指使用者付费不足以满足项目公司成本回收和合理回报，而由政府以财政补贴、股本投入、优惠贷款和其他优惠政策的形式，给予项目公司经济补助。

本项目投资规模较大，属于重要的基础设施项目，本项目本身所产生的直接经济效益有限，更大的效益来自其对经济和社会的巨大带动效应，其经营收入不足以弥补社会资本方的投资成本和合理回报。因此采用可行性缺口补助的回报机制。经中国投资咨询公司分析研判，本项目的收入来源包括以下方面。

1. 使用者付费

本项目经营收入为再生骨料和新型建材产品销售收入，以上收入可以由项目公司直接向产品购买方收取，以上统称为使用者付费。

2. 可行性缺口补贴

在项目设施符合可用性要求及运维绩效考核要求的情况下，政府支付可行性缺口补助，补偿社会资本方在本项目中投入的资本性支出和运营维护成本。可行性缺口补助额由多因素构成，其中主要因素有运维绩效服务费和使用者付费情况。

运营绩效服务费指项目公司为维持本项目资产及服务目的提供的符合协议规定的绩效标准的运营维护服务需要获得的补贴，主要包括本项目的运营维养成本及必要的合理回报，并与项目建设绩效考核情况和运维绩效考核情况挂钩。

运营绩效服务费按重量（吨）计算支付可行性补贴。本项目最终经过招投标确定的资源化利用处理服务费单价为147.48元/吨，其中设施单价34.62元/吨，处理单价66.50元/吨，垃圾产生者付费46.36元/吨，此单价相较于上海市同类型项目的政府付费单价有20%的下浮。

五 再生资源化利用及基础设施投融资模式发展趋势及展望

中国政府在"十三五"期间对工业可持续发展提出要求，严格限制企业排放，狠抓偷排、乱排情况，工业垃圾处置转向正规化处理，国家及各地政府也纷纷出台政策推动垃圾资源化行业发展，促进了资源化利用行业市场规模的增长。展望"十四五"，党中央、国务院在规划纲要中提出"绿色发展，精准治污"的理念，并明确要求加快城镇垃圾处理设施建设，完善收运系统，做好垃圾处理处置，提高资源可回收利用率。可预见，中国再生资源利用化行业在"十四五"期间将继续保持高速增长。

从投融资模式来看，提升地方财政支出能力和政府债务化解是决定基础设施投融资模式问题的重要前提。为减轻地方财政压力，平滑财政支出，各地方PPP从2014年以来成为各地基础设施项目运作的重要模式，但在经历几年快速发展之后，PPP项目支出总和不断逼近一般公共预算支出10%的红线，且《财政部关于推进政府和社会资本合作规范发展的实施意见》（财金〔2019〕10号）要求财政支出责任占比超过5%的地区，不得新上政府付费项目，新签约项目不得从政府性基金预算、国有资本经营预算安排PPP项目运营补贴支出，PPP模式的应用在不断规范中稳步前进。在此背景下，2020年专项债券发行3.6万亿元，其中超过七成资金用于基础设施建设。中国投资咨询公司一直以来致力于为地方政府和国有企业设计符合自身情况的投融资模式，仅2020年内完成数百起项目落地，协助各地政府稳定固定资产投资。

展望"十四五"期间，财政部部长刘昆在2020年中央经济会议上明确指出："完善地方政府债务限额确定机制，一般债务限额与税收等一般公共预算收入相匹配，专项债务限额与政府性基金预算收入及项目收益相匹配。完善支持社会资本参与的机制和政策。"2021年地方基础设施和公共服务投融资模式将更为丰富，并呈现自身的时代特色，中国投资咨询将为各地提供多样性的投融资咨询服务。

参考文献

《2020年中央经济会议报告》，北京，2021年1月。

《上海马桥再生资源化利用PPP项目初步实施方案》，上海，2020年1月。

宋波、徐飞：《公司合作制（PPP）研究基于基础设施项目建设运营过程》，上海交通大学出版社，2011。

中央财经大学政信研究院：《中国PPP行业发展报告（2017~2018）》，社会科学文献出版社，2018。

中央财经大学政信研究院：《中国PPP行业发展报告（2018~2019）》，社会科学文献出版社，2018。

Abstract

"Annual Report on the Development of China's Investment (2021)" is one of the reports of "Blue Book of Investment" series, and also the annual research results of "JIC Investment Research Books · Report" launched by JIC Institute of Investment Research. The purpose of the report is to make an inventory and review of China's investment industry and market in the previous year, and to forecast and prospect China's investment development in this year.

In 2020, the novel coronavirus pneumonia caused a heavy blow to the global economy, and most countries in the world had a negative economic growth. With the support of a series of accurate and effective policies, China has become the only major economy in the world to achieve positive economic growth, and investment has played an important role in stable growth. In 2020, the performance of global financial market is ups and downs. Under the background of central banks' big water release, the financial markets of most countries generally perform well. The stock markets of some countries also set a record high, and the A-share market also shows an overall upward trend.

Looking forward to 2021, with the promotion of vaccination, the global economy will gradually recover. In the first year of the fourteenth five year plan, China will speed up the construction of a new pattern of double cycle development, and the annual economic operation is expected to show a trend of "high in the front and low in the back". In terms of investment, new breakthroughs are expected to be made in the capital market reform, such as the full implementation of the registration system, the establishment of a normalized delisting mechanism, and "zero tolerance" for all kinds of violations. At the same time, the central government has made it clear that the macro policy should remain continuous and the policy operation should not make a sharp turn. A-share market is expected to have a bull market for a long time, and the performance of independent innovation, consumption upgrading and other related industries is worth looking forward to.

This book only represents the independent views of the author or the research team, and does not represent the commercial position of JIC. Readers are welcome to criticize and correct the mistakes and omissions in the book.

Keywords: Macro Economy; Finance; Investment; Asset Allocation; Capital Market

Contents

I General Report

B.1 China's Finance and Investment under

the New Development Pattern *Research Group* / 001

Abstract: During the "14th Five-Year Plan" period, China will establish a new development pattern of "dual circulation". In the process of establishing the new development pattern, more attention will be paid to "demand-side management" to give full play to the potential of domestic demand to undertake domestic production; at the same time, it will accelerate the transformation and upgrading of the domestic industrial chain and supply chain, and reshape the new momentum of China's economic development. Under the new development pattern, China will vigorously promote the construction of modern metropolitan areas and urban agglomerations, domestic regional and urban-rural development will be more coordinated, and international inter-regional cooperation will be further deepened. Under the new development pattern, China's financial system needs to grasp the essential requirements of service entities and the strategic basis for expanding domestic demand, further increase the proportion of direct financing and expand opening to the outside world, and establish a normalized mechanism for the disposal of risky financial institutions. In the future, China's capital market needs to continue to deepen reforms to provide factor financing services for building a new development pattern. Under the background of establishing the development pattern of "dual circulation", the performance of major asset markets will diverge, and there will be investment opportunities in industries related to technology, domestic demand and low carbon, etc.

Keywords: Dual Circulation; Macro Economy; Financial System; Investment Market

Ⅱ Macro Economy

B.2 Review of Global Macro Economy & Investment in 2020 and Outlook for 2021   *Wang Shen* / 027

Abstract: In 2020, COVID -19 epidemic has seriously affected the operation of the global economy, with production stoppage, consumption shrinking and unemployment surging. Global trade has shrunk sharply and the international industrial chain has been adjusted. We expect the global economy to decline by about 4% in 2020. Looking forward to 2021, the imbalance of vaccine distribution and vaccine supply will lead developed countries out of the epidemic, while the epidemic in developing countries will continue until 2022. In terms of asset allocation, the 2020 outbreak led to flooding in the global currency and asset bubbles. The asset trend of China in 2021 will be further differentiated. Assets of developed countries will be more favored by capital, while the risk of bond and exchange rate in developing countries will rise.

Keywords: World Economy; Macro Economy; Investment; COVID -19; Industry Chain; Major Assets

B.3 Review of China's Macroeconomic in 2020 and Outlook for 2021   *Zhang Zhiqian, Li Hao* / 049

Abstract: In 2020, China's total GDP exceeded 100 trillion yuan for the first time, with an increase of 2.3% year-on-year, and it is the only major economy in the world that has achieved positive growth under the impact of the COVID－19 epidemic. However, the foundation for China's economic recovery is not yet solid, especially the unbalanced recovery of supply and demand, the lagging recovery of household consumption, and the significant increase in macro leverage. Looking forward to 2021, the global economic recovery is expected to accelerate, China's macroeconomic policies will gradually return to normal, and structural stimulus policies for key consumption areas are expected to significantly boost domestic consumption. With the economy return to normal, the pressure of "stabilizing leverage" will be greatly eased, and market interest rates may return to the upside. It is expected that the annual growth rate of PPI will rebound to more than 2%, and the annual growth rate of CPI will be about 1%.

Keywords: Macro Economy; Economy Policy; New Development Pattern

Ⅲ Investment Market

B.4 Review of China's Capital Market in 2020 and
Prospect in 2021　　　　　　　　　　　　　*Gao Yanru* / 065

Abstract: In 2020, China's stock market will increase a lot, the bond market will rise first and then decline, and the scale and performance of public funds will have a good harvest. Capital market reform has made great strides in gem registration and delisting. In 2021, the global economy will recover rapidly after the impact of the epidemic. The United States may usher in a larger fiscal stimulus plan, the overseas supply chain will recover, and asset prices will rise. China's stock market still has upward momentum, which will lead to a bull trend; the bond market will usher in an investment inflection point in the second quarter, and the structural credit risk is worthy of attention; the performance of public funds is expected, active equity funds will still become the mainstream of product layout, and all kinds of products have investment opportunities.

Keywords: Asset Allocation; Capital Market Reforms; Investment Opportunity

B.5 Insights of 2020 China Mainland Real Estate Market and Outlook in 2021

Zhao Hongying, Qiao Lin / 080

Abstract: In 2020, China continued to implement its tight property market regulation despite the covid－19 pandemic, which means that for a long time in the future, Beijing is unlikely to loosen its tight grip on housing market and the policy cycle will disappear. Currently, the number of buyers have dropped and the total sales of commodity residential housing has reached peak levels and is likely to fall slowly in the following time. However, in some large cities with the hot real estate market, insufficient supply, and healthy residents' leverage ratio, housing prices is estimated to rise in 2021 even though the regulatory policies may be introduced to curb the heat. The overall recovery of the block trading market still takes time, and investors will pay more attention to alternative assets that are less affected by the pandemic during this period.

Keywords: Real Estate; Block Exchange Market; Alternative Property Investment

B.6 Review of China's Private Equity Market in 2020 and Outlook in 2021

Zou Jizheng, Wang Shen / 106

Abstract: In 2020, the total amount of private equity funds raised was 3 trillion yuan, the total amount of investment was 1.9 trillion yuan, and the total amount of M&A transactions was 2.2 trillion yuan, which showed a significant growth year on year. In addition, benefiting from the registration system and gem, there will be a blowout in the number of exit cases in 2020, with a total of nearly 5000 exit cases, 80% higher than that in 2019, and the return on investment has also increased, most of which are through IPO. Looking forward to 2021, private equity investment will further recover, industry structure will continue to differentiate, competition will accelerate transformation and concentration, and anti-monopoly will regulate CVC investment. In 2021, industries that will benefit directly from the epidemic, science and technology innovation, clean technology and consumption upgrading will be the focus.

Keywords: Private Equity Investment; Registration System; Capital Market

B.7 Review of China's Non-performing Assets Market in 2020
and Prospect in 2021   *Zhang Yingguang, Shi Baohua* / 120

Abstract: In 2020, affected by the impact of the epidemic and the uncertainty of the external environment, the scale of non-performing assets will continue to grow. The scale of non-performing loans of commercial banks continues to rise, and the non-performing rate is still at a high level; non bank financial institutions and non-financial enterprises have become an important source of supply of non-performing assets. In the face of huge supply, non-performing assets market participants present a diversified pattern, market competition intensifies, asset package transaction scale increases, and the price downward trend is obvious. From the perspective of supply, the scale of non-performing assets in 2021 shows an expanding trend; from the perspective of disposal, it is necessary to increase the strength of non-performing assets disposal and explore new ways to resolve risks; from the perspective of market, opportunities and challenges coexist in the non-performing assets management industry, and investment opportunities need to be grasped in the changing situation.

Keywords: Non-performing Assets; Non-performing Assets Market; Capital Market Regulation

B.8 Review of China's Asset Management Market
in 2020 and Prospect in 2021
Gong Xiannian, Yuan Lu and Lu Xiaowei / 138

Abstract: The regulatory policy of asset management market in 2020 mainly reflects the regulatory ideas of stabilizing finance and preventing systemic financial risks under the impact of the epidemic. Due to the high prosperity of the capital market, the scale of various asset management products has increased rapidly, far exceeding the growth level in 2019. The performance of asset management products has gradually declined from an abnormally high level in the early stage under the requirements of de channeling, de nesting and strictly prohibiting fund pooling. Looking forward to 2021, product net worth will still be the mainstream direction of the development of asset management industry; Internet will be an important part of channel construction; science and technology will run through the development of front, middle and back office businesses and continue to empower the asset management industry; domestic asset management industry and global advanced asset management institutions compete and cooperate, with both competition and development opportunities.

Keywords: Asset Management Market; Asset Management Products; Investment Opportunity

B.9 Review of China's Overseas Investment in 2020 and Prospect in 2021 *Zhu Pei* / 161

Abstract: In 2020, the global epidemic will be rampant, and the scale of World Trade and investment will drop sharply. Affected by this, the scale of global overseas investment has decreased sharply. Thanks to the effective prevention and control of the epidemic, China's economy has gradually stabilized and recovered, and the scale of China's overseas direct investment has stabilized and increased. One belt, one road area, is actively investing in overseas markets in China's high-end global sectors such as financial services and manufacturing. In 2021, the process of global economic recovery is unpredictable, and geopolitical conflicts may intensify. Chinese enterprises should take advantage of RCEP and bit, pay attention to the investment opportunities in key regions, grasp the investment opportunities brought about by scientific and technological innovation in the post epidemic era, carefully choose the investment direction and industry, truly introduce overseas superior technology and high-quality resources into China, and help to achieve the strategic objectives of the 14th five year plan.

Keywords: Overseas Direct Investment; "One Belt, One Road" Investment; Technological Innovation

Ⅳ Investment Case

B.10 Embrace the Passive Investing
　　—*The Case of Guotai Industry ETFs*　　　　　　*Huang Yue* / 177

Abstract: In recent years, Guotai Fund has strategically issued a series of industry ETFs. With its active marketing and prudential management, Guotai Fund successfully seized the growth opportunity in the ETF market and had a big step up in terms of AUM—in 2020, the total net asset value of ETFs was 86.069 billion CNY, which ranks the second among all non-currency ETF managers. Many of its ETFs' annual return had exceeded 50% during 2020 which gave an impressive investment return for its investor. Guotai Fund had many unique characters in the ETF market, such as its ability to grasp the trend of the market, its prudential management, and its multi-dimensional marketing strategy. This paper will use Securities ETF (512880) and Chip ETF (512760) as example to review the development of Guotai ETF products.

Keywords: Guotai Fund; Securities ETF; Chip ETF

B.11 Intellectual Property Rights ABN
　　—*A Way to Serve the Real Economy*　　　　　　*Yuan Lu* / 200

Abstract: Asset Backed Securitization (ABS) has gradually become the main financing means for the real economy to revitalize the stock, and it is in the stage of rapid development in China. The JIC Trust has participated in the first

ABN project of intellectual property rights for small and medium-sized enterprises. The underlying assets are traditional low credit rating enterprises in emerging industries. However, through the innovative introduction of guarantee agencies, it has achieved high credit rating of ABN products. It is of great significance for trust companies to transform into financial services.

Keywords: Trust Company; ABN; Intellectual Property Rights

B.12 Contribute Wisdom to Keep Domestic Investments
—*Case Study of CICOC for PPP Project*　　　　*Wu Yun* / 212

Abstract: With the continuous improvement of people's material and cultural life, cities, as an important carrier, are facing manifold pressure. The issue of garbage classification and disposal in metropolis are getting more and more attention. A large amount of wastes is generated in cities, and the value of garbage classification and reuse is constantly noticed. Therefore, it is a key method to alleviate resource shortage and ecological pressure. However, the utilization projects of renewable resource tend to impose a greater burden on fiscal expenditure in near future because of the large investment in fixed assets. If the Private-Public Partnership (PPP) is introduced, it can not only reduce the pressure of fiscal expenditure, but also introduce experienced private partner to diversify risks and increase efficiency. China Investment Consulting Co., Ltd. provides whole process consulting services for infrastructure investment and financing, easing problems and issues from all aspects.

Keywords: Recyclable Resource; Public and Private Partnership; Infrastructure Finance

权威报告·一手数据·特色资源

皮书数据库
ANNUAL REPORT(YEARBOOK) DATABASE

分析解读当下中国发展变迁的高端智库平台

所获荣誉

- 2019年，入围国家新闻出版署数字出版精品遴选推荐计划项目
- 2016年，入选"'十三五'国家重点电子出版物出版规划骨干工程"
- 2015年，荣获"搜索中国正能量 点赞2015""创新中国科技创新奖"
- 2013年，荣获"中国出版政府奖·网络出版物奖"提名奖
- 连续多年荣获中国数字出版博览会"数字出版·优秀品牌"奖

成为会员

通过网址www.pishu.com.cn访问皮书数据库网站或下载皮书数据库APP，进行手机号码验证或邮箱验证即可成为皮书数据库会员。

会员福利

- 已注册用户购书后可免费获赠100元皮书数据库充值卡。刮开充值卡涂层获取充值密码，登录并进入"会员中心"—"在线充值"—"充值卡充值"，充值成功即可购买和查看数据库内容。
- 会员福利最终解释权归社会科学文献出版社所有。

数据库服务热线：400-008-6695
数据库服务QQ：2475522410
数据库服务邮箱：database@ssap.cn
图书销售热线：010-59367070/7028
图书服务QQ：1265056568
图书服务邮箱：duzhe@ssap.cn

卡号：915773383973
密码：

S 基本子库
SUB DATABASE

中国社会发展数据库（下设 12 个子库）

整合国内外中国社会发展研究成果，汇聚独家统计数据、深度分析报告，涉及社会、人口、政治、教育、法律等 12 个领域，为了解中国社会发展动态、跟踪社会核心热点、分析社会发展趋势提供一站式资源搜索和数据服务。

中国经济发展数据库（下设 12 个子库）

围绕国内外中国经济发展主题研究报告、学术资讯、基础数据等资料构建，内容涵盖宏观经济、农业经济、工业经济、产业经济等 12 个重点经济领域，为实时掌控经济运行态势、把握经济发展规律、洞察经济形势、进行经济决策提供参考和依据。

中国行业发展数据库（下设 17 个子库）

以中国国民经济行业分类为依据，覆盖金融业、旅游、医疗卫生、交通运输、能源矿产等 100 多个行业，跟踪分析国民经济相关行业市场运行状况和政策导向，汇集行业发展前沿资讯，为投资、从业及各种经济决策提供理论基础和实践指导。

中国区域发展数据库（下设 6 个子库）

对中国特定区域内的经济、社会、文化等领域现状与发展情况进行深度分析和预测，研究层级至县及县以下行政区，涉及省份、区域经济体、城市、农村等不同维度，为地方经济社会宏观态势研究、发展经验研究、案例分析提供数据服务。

中国文化传媒数据库（下设 18 个子库）

汇聚文化传媒领域专家观点、热点资讯，梳理国内外中国文化发展相关学术研究成果、一手统计数据，涵盖文化产业、新闻传播、电影娱乐、文学艺术、群众文化等 18 个重点研究领域。为文化传媒研究提供相关数据、研究报告和综合分析服务。

世界经济与国际关系数据库（下设 6 个子库）

立足"皮书系列"世界经济、国际关系相关学术资源，整合世界经济、国际政治、世界文化与科技、全球性问题、国际组织与国际法、区域研究 6 大领域研究成果，为世界经济与国际关系研究提供全方位数据分析，为决策和形势研判提供参考。

法律声明

"皮书系列"(含蓝皮书、绿皮书、黄皮书)之品牌由社会科学文献出版社最早使用并持续至今,现已被中国图书市场所熟知。"皮书系列"的相关商标已在中华人民共和国国家工商行政管理总局商标局注册,如LOGO( )、皮书、Pishu、经济蓝皮书、社会蓝皮书等。"皮书系列"图书的注册商标专用权及封面设计、版式设计的著作权均为社会科学文献出版社所有。未经社会科学文献出版社书面授权许可,任何使用与"皮书系列"图书注册商标、封面设计、版式设计相同或者近似的文字、图形或其组合的行为均系侵权行为。

经作者授权,本书的专有出版权及信息网络传播权等为社会科学文献出版社享有。未经社会科学文献出版社书面授权许可,任何就本书内容的复制、发行或以数字形式进行网络传播的行为均系侵权行为。

社会科学文献出版社将通过法律途径追究上述侵权行为的法律责任,维护自身合法权益。

欢迎社会各界人士对侵犯社会科学文献出版社上述权利的侵权行为进行举报。电话:010-59367121,电子邮箱:fawubu@ssap.cn。

社会科学文献出版社